챗대리의

따라하면 바로 되는 AI 마케팅 자동화

: 클로드, 피그마, make.com

따라하면 바로 되는 AI 마케팅 자동화
: 클로드, 피그마, make.com

지은이 박진주 **2쇄 발행일** 2025년 4월 8일 **1쇄 발행일** 2025년 3월 10일
펴낸이 임성춘 **펴낸곳** 로드북 **편집** 홍원규 **디자인** nu:n(표지), 심용희(본문)
주소 서울시 동작구 동작대로 11길 96-5 401호
출판 등록 제 25100-2017-000015호(2011년 3월 22일)
전화 02)874-7883 팩스 02)6280-6901
정가 24,000원 ISBN 979-11-93229-31-6 93000

이메일 chief@roadbook.co.kr 블로그 https://roadbook.co.kr

챗대리의

따라하면 바로 되는 AI 마케팅 자동화

: 클로드, 피그마, make.com

머리말

AI 시대에도, '내 일'에 집중하는 것이 먼저입니다

매일같이 쏟아지는 AI 관련 뉴스와 신제품 출시 소식, 끊임없이 변하는 기술 트렌드를 접하다 보면 이런 생각이 들 때가 있습니다.

'나, 혹시 뒤처지고 있는 건 아닐까?' '새로운 기능이 나왔는데 당장 써봐야 하나?'

결론부터 말씀드리면, 여러분은 결코 뒤처진 것이 아닙니다. 모든 기술을 일일이 따라잡을 필요는 없습니다. 중요한 것은 '내 업무' '내 마케팅 목표'에 맞춰 정말 필요하고 유용한 것만 제대로 익히고, 그것들을 일상 업무나 프로젝트에 '효과적으로 접목'하는 것입니다.

이 책은 마케터들이 AI로 작업 방식을 효율화하고, 그 변화를 통해 '실질적인 생산성 향상'을 어떻게 이룰 수 있는지 알 수 있도록 기획되었습니다. 지난 몇 년간 AI는 엄청난 속도로 발전해왔고, 이제는 기업 규모나 업종, 개인의 전문 분야에 관계없이 누구나 손쉽게 이를 활용할 수 있는 시대가 되었습니다. 문제는 그 다양함이 '장점'이자 동시에 '혼란의 원인'이라는 사실입니다. 그 결과, 저는 많은 마케터들이 다음과 같은 고민을 안고 있다는 사실을 알게 되었습니다.

"AI 도구가 너무 많은데, 대체 뭘 써야 할까?"

최신 AI 기술이 폭발적으로 발전하면서 매일 새로운 도구들이 쏟아져 나오고 있습니다. 각종 미디어에서는 "이 기능이 최고다" "저 모델이 곧 대세다"라며 연일 새로운 소식을 전하지만, 이렇게 다양한 도구 사이에서 무엇을 선택해야 할지 혼란스럽기만 합니다.

하지만 실제로 업무나 학습 과정에서 자주 쓰이는 도구는 극히 일부입니다. 그러므로 이 책에서는 한국 마케팅 상황에 꼭 필요한 도구들을 엄선하여 추천합니다. 수많은 도구 중에서 "이 도구들만 제대로 익혀도 원하는 성과의 80% 이상은 달성할 수 있다"는 확신을 바탕으로, 군더더기를 덜어내고 실제 활용도가 높은 도구들을 깊이 있게 다룹니다.

"AI를 마케팅 실무에 적용해서 정말 성과를 낼 수 있을까?"

AI가 좋다는 이야기는 많이 들어봤지만, 막상 '내 업무와 맞을까?' '괜히 시간 낭비하는 건 아닐까?' 하는 의구심이 들 수 있습니다.

AI를 실제 마케팅 성과로 연결하려면 AI가 잘하는 것이 무엇인지 알고, 각종 업무에 연결하는 구체적인 방법을 익혀야 합니다. 예를 들어, AI 챗봇에게 종합적 사고를 요구하는 마케팅 전략 작성을 맡기면 실망스러운 결과를 얻을 수 있습니다. 하지만 다양한 타깃층에 맞춘 개인화 카피를 대량 작성하는 것은 사람보다 수십, 수백 배 빠른 속도로 가능하죠. 이 책에서는 이처럼 실무에 적용해서 효과를 볼 수 있는 AI 자동화 방식만 모아 설명합니다.

"새로운 도구가 나오면 지금 배운 게 소용없어지진 않을까?"

AI 분야는 끊임없이 진화하고 있습니다. 오늘 배운 도구가 내일이면 경쟁사의 새로운 모델에 밀려 구식이 될 수도 있습니다. 하지만 기술 발전의 방향은 '자동화' '효율화' 그리고 '개인화'라는 굵직한 축을 따라가고 있습니다. 이 책의 핵심은 어떤 상황에서, 어떤 지점에 이 기술을 결합해야 업무 효율이 극대화되는지 이해하고 응용하는 방법을 배우는 데 중점을 두고 있습니다. 즉, 도구 그 자체보다 그것을 실무에 적용하는 방식과 사고방식을 익히는 데 초점을 맞춘다고 보면 됩니다.

추가로 당부하고 싶은 점은, 이 책 한 권으로 "AI 활용법을 모두 정복하겠다"고 생각하기보다는, 이 책을 자신만의 지속 가능한 학습 시스템을 구축하는 첫걸음으로 삼으라는 것입니다. AI 기술의 발전 속도가 현기증 날 만큼 빠르게 느껴질 수 있지만, 매주 5~10분 정도 신뢰할 수 있는 몇 개의 정보 채널을 통해 동향을 살피고, 한 시간 정도 실제 업무에 적용해보는 작은 실천이 쌓이면, 새로운 AI 도구가 등장하더라도 당황하지 않고 받아들이며 활용할 수 있는 역량이 자연스럽게 길러질 것입니다.

만약 신뢰할 수 있는 정보 출처를 아직 정하지 못했다면, 제가 운영하는 아래 채널들도 참고해 보세요.

- **뉴스레터 - 챗대리의 AI 뉴스레터:** 매주 최신 AI 뉴스와 활용법을 메일로 전해드립니다.
  URL https://blog.chatdaeri.com#/portal/signup

- **카카오톡 오픈 채팅방 - AI 실무활용 커뮤니티:** 실시간 Q&A가 가능한 채팅방에서 동료들과 함께 학습할 수 있습니다.
  URL https://open.kakao.com/o/gzIfdmXg

- **유튜브 - 챗대리의 AI 연구소:** 저자가 소개하는 다양한 AI 활용 사례를 접할 수 있습니다.
  URL https://youtube.com/@chatdaeri

함께 시작해 볼까요?

결국 중요한 것은 '모든 것을 다 따라잡는 것'이 아니라, '지속적으로 학습하고 내 업무와 연관 지어 성과를 내는 것'입니다. 이 책에는 AI의 강점을 제대로 살린 찐 실무용 마케팅 활용법들이 담겨 있습니다. 지금 바로 책을 펼쳐 한두 가지 아이디어라도 여러분의 업무 흐름에 적용해보세요. 오늘부터 단 한 걸음만 내딛더라도, 분명 더 빠르고, 더 창의적인 마케터로 성장할 수 있을 것입니다.

복잡해 보이던 이 신기술이 여러분의 든든한 파트너가 되어, 업무의 난관을 단숨에 해결해주기를 진심으로 바랍니다.

2025년 2월
박진주

이 책에서 진행하는 실습 프로젝트 미리보기

이 책에서는 크게 다섯 가지의 실습 프로젝트를 진행합니다. 본격적인 학습에 앞서 어떤 내용의 실습을 진행하게 될지 미리 살펴보겠습니다.

1. SNS 광고 제작 시간 90% 줄이기

우리 브랜드에 최적화된 SNS 광고 수십~수백 개를 단시간에 생성하는 방법을 배웁니다.

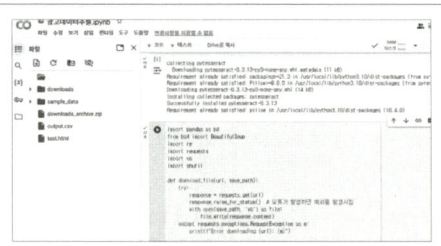

경쟁사 광고 데이터 수집
챗GPT가 제공한 코드를 활용해 경쟁사 광고 데이터 한 번에 수집하기

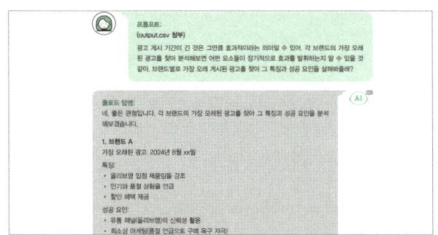

광고 데이터 분석 및 벤치마킹
수집한 데이터를 바탕으로 경쟁사 광고를 분석하고 벤치마킹하기

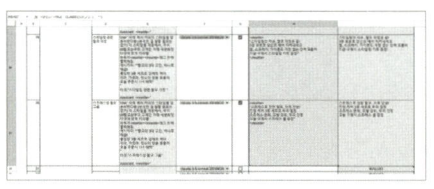

광고 카피 생성
클로드와 구글 시트를 연동하여 광고 카피를 대량으로 생성하기

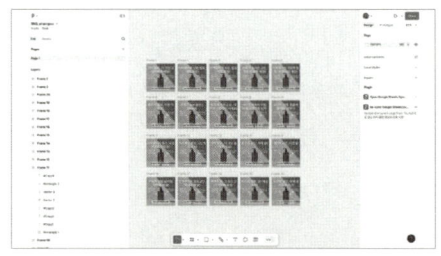

광고 배너 제작
생성된 카피를 피그마와 연동해 광고 배너를 대량 제작하기

2. AI로 맞춤형 광고 이미지 만들기

스톡포토 구매나 모델 섭외 없이, 제품 특성에 맞는 광고 이미지를 손쉽게 확보하는 방법을 배웁니다.

이미지 프롬프트 생성
클로드를 활용해 제품에 맞는 이미지 프롬프트 작성하기

이미지 생성
빙 이미지 크리에이터로 광고에 최적화된 이미지 생성하기

3. 상세페이지 10배 빠르게 만들기

수십~수백 개의 상세페이지를 한 번에 제작하여 작업 효율 극대화하는 방법을 배웁니다.

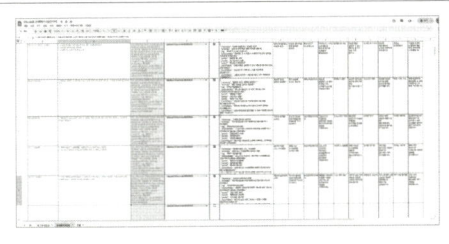

문안 대량 생성
클로드와 구글 시트를 연동하여 상세페이지에 필요한 문안을 대량으로 생성하기

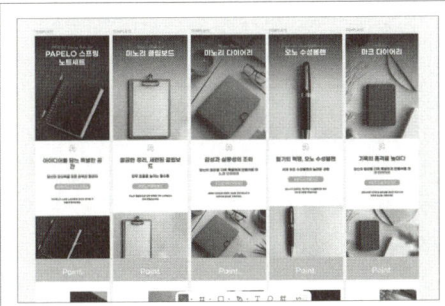

디자인 자동화
생성된 문안을 피그마와 연동해 상세페이지 디자인을 자동으로 제작하기

4. 콘텐츠 마케팅 자동화하기

make.com을 활용해 콘텐츠 마케팅 전 프로세스를 자동화하여 생산성을 높이는 방법을 배웁니다.

	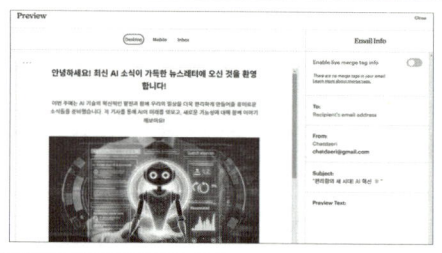
뉴스 스크랩 최신 뉴스 정보를 자동으로 스크랩하기	**콘텐츠 작성 및 발행** 스크랩한 뉴스를 기반으로 뉴스레터와 SNS 포스팅을 자동 작성 및 발행하기

5. 고객 관리 자동화하기

make.com을 활용해 고객 관리 업무를 자동화하여, 고객의 문의에 즉각적으로 응대할 수 있는 방법을 배웁니다.

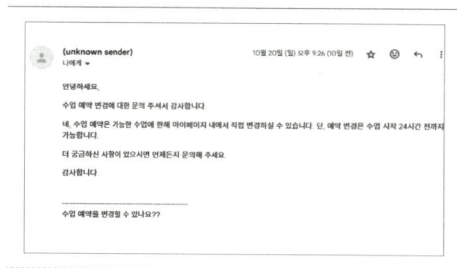	
자동 회신 시스템 구축 고객 문의 이메일에 자동으로 회신하기	**소셜 미디어 관리** 인스타그램 댓글 관리 자동화하기

목차

머리말	4
이 책에서 진행하는 실습 프로젝트 미리보기	8
프롤로그	15
일러두기	18

1장_마케팅 자동화의 핵심, 이것만은 꼭 알아두자

1.1 AI의 강점과 약점 이해하기	21
AI의 강점	21
AI의 약점	26
1.2 기본적인 프롬프팅 기술 익히기	29
맥락을 먼저 알려준 후 질문하세요	29
새로운 과제는 새 대화 창을 열어 물어보세요	30
AI가 참고할 수 있는 예시를 주며 질문하세요	31
단계별로, 상세히 지시하세요	33
1.3 마케팅 업무별로 적합한 AI 도구 선택하기	34
STEP 1. 문제 정의하기	35
STEP 2. 업무별 최적 도구를 조합하고 선택하기	35

2장_SNS 광고 제작 시간 90% 줄이기

2.1 AI 도구 소개: 클로드, 피그마, 브이캣.AI	39
클로드	39
피그마	40
브이캣.AI	42

2.2 경쟁사 광고 분석하기	43
데이터 수집하기	43
AI로 광고 데이터 분석하기	48
경쟁사 광고 벤치마킹하기	52
이미지를 바탕으로 벤치마킹하기	55
2.3 광고 카피 대량으로 생성하기	57
STEP 1. 확장 프로그램 설치 및 Claude API 키 발급하기	57
STEP 2. 타깃 목록 준비하기	60
STEP 3. 구글 시트에서 광고 카피 대량으로 생성하기	63
2.4 광고 배너 대량 생성하기	70
2.5 클릭 한 번으로 영상 광고 생성하기	80

3장_제작 비용 0원! AI로 맞춤형 광고 이미지 만들기

3.1 이미지 생성형 AI 종류와 개요	89
미드저니	89
달리	90
이데오그램	91
이마젠 3	92
3.2 AI 이미지 생성의 한계	94
3.3 AI 챗봇으로 이미지 프롬프트 만들기	96
STEP 1. 이미지 아이디어 구상하기	96
STEP 2. 프롬프트 생성하기	98
STEP 3. 프롬프트 다듬기	100
3.4 빙 이미지 크리에이터로 이미지 생성하기	101
3.5 AI 이미지로 광고 배너 만들기	110
등산복 콘셉트의 배너 만들기	111
골프복 콘셉트의 배너 만들기	115

4장_상세 페이지 제작, AI로 10배 빠르게 만들기

4.1 상세 페이지 제작 자동화 준비하기	121
4.2 상세 페이지 문안 자동 생성하기	126
4.3 상세 페이지 여러 개를 한 번에 만들기	130

5장_콘텐츠 마케팅 자동화로 1일 1포스팅하기

5.1 AI 도구 소개: make.com	141
다양한 업무 자동화가 가능한 make.com	141
5.2 뉴스 스크랩 자동화하기	143
make.com 시작하기	144
5.3 뉴스레터 자동화하기	174
5.4 SNS 포스팅 자동화하기	201

6장_고객관리 자동화로 고객 만족도 300% 높이기

6.1 AI 도구 소개: 오픈AI 어시스턴트	233
6.2 고객 메일에 자동으로 답변 보내기	234
STEP 1. 메일 응답 챗봇 만들기	235
STEP 2. make.com으로 메일 자동 답변 시스템 만들기	244
6.3 인스타그램 댓글 자동으로 답변하기	270
STEP 1. 인스타그램 댓글 답변 봇 만들기	270
STEP 2. make.com으로 인스타그램 자동 답글 시스템 만들기	280

부록_마케팅 자동화를 위한 AI 도구 목록

n8n	301
Zapier	302
Manychat	302
솔라피	303
판다 AI	304
타입캐스트	304
Notebook LM	305

찾아보기   306

프롤로그

"AI로 마케팅의 판도가 바뀌고 있습니다"

전 세계 AI 시장 규모는 빠르게 성장하고 있습니다. 특히, 마케팅 분야에서 그 활용도가 급격히 증가하고 있죠. 이미 해외에서는 jasper.ai와 같은 AI 마케팅 서비스가 큰 인기를 끌고 있고, 국내에서도 다양한 AI 마케팅 스타트업이 주목받고 있습니다.

멀리 갈 필요 없이 한국인이 가장 많이 접속하는 인터넷 서비스, 네이버만 예로 들어도 예전에는 '티셔츠'와 같은 상품 키워드를 검색하면 단순히 키워드 광고만 해당 사이트의 상위에 노출되었지만, 이제는 개인 맞춤형 AI 추천이 상위에 함께 노출됩니다. 이처럼 AI는 이미 소비자들의 일상적인 온라인 경험 속에 깊숙이 자리잡았습니다.

콘텐츠 부분에서도 AI의 약진은 주목할 만합니다. 얼마 전 AI로 생성한 '발렌시아가를 입은 해리포터' 영상이 단 3주만에 600만에 가까운 조회 수를 기록하며 톡톡한 브랜드 홍보 효과를 가져온 것이 대표적인 사례죠.

그림 P-1 AI를 활용한 브랜드 콘텐츠 예시: 발렌시아가를 입은 해리포터(출처: demonflyingfox 유튜브)

단순히 보여지는 부분에서만 달라지는 것이 아니라 실제로 많은 브랜드에서 AI를 마케팅에 접목하여 매출 향상을 이루고 있습니다

누텔라Nutella는 이탈리아에서 AI로 700만 개의 고유한 포장 디자인을 론칭해 모두 매진시킨 바 있으며, 스타벅스는 AI에 기반한 개인화된 프로모션, 메시지를 통해 400만 명이 넘는 새로운 로열티 회원을 확보하기도 했습니다. 모두 전통적인 마케팅 방식으로는 전 직원이 동원되어 며칠동안 작업해야 하거나 아예 해낼 수 없는 수준의 일들을 AI를 통해 해낸 것이죠.

그림 P-2 AI를 활용한 상품 디자인 예시: Nutella Unica(출처: Ogilvy Italia 유튜브)

이렇게 AI를 잘 활용하면 즉각적인 매출 향상으로 이어질 수 있는 만큼 AI를 활용하는 능력, 그 자체가 경쟁력이 되고 있습니다.

하지만 많은 분들이 AI를 어렵게 느끼고, 그 빠른 발전 속도에 압도되어 있는 것이 현실입니다. "AI를 배워야 한다는 건 알겠는데 어디서부터 시작해야 하지?" 또는 "이론은 알겠지만 내 일에 어떻게 적용해야 하나?"와 같은 고민도 있을 겁니다.

이 책에서는 이런 실무자들의 고민을 해결하는 데 중점을 두었습니다. 복잡한 AI 기술의 이론적인 설명은 최소화하고, 당장 실무에 적용할 수 있는 실제적인 AI 활용법에 초점을 맞췄습니다.

구체적으로는 다음과 같은 내용을 다룹니다.

1. 클로드, 챗GPT 등 각종 AI 도구를 조합해 광고 제작 시간을 줄이는 방법
2. 이미지 생성형 AI를 활용해 수십 개, 수백 개의 광고 이미지를 손쉽게 생성하는 방법
3. 개발자, 마케터, 기획자가 총동원되어야 했던 프로모션 페이지 제작을 마케터 한 명이 열 배 빨리 끝내는 방법
4. SNS 포스팅부터 고객 관리까지, 자동화를 통해 속도와 생산성을 열 배 높이는 방법
5. 기타 각 업무 상황에 맞는 최적의 AI 도구 추천 및 사용 방법

이 책에 나온 구체적인 예시를 따라가다 보면 AI를 실무에 어떻게 활용하면 될지에 대한 감을 잡을 수 있고 AI에 대한 막연한 두려움 대신 자신감을 갖추게 될 것입니다.

마케팅 시장의 판도를 바꿀 AI 활용법, 지금부터 함께 차근차근 알아봅시다.

일러두기

이 책에 소개된 프롬프트와 예시를 따라하고 싶다면

다음의 노션 자료집에서 모두 복사해 사용할 수 있습니다.

- https://m.site.naver.com/1wlxa

함께 모여서 공부하고 토론하고 싶다면

저자가 운영하는 AI 실무활용 커뮤니티에 참여해보세요

- https://open.kakao.com/o/gzlfdmXg

1장

마케팅 자동화의 핵심, 이것만은 꼭 알아두자

AI의 힘을 빌려 마케팅 성과를 높이겠다는 포부로 챗GPT 유료 버전을 구독한 김 대리. 기대에 부풀어 출근하자마자 신제품 마케팅 전략을 물어보지만, 결과는 실망스럽습니다. 결국, 하루 종일 AI와 씨름했지만 쓸 만한 답변은 얻지 못한 채 퇴근 시간이 다가옵니다. 'AI를 활용하면 모든 게 자동화되고 매출도 오른다더니, 뭐가 문제일까?' 문제는 의욕은 좋았지만 먼저 AI를 어떻게, 어떤 업무에 결합시켜 활용해야 시너지가 나는지에 대한 이해를 갖추지 못했기 때문입니다.

이 장에서는 마케팅 자동화를 본격적으로 실습하기 전에 AI의 장단점을 정확히 이해하고 기본적인 활용 방법을 숙지해, 무작정 업무에 AI를 적용했다가 겪을 수 있는 많은 시행착오를 줄여보겠습니다.

1.1 AI의 강점과 약점 이해하기

AI 초보 사용자들이 가장 많이 하는 실수는 AI의 약점에 대해 충분히 이해하지 못하고, AI가 잘 못하는 업무에 억지로 결합시키는 것입니다. 반면에 AI를 능숙하게 활용하는 고급 사용자들은 AI의 강점만 잘 뽑아서 활용하는 경향을 보이죠. AI를 올바르게 사용하려면 AI의 강점과 약점을 이해하고 필요한 작업에 활용이 적합한지 확인해야 합니다.

대표적인 AI 모델인 챗GPT ChatGPT를 기준으로 AI의 강점과 약점에 대해 알아보겠습니다.

AI의 강점

첫째, 여러 가지 다양한 스타일의 글을 제한 없이 생성할 수 있습니다

전 세계 웹 데이터를 기반으로 방대한 언어 데이터를 학습한 챗GPT는 순식간에 여러 스타일의 글을 생성할 수 있습니다. 예시로 챗GPT에게 '에코백 홍보 카피'를 다섯 가지 스타일로 작성해달라고 해보겠습니다.

> **참고**
> 이 책에서 '챗GPT 답변'으로 표기된 내용은 별도 모델 표기가 없는 한 모두 ChatGPT-4o 모델을 사용하여 얻은 결과입니다. ChatGPT-4o는 무료 버전에서도 제한된 횟수만큼 사용할 수 있으나, 현 시점에서 GPT-4o를 선택할 수는 없고 현재 사용 가능한 모델이 자동 연결됩니다. 정확한 사용 제한은 OpenAI의 정책에 따라 변경될 수 있으므로, 최신 정보는 OpenAI 공식 웹사이트를 참고하기 바랍니다.

프롬프트:
200자 내외로 에코 백(eco bag)을 홍보하는 다섯 가지 다른 스타일의 카피를 작성해주세요.

각각 1) 감성적, 2) 유머러스, 3) 정보전달 중심, 4) 도전적, 5) 스토리텔링 방식으로 작성해주세요.

챗GPT 답변:
1. **감성적:** "자연의 따뜻한 손길을 느껴보세요. 에코 백 하나로 지구에게 작은 사랑을 전할 수 있습니다. 당신의 손길이 세상을 변화시킵니다."
2. **유머러스:** "에코 백을 들면, 나무들이 춤을 춰요! 장바구니보다 멋지고, 플라스틱 봉투보다 유쾌한 에코 백을 만나보세요. 지구도 웃게 만드는 아이템!"
3. **정보전달 중심:** "에코 백은 친환경 소재로 제작되어 재사용이 가능합니다. 플라스틱 사용을 줄이고, 지속 가능한 미래를 위해 지금 에코 백을 선택하세요."
4. **도전적:** "지구를 구할 준비가 되셨나요? 플라스틱을 버리고 에코 백을 들고 다니세요. 작은 변화가 큰 차이를 만듭니다. 도전해보세요!"
5. **스토리텔링:** "어느 날, 작은 에코 백이 세상을 바꾸기로 결심했어요. 매일 조금씩 더 많은 사람들과 함께하며 플라스틱을 줄이고, 지구를 지키는 이야기를 만들어 가고 있습니다. 당신도 이 이야기의 주인공이 되어보세요."

이처럼 프롬프트에서 지시한 다섯 가지 스타일의 글을 막힘없이 만들어 주는 것을 확인할 수 있습니다. 각각의 글은 카피라이터가 쓴 것보다 완성도가 떨어질 수는 있을지언정 '감성적' '유머러스' 등 지시한 스타일에 충실하게 빠른 속도로 제작해주는 부분은 인간보다 낫다고 할 수 있습니다.

둘째, 데이터 분석 및 코드 작성이 가능합니다

챗GPT에게 데이터 분석을 요청하면, 스스로 파이썬 코드를 작성하고 실행하여, 데이터를 분석해줍니다. 예시로 챗GPT에게 'SNS 마케팅 성과 엑셀 데이터'를 그대로 복사와 붙여넣기를 하면서 분석해달라고 요청해보겠습니다.

프롬프트 :
다음은 우리 회사의 최근 6개월 소셜 미디어 마케팅 성과 데이터야.

월	팔로워 증가	게시물 수	댓글 참여율	구매 전환율
1월	500	20	2.30%	1.20%
2월	750	25	2.70%	1.50%
3월	600	22	2.50%	2.50%
4월	900	30	3.10%	3.10%
5월	1000	35	3.50%	2.00%
6월	850	28	3.00%	1.70%

전반적인 트렌드를 볼 수 있게 시각화해주고, 여기서 얻을 수 있는 인사이트를 세 줄로 요약해서 정리해줘.

챗GPT 답변:

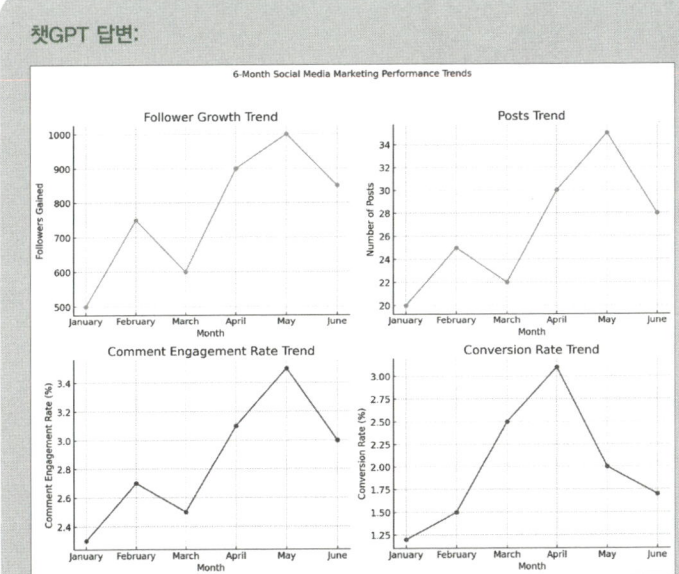

그림 1-1 챗GPT가 생성한 그래프

인사이트 요약:

1. **팔로워 증가:** 4월과 5월에 급증, 이후 약간 감소하며 안정화.
2. **댓글 참여율:** 지속인 상승으로, 5월에 최고점을 기록.
3. **구매 전환율:** 3월부터 4월까지 상승 후 감소, 게시물 수와 팔로워 증가가 구매 전환에 긍정적 영향. [>_]

1장 마케팅 자동화의 핵심, 이것만은 꼭 알아두자

예시와 같이 챗GPT에게 마케팅 성과 데이터 분석을 요청했더니, 그래프를 그려주며 데이터에서 얻을 수 있는 인사이트도 적절하게 요약해주는 것을 확인할 수 있습니다. 마지막 답변 끝에 [)_]를 누르면 이 과정에 사용된 파이썬 코드도 확인할 수 있습니다. 즉 사용자가 코딩을 잘 몰라도 챗GPT에게 코드 작성을 부탁하면 이를 통한 업무 자동화 및 데이터 분석이 가능하다는 장점이 있습니다.

셋째, 이미지 분석이 가능합니다

챗GPT나 클로드Claude 같은 멀티모달 AI 모델을 활용하면 이미지에 담긴 정보를 분석하는 것이 가능합니다. 예시로 챗GPT에게 제 유튜브 썸네일을 분석해달라고 요청해보겠습니다.

프롬프트:

그림 1-2 유튜브 썸네일 이미지

이 유튜브 썸네일을 분석해줘.
썸네일 속의 텍스트, 색상, 디자인 요소, 썸네일의 전반적인 분위기에 대해 설명해줘.

챗GPT 답변:
텍스트
1. "버튼 하나로 다 되네? ㄷㄷ"
   이 텍스트는 시청자에게 간편함과 놀라움을 전달합니다. "버튼 하나로 다 된다"는 점에서 간편함을, "ㄷㄷ"이라는 표현에서 놀라움을 나타내고 있습니다.

… (중략) …

색상
- 배경은 어두운 색상으로 설정되어 있으며, 이는 텍스트와 디자인 요소들이 더 눈에 띄도록 합니다.

… (중략) …

디자인 요소

… (이하 생략) …

전체 답변을 보니 '챗GPT-4o'를 '챗GPT 4'로 잘못 읽은 부분을 제외하고는 대부분의 정보를 정확하게 읽고 분석하는 것을 확인할 수 있습니다. 또한 텍스트뿐만 아니라 색상 정보, 단축어 아이콘들이 포함되어 있다는 정보까지 상당히 정확하게 추출하여 확인해줍니다. 즉, 이제까지 기계로 추출할 수 없었던 복잡한 오프라인 사진 속 정보들을 일일이 사람이 분류하고 추출할 필요 없이 AI로 자동 추출할 수 있게 된 것이죠.

넷째, 이미지 생성이 가능합니다

미드저니Midjourney, 빙 이미지 크리에이터Bing Image Creator, 달리DALL-E 같은 이미지 생성형 AI를 활용하면 프롬프트만으로 이미지를 생성할 수 있습니다. 예시에서는 챗GPT 플러스를 구독할 경우에 사용할 수 있는 달리를 활용해 로고 디자인을 생성해봤습니다.

프롬프트:
새로운 스포츠 음료 "Thunder Energy"의 로고를 디자인해줘. 번개 모양이 들어갔으면 좋겠고, 블루, 네온 그린 컬러도 들어갔으면 해. 에너지와 활력을 표현할 수 있게 디자인해줘.

챗GPT 답변:

그림 1-3 달리가 생성한 로고 디자인

여기 "Thunder Energy" 스포츠 음료의 로고 디자인입니다. 번개 모양과 블루, 네온 그린 색상을 사용하여 에너지와 활력을 표현했습니다. 마음에 드셨길 바랍니다! 필요하신 추가 수정사항이 있으시면 알려주세요.

순식간에 그럴듯한 스포츠 음료 로고를 생성해주었습니다. 내가 원하는 형태의 디자인을 말로 설명할 수만 있다면 이렇게 AI를 활용하여 디자인 도구를 켤 필요 없이 프롬프트만으로 내 브랜드, 내 회사를 홍보할 이미지를 손쉽게 생성할 수 있습니다.

AI의 약점

첫째, 때때로 부정확한 정보를 제공할 수 있습니다

AI가 생성해내는 정보들이 워낙 사실적이고 그럴듯하다 보니 모두 사실이라고 착각하기 쉽습니다. 하지만 이를 100% 믿으면 안 됩니다. AI는 '환각' 또는 '할루시네이션Hallucination'이라고 하는 현상으로 인해 잘못된 답변을 출력할 수 있기 때문입니다. 예시로 챗GPT-4o에게 국내 스포츠웨어 시장 규모를 조사해보라고 했습니다.

프롬프트:
한국 스포츠웨어 시장의 연도별 동향/시장규모를 표 형식으로 정리해줘.
출처도 함께 기재해줘. 연도: 2020~ 2023

챗GPT 답변:
한국 스포츠웨어 시장에 대한 연도별 동향과 시장 규모를 아래 표로 정리했습니다. 출처는 Euromonitor International과 Research and Markets의 보고서를 참고했습니다.

연도	시장 규모(억 원)	주요 동향
2020	77,000	코로나19로 인한 실내운동 증가, 온라인 판매 급증
2021	82,000	사회적 거리두기 완화, 야외활동 증가
2022	88,000	야외 스포츠 활성화, 고성능 스포츠웨어 수요증가
2023	93,000	마스크 착용 해제, 스포츠 및 야외 활동 참여 증가

… (이하 생략) …

답변 결과를 보니, 출처까지 확실하게 표시해서 그럴듯하게 답을 해주었습니다. 언뜻 보면 사실인 것처럼 보이는데, 진짜 그럴까요? 실제 기사를 확인해보겠습니다.[1]

섬유산업연합회에 따르면 국내 스포츠웨어 시장 규모는 2020년 5조 9801억 원, 2021년 6조 4537억 원, 지난해 7조 1305억 원으로 확대됐다. MZ세대를 중심으로 운동복과 일상복으로 모두 활용할 수 있는 애슬레저룩 수요가 커지고 있다고 업계는 평가했다.

… (이하 생략) …

[1] 기사 출처: "시장 규모 7조 돌파"… 아웃도어 시들해진 패션업계, '스포츠웨어' 사업 강화,
뉴데일리, 2023.03.29(https://biz.newdaily.co.kr/site/data/html/2023/03/29/2023032900077.html)

보다시피 2020년 기준 시장 규모는 5조 9801억 원으로 챗GPT가 찾아온 7조 7000억 원과는 완전히 다른 것을 확인할 수 있습니다. 챗GPT의 답변 결과를 무작정 신뢰할 수 없는 이유입니다. 다행히 최근에는 AI 모델의 발전으로 인해 환각이 점차 줄어들고 있으나, 일각에서는 현재와 같은 방식으로는 환각 현상을 영원히 없앨 수 없다고 보는 학자들도 있습니다. 그만큼 환각은 AI의 대표적인 한계로 지적되므로, 반드시 주의해야 할 사항이라고 할 수 있습니다.

둘째, 인간 대비 추론 능력이 부족합니다

최신 AI 모델인 챗GPT-4o나 클로드 3.5 소네트 같은 경우, 복잡한 코딩이나 수학 문제도 풀어내기 때문에 인간보다 추론 능력이 뛰어난 것이 아닌가 하는 착각을 하기 쉽습니다. 하지만 정말 그럴까요? 아래 예시를 보겠습니다.

프롬프트:
컵에 딸기를 넣고, 컵을 뒤집어 냉장고에 넣으면 딸기는 어디에 있을까요?

챗GPT 답변:
컵에 딸기를 넣고 컵을 뒤집어 냉장고에 넣으면, 딸기는 컵 아래에 있게 됩니다. 즉, 딸기는 냉장고 선반 위에서 컵에 덮여 있는 상태가 됩니다.

"땡!" 챗GPT가 틀렸습니다. 딸기를 넣은 다음, 바로 뒤집었다면 당연히 바닥에 떨어졌겠죠(아니면, 컵에 딸기를 넣고 뚜껑을 닫았는지 확인하는 질문을 해야 이치에 맞겠죠).

이렇게 뛰어난 최신 AI 모델도 인간이라면 금방 풀어낼 추론 문제를 종종 틀리곤 합니다. 때문에, 회사의 매출 감소, 고객 이탈과 같은 복잡한 문제상황을 챗GPT에게 맡기고 해결해달라고 하면, 잘못된 대답을 내놓을 수 있습니다. 인간과 같은 복잡한 추론과 문제해결 능력이 아직 부족하기 때문입니다.

셋째, 여러 정보를 조합해 재창조하는 능력이 부족합니다

마케팅 실무에서는 여러 경쟁사 현황, 시장 상황 등 여러 정보들을 조합해 이를 바탕으로 새로운 전략을 짜내는 능력이 필요합니다. 그러나 AI는 아직까지 한 번에 여러 정보를 취합하는 데 취약합니다. 예시로 챗GPT에게 세 가지 정보를 찾아오고 이를 조합해서, 오징어게임 2의 스토리를 창조해달라고 요청해보았습니다.

프롬프트:
다음 오징어게임 2의 스토리라인을 짧게 작성해봐. 시즌 1처럼 성기훈이 주인공인데, 아래 내용을 반드시 포함해줘.
(1) 만화 '도박묵시록 카이지'에서 효도 유우지가 운영하는 배 이름
(2) '레이디가가'의 2009년 앨범 두 번째 트랙 이름
(3) 만화 '라이어게임'에 라운드 2로 나오는 게임

챗GPT 답변:
오징어게임 2의 스토리라인은 다음과 같습니다:

성기훈은 시즌 1의 사건 이후 새로운 삶을 살기 위해 노력하지만, 여전히 거대한 부채와 트라우마에 시달리고 있습니다. 어느 날, 그는 "효도 유우지"가 운영하는 배 "Espoir"(맞음)에서 열리는 비밀 게임에 초대받습니다. 이 배에서의 게임은 단순한 생존 게임이 아니라, 사람들의 심리를 철저히 파고드는 위험한 도박입니다.

첫 번째 라운드는 레이디 가가의 2009년 앨범 "The Fame Monster"의 두 번째 트랙 "Bad Romance"(틀림, 두번째 트랙은 Alejandro)에서 영감을 받은 게임으로, 참가자들은 서로의 비밀을 밝혀내기 위해 치열한 심리전을 펼쳐야 합니다. 이 과정에서 참가자들 간의 관계가 복잡하게 얽히며, 누구를 믿어야 할지 혼란스러워집니다.

두 번째 라운드는 만화 라이어게임에 나오는 게임 "앤트 앤 레스트"(틀림, 정답은 '소수결 게임')로, 참가자들은 팀을 나눠 제한된 자원을 나누어야 하는 상황에서 서로를 속이며 살아남아야 합니다. 기훈은 이 게임에서 자신의 능력을 최대한 발휘하며, 참가자들의 신뢰를 얻기 위해 노력합니다.

챗GPT의 답변 결과, 첫 번째 정보를 포함하는 데 성공했지만 두 번째와 세 번째 정보는 잘못된 정보를 포함한 것을 확인할 수 있습니다(참고로 이 세 가지 정보 모두 챗GPT가 기존에 학습한 데이터에 포함되어 있습니다).[2] 이와 같이 AI는 정보를 취합하고 이를 바탕으로 재창조하는 능력이 부족하기 때문에 여러 정보가 결합된 글을 생성할 때에는 사용에 주의가 필요합니다.

실제로 챗GPT와 같은 AI 모델을 사용해보면, 처음에는 인간과 유사한 놀라운 문장 생성 능력에 감탄하게 되지만, 시간이 지나면서 단점에 실망하게 되는 경우가 많습니다. 특히 어떤 질문에는 매우 명석하게 대답하다가도, 상대적으로 쉬운 질문에 엉뚱한 대답을 하는 등 예상

---

[2] 최근 출시된 OpenAI의 o1은 이 문제를 제대로 풀어냈습니다. 하지만 그렇다고 현재의 AI가 인간 수준의 지능을 달성했다고 보기는 어렵습니다. 실제로 인공지능의 추론 능력을 테스트하는 ARC-AGI 평가에서 o1은 단 21%의 점수를 기록하며, 복잡한 추론과 정보조합이 필요한 많은 문제를 해결하지 못했음을 보여 주었습니다.

치 못한 실수를 하는 경향이 있습니다. 따라서 AI의 출력 결과에 대해서는 반드시 인간의 검수가 필요하다는 점을 인지해야 합니다.

1.2 기본적인 프롬프팅 기술 익히기

AI의 발전으로 인해 복잡한 프롬프트 엔지니어링이 없이도 더 고도화된 답변이 나올 것으로 보고 있습니다. 하지만 아직은 프롬프트 작성에 주의를 기울이면 더 정확하고 유용한 결과를 얻을 수 있습니다. 복잡한 기술을 익힐 필요 없이, 기본적인 프롬프팅 방법만 익혀도 답변의 품질을 크게 향상시킬 수 있습니다. 여기서는 바로 실무에 적용할 수 있는 기초적이고 핵심적인 프롬프팅 방법 몇 가지를 소개합니다.

맥락을 먼저 알려준 후 질문하세요

프롬프트를 잘 쓰는 가장 기본적이면서도 강력한 방법은 AI에게 먼저, 풍부한 맥락을 제공한 후 질문을 하는 것입니다. 좋지 않은 예시부터 함께 살펴보겠습니다.

맥락과 질문이 두서없는 프롬프트 예시

프롬프트:
인스타그램 광고 문구를 20단어 이내로 작성해줘. 우리는 화장품 브랜드야. 그리고 친환경 포장재를 사용하고 있고 제주산 녹차도 들어갔어. 아, 그리고 20~30대 여성이 타깃인데, 친환경적이라는 걸 강조하고 싶어. 근데 너무 과하지 않았으면 하고 젊은 감각도 살리고 싶은데 어떻게 하지?

챗GPT 답변:
"제주산 녹차로 만든 친환경 화장품, 젊고 산뜻하게! 자연을 지키며 아름다워지세요."

챗GPT의 답변이 어딘가 많이 어색합니다. 프롬프트에 "젊은 감각을 살리고 싶다"고 했더니 답변에 "젊고 산뜻하게!"라는 카피를 곧이곧대로 포함해버렸네요. 젊은 감각의 카피를 작성해 달라는 맥락이었는데, AI는 이를 요청사항으로 오해한 나머지 어색한 카피를 생성했습니다.

사실 AI와 대화를 하다 보면, 위와 같은 식으로 두서없이 프롬프트를 쓰게 되기 쉽습니다. 보통 우리가 일상적으로 대화하는 방식이 위와 같기 때문이겠죠. 하지만 사람은 이렇게 맥락을 중간에 넣어도 이게 질문이 아니라 맥락 정보라는 것을 파악할 수 있지만, AI는 사람만큼 이를 잘 구분하지 못합니다. 그렇기 때문에 중요한 정보를 혼동하거나 잘못 해석하여 결과적으로 요구사항에 맞지 않는 부적절한 광고 문구를 생성할 가능성이 높습니다. 따라서 아래와 같이 맥락정보를 먼저 정리해서 물어보고 이후 질문을 하는 것이 더 품질 높은 결과를 받을 수 있습니다.

맥락과 질문을 명확히 구분한 프롬프트 예시

프롬프트:
우리 회사는 20~30대 여성을 타깃으로 하는 화장품 브랜드야. 최근 친환경 포장재로 전환했고, 이를 주요 마케팅 포인트로 삼고 있어. 또한 제품의 주요 성분은 제주산 녹차 추출물이야.
질문: 이런 상황에서 인스타그램 광고 문구를 작성해줘. 문구는 20단어 이내로 제한해줘.

챗GPT 답변:
"자연이 준 선물, 제주산 녹차 추출물로 만든 친환경 화장품! 깨끗한 아름다움을 경험해 보세요.
🌿 #친환경 #제주녹차 #클린뷰티"

맥락 구분 없이 요청했던 이전 프롬프트보다 훨씬 깔끔한 답변이 나온 것을 확인할 수 있습니다.

새로운 과제는 새 대화 창을 열어 물어보세요

챗GPT와 같은 대규모 언어 모델LLM, Large Language Model을 효과적으로 활용하려면 각 과제마다 새로운 대화 창을 열어 주는 것이 좋습니다. 이는 우리가 AI에게 보내는 메시지 하나하나가 AI에게 최종 목적지로 잘 갈 수 있게 해주는 일종의 길잡이 역할을 해주기 때문입니다.

하나의 대화창에서 A라는 과제를 풀다가 갑자기 B라는 과제를 물어보게 되면, A 과제의 답을 풀던 챗GPT가 혼란에 빠져 A와 B 과제를 섞어서 답변해버리는 경우가 많습니다. 그보다는 아래와 같이 새로운 과제가 생길 때마다 채팅 창을 분리하여 질문해주세요. 보다 더 일관된 답변 결과를 받을 수 있을 겁니다.

채팅 창을 과제별로 분리하는 예시

프롬프트:
(1번 채팅 창) 20대 여성을 타깃으로 하는 스킨케어 제품의 마케팅 전략을 세우고 싶어. 주요 고려사항은 무엇일까?
(2번 채팅 창 새로 열기) 50대 남성을 위한 골프용품 마케팅 전략을 세우고 싶어. 어떤 점을 고려해야 할까?
(1번 채팅 창으로 다시 돌아가기) 이 20대 스킨케어 제품을 위한 소셜 미디어 캠페인 아이디어를 5가지 제안해봐.

AI가 참고할 수 있는 예시를 주며 질문하세요

AI는 참고할 만한 예시를 풍부하게 주면 줄수록 더 내가 원하는 결과에 가까운 고품질의 답변을 받을 수 있습니다. 실제로 예시를 주지 않은 경우와 예시를 함께 준 경우의 답변 결과를 비교해보면 그 차이는 확연히 두드러집니다.

예시를 주지 않은 경우

프롬프트:
우리회사는 MZ 대상 패션 ○○앱을 운영하고 있어.
우리 앱 홍보를 위한 유튜브 브랜디드 콘텐츠 제목 아이디어 다섯 개를 내봐.

챗GPT 답변:
1. "MZ세대 필수 앱! 최신 패션 트렌드를 한 눈에 👗🛍"
2. "내 손안의 쇼핑몰! 패션 고수들이 추천하는 앱 TOP 5"
3. "MZ세대 스타일링 비법! ○○앱에서 찾은 패션 꿀팁"
4. "○○앱 활용법 대공개! MZ세대가 사랑하는 이유는?"
5. "이번 시즌 MUST HAVE ITEM! ○○앱에서 쉽게 찾는 방법"

예시를 주지 않았더니, "필수 앱" "○○앱 활용법"과 같은 문구를 위주로 활용하여 소비자가 궁금해할 만한 패션 관련 내용보다는 앱 홍보에 중점을 두고 카피를 작성해 매력도가 다소 떨어지는 심심한 카피가 생성되었습니다. 그렇다면 예시를 줄 경우 결과가 어떻게 달라질지 보겠습니다.

예시를 함께 준 경우

프롬프트:
우리 회사는 MZ 대상 패션 ○○앱을 운영하고 있어. 아래 제목 예시를 참고해서 우리 앱 홍보를 위한 유튜브 브랜디드 콘텐츠 제목 아이디어 다섯 개를 내봐.

#예시
- 패션 고자도 옷 잘 입을 수 있는 6가지 방법! 누구나 할 수 있는 뻔한 얘기 아님
- 작년 코디 그대로 입어도 될까?! 요즘 뜨는 패션 알려 드림
- 최근 신상 올라올 때마다 솔드아웃이라는 폼 미친 브랜드 5가지!
- 유행 상관없이 옷 잘입고 싶다면 일단 이건 꼭!

챗GPT 답변:
1. 요즘 MZ들이 주목하는 핫한 패션 브랜드 5곳! ○○앱에서만 만나요!
2. 옷 잘 입는 법?! 따라만 하면 인싸되는 스타일링 꿀팁 7가지
3. 내 스타일 찾기 어렵다고?! 패션 고민 해결해주는 앱 추천!
4. MZ세대 필수! 놓치면 후회하는 트렌디 아이템 특집
5. 패션 센스 업그레이드! ○○앱에서 발견한 최고의 스타일링 비법 5가지

위와 같이 예시를 주고나니, "핫한 패션 브랜드 5곳" "인싸되는 스타일링 팁" 등 앱 홍보보다는 예시 문구에서 확인할 수 있는 소구점을 활용해 조금 더 고객들이 관심을 가질 만한 카피를 작성한 것을 확인할 수 있습니다.

AI 활용에는 반드시 '어떤 방법이 정답이다'라는 것은 없습니다. 하지만 인간의 사고 과정을 닮도록 만들어졌기 때문에 풍부한 정보를 줄수록 결과는 더 원하는 결과에 가까워진다는 점을 참고해주세요.

단계별로, 상세히 지시하세요

챗GPT와 같은 LLM은 지시 사항을 단계별로, 상세히 나누어 명령할수록 더 원하는 결과를 쉽게 얻을 수 있습니다. 그렇다면, 이 '상세한 지시'는 구체적으로 어떻게 지시하는 걸 말하는 걸까요? 이를 이해하기 위해 챗GPT의 실무 활용법에 대한 글을 요청하는 두 가지 프롬프트를 넣고, 그 결과를 비교해보겠습니다.

먼저, 상세한 지시가 포함되어 있지 않은 프롬프트부터 보겠습니다.

상세한 지시가 포함되지 않는 경우

일반 프롬프트:
챗GPT의 실무 활용법에 대한 글 개요를 200자 내로 작성해주세요.

챗GPT 답변:
챗GPT는 다양한 실무 환경에서 생산성을 크게 높일 수 있는 도구입니다. 데이터 분석, 고객 지원, 콘텐츠 작성, 코드 디버깅, 마케팅 전략 개발 등에서 유용하게 활용됩니다. 예를 들어, 반복적인 업무를 자동화하거나, 빠른 정보 검색 및 정리를 통해 시간과 비용을 절감할 수 있습니다. 또한 자연어 처리 기술을 통해 문서 작성과 편집, 이메일 작성 등의 업무를 효율적으로 수행할 수 있습니다. 챗GPT를 통해 업무의 효율성을 극대화하고, 더 나은 결과를 얻을 수 있습니다.

위와 같이 다소 평이하고 단조로운 글이 생성된 것을 확인할 수 있습니다.

이제 상세한 지시를 포함한 개선된 프롬프트를 보겠습니다.

상세한 지시가 포함된 경우

개선된 프롬프트:
Problem-Agitate-Solution 방법론을 활용하여, 챗GPT의 실무 활용법에 관한 글 개요를 200자 내로 작성해주세요.

챗GPT 답변:
문제: 비즈니스 현장에서 정보 탐색, 데이터 분석, 문서 작성 등 다양한 업무를 효과적으로 처리하는 데 어려움을 겪는 경우가 많습니다.
고조: 이러한 문제는 시간 낭비와 생산성 저하로 이어지며, 팀의 효율성을 떨어뜨립니다. 특히, 비전문가가 기술적인 작업을 처리해야 할 때 더욱 두드러집니다.
해결책: ChatGPT를 활용하면 자연어 처리 능력을 통해 신속한 정보 탐색, 데이터 분석 자동화, 효율적인 문서 작성이 가능합니다. 이를 통해 업무 효율성을 극대화하고 생산성을 높일 수 있습니다.

보다시피 (Problem-Agitate-Solution이라는) 구체적인 방법론을 포함한 프롬프트를 입력했더니, 훨씬 더 기승전결이 분명하고 구체적인 글이 생성되었습니다.

이처럼 잘 알려진 회사나 방법론을 프롬프트에 포함하면 더 질 높은 답변을 얻을 수 있습니다. 기본적으로 국제적으로 알려진 회사, 널리 알려진 방법론 등은 챗GPT 등 LLM의 학습 데이터에 모두 포함되어 있으니, 위 예시들을 참고해서 내가 동경하는 회사명, 내가 자주 쓰는 방법론 등을 적용해 대화를 한다면 조금 더 질 좋은 답변을 얻을 수 있을 것입니다.

1.3 마케팅 업무별로 적합한 AI 도구 선택하기

얼마 전만 하더라도 챗GPT의 아성을 뛰어넘을 AI 모델이 없었기 때문에, AI라고 하면 무조건 챗GPT만 사용하면 되었습니다. 하지만 이 책을 쓰는 지금, AI 기술의 빠른 발전으로 이제 챗GPT 외에도 클로드, 라마LLama와 같은 강력한 AI 모델들이 등장했습니다. 각종 AI 모델과 서비스들의 춘추전국시대가 시작된 것이죠. 그렇다면 이렇게 많은 AI 서비스 중 현재 업무에 딱 맞는 AI를 고르려면 어떻게 해야 할까요? 다음 두 가지 핵심 단계를 기억해주세요.

STEP 1. 문제 정의하기

AI 도구를 적용하기 전에, 먼저 해결하고자 하는 업무를 정확히 정의해야 합니다. AI를 내 부사수라고 생각하고, 상세한 업무 지시서를 작성한다고 생각해보세요. 이 과정에서, 어떤 일은 복잡한 추론 과정이 필요하니, 인간이 직접 처리하는 것이 낫겠고, 어떤 일은 그렇게 복잡한 일이 아니니 AI로 자동화하는 게 나을 거라는 것이라는 등의 판단이 머릿속에 그려질 겁니다.

예를 들어, 고객 유형별로 개인화된 프로모션을 한다고 해보죠. 이럴 때는 무작정 챗GPT에게 프로모션을 짜달라고 요청하기보단, 프로모션과 고객 유형을 분류하는 기준은 여러분이 직접 정하고, 실제 프로모션 문안을 작성하는 것은 그렇게 난이도가 높지 않으니 챗GPT(혹은 클로드)에게 맡기는 식으로 업무를 나눌 수 있을 것입니다.

STEP 2. 업무별 최적 도구를 조합하고 선택하기

AI를 적용할 업무 범위가 정해졌다면, 이제 그 업무에 가장 적합한 AI 도구를 선택해야 합니다.

예를 들어, 자연스러운 한국어 글이 필요할 때는 클로드를, 정확한 결과가 중요하다면 챗GPT-4o를 쓸 수 있습니다. 반면, 이미지 생성이 필요하다면 달리나 미드저니 같은 도구를 고려해 볼 수도 있겠죠.

여기서 한 걸음 더 나아가, AI를 다른 자동화 도구와 결합하면 업무 효율을 더욱 극대화할 수 있습니다. 예를 들어, 챗GPT로 고객 메일을 작성하고 수동으로 복사하기와 붙여넣기(이하 '복붙'으로 표현하겠습니다)로 발송하는 대신, 앞으로 소개할 make.com과 같은 자동화 도구와 연동하면, 수백 명의 고객들에게 맞춤형 메일을 자동으로 한 번에 발송할 수 있습니다.

하지만 여기서 새로운 고민이 생길 수 있습니다. '문제는 잘 정의했는데, 어떤 AI 도구가 이 업무에 가장 적합한지 모르겠어! 자동화 도구는 또 뭐람 …' 아마 많은 마케터가 이런 고민을 하고 있을 겁니다. 특히 바쁜 업무 중에 다양한 AI 도구를 일일이 테스트해 볼 여유가 없다면 더욱 그렇죠.

그래서 이 책에서는 실무 상황별로 적절한 AI 도구와 활용 사례를 소개함으로써 이런 고민을 해결하는 데 도움을 주고자 합니다. 뿐만 아니라, 다양한 AI 도구 각각의 장단점에 대해서도 함께 알려주기 때문에 이 책을 읽고 나면 본인의 업무에 맞게 취사 선택하여 활용할 수도 있습니다.

1장에서는 AI의 장단점과 기초 활용법에 대해 알아보았습니다. 다음 장에서는 이러한 지식을 바탕으로 실제 마케팅 업무에 AI를 적용하는 구체적인 방법과 사례들을 살펴보겠습니다.

2장

SNS
광고 제작 시간
90% 줄이기

신제품 출시를 앞두고 광고 카피와 배너를 기획해야 하는 박 대리. 머리를 쥐어짜며 아이디어를 생각해보지만, 시간은 점점 줄어들고 라이브 일정은 코앞으로 다가옵니다. '누가 대신 광고를 기획해줬으면 좋겠다 …'라는 생각이 절로 듭니다.

이럴 때 AI에게 광고기획을 대신 맡긴다면 어떨까요? AI가 나 대신 카피 작성, 배너 디자인, 영상 제작까지 도맡아 해준다면 광고 기획에 대한 부담이 한결 가벼워지지 않을까요? 이 장에서는 그 상상을 현실로 만드는 방법을 알아봅니다. AI를 활용해 경쟁사 광고 분석부터 시작해, 수십 개의 광고 배너를 자동으로 생성하고, 심지어 영상 광고 제작까지 빠르게 제작하는 놀라운 프로세스를 함께 배워보겠습니다.

이 장에서 사용하는 AI 도구
클로드, 피그마 플러그인(Google Sheets Sync), 브이캣.AI

2.1 AI 도구 소개: 클로드, 피그마, 브이캣.AI

본격적인 프로세스에 들어가기 전에 2장에서 활용할 AI 도구인 클로드Claude, 피그마Figma, 브이캣.AIVCAT.AI를 먼저 소개하겠습니다.

클로드

클로드Claude는 챗GPT와 유사한 대화형 AI 모델로, 앤트로픽Anthropic이라는 회사에서 개발했습니다. 챗GPT와 마찬가지로 자연어 처리 능력이 뛰어나 다양한 질문에 대해 상세하고 정확한 답변을 제공합니다. 특히 자연스러운 한국어 문장을 생성할 수 있어 국내 마케터들에게 유용합니다.

그림 2-1 앤트로픽의 클로드 소개 화면(출처: https://www.anthropic.com/claude)

앤트로픽은 현재 클로드 3.5 소네트Claude 3.5 Sonnet, 클로드 3 오푸스Claude 3 Opus, 클로드 3 하이쿠Claude 3 Haiku 세 가지 모델을 공식 웹 사이트에서 챗봇 형태로 제공하고 있습니다.

무료 사용자는 앤트로픽의 정책에 따라 사용 가능한 모델과 대화량이 유동적으로 변할 수 있습니다. 무료 버전보다 더 많은 사용량이 필요하고, 모델도 원하는 대로 선택해서 사용하고 싶다면 월 20달러(세금 별도)의 유료 구독을 통해 무료 버전의 다섯 배에 해당하는 사용량을 확보할 수 있습니다.

- **클로드 3.5 소네트(Claude 3.5 Sonnet):** 가장 똑똑한 모델로, 다양한 목적에 사용합니다.
- **클로드 3 오푸스(Claude 3 Opus):** 작문에 적합하고 복잡한 업무 처리를 할 수 있습니다.
- **클로드 3.5 하이쿠(Claude 3.5 Haiku):** 응답 속도가 가장 빠르지만 상대적으로 성능이 가장 낮습니다.

마케팅 업무에 AI를 활용해보고 싶다면, 먼저 무료로 제공되는 클로드 챗봇을 테스트해보는 것을 추천합니다. 사용해보니 효과적이고 사용량이 많아진다면, 그때 유료 버전 구독을 고려해보는 것이 좋겠죠.

클로드의 또 다른 큰 장점은 구글 시트와의 연동성입니다. Claude API를 활용한 구글 시트 확장 프로그램을 별도 구독료 없이 무료로 제공하고 있어, 사용자들은 구글 시트 내에서 직접 클로드의 기능을 활용할 수 있습니다(대신 사용량만큼의 API 비용은 별도로 청구합니다). 이는 마케터들에게 특히 유용한 기능인데, 예를 들어 대량의 광고 문구를 생성하거나 고객 데이터를 분석하는 등의 작업을 구글 시트 내에서 바로 수행할 수 있기 때문입니다. 이를 통해 데이터 처리와 AI 기반 콘텐츠 생성을 구글 시트에서 대량으로 진행할 수 있습니다.

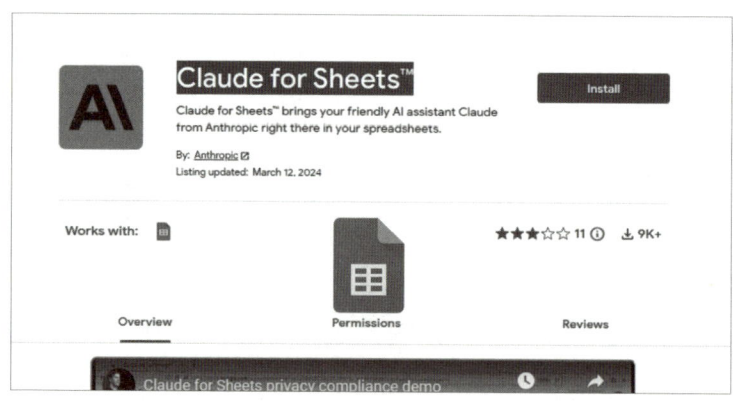

그림 2-2 Claude for sheets 설치 화면

피그마

피그마Figma는 클라우드 기반의 협업 디자인 도구로, 현재 UX/UI 분야에서 가장 인기 있는 디자인 도구 중 하나입니다. 회원가입만 하면 무료로 사용할 수 있고, 웹 브라우저에서 직접 실행되기 때문에 별도의 설치가 필요 없다는 점이 큰 장점입니다.

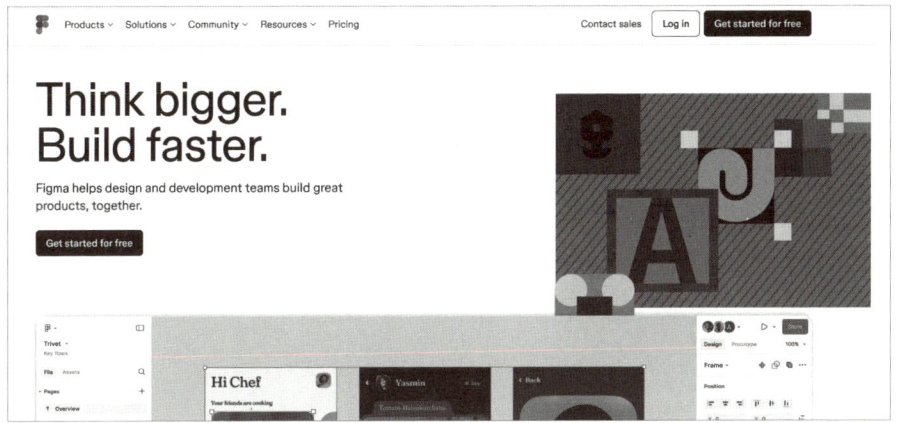

그림 2-3 피그마 메인 화면

특히 기본 기능뿐 아니라 다양한 확장 플러그인도 지원하기 때문에 이를 활용해 디자인 작업의 효율성을 크게 높일 수 있습니다. 이러한 유용한 플러그인 중에서도 특히 주목할 만한 것이 'Google Sheets Sync'입니다.

그림 2-4 Google Sheets Sync 소개 화면

이 플러그인은 구글 시트와 피그마 디자인을 클릭 한 번으로 연결해 주는데, 특히 대량 광고를 제작할 때 큰 힘을 발휘합니다. 예를 들어, 광고 이미지는 동일하지만 100개의 서로 다른 카피를 바탕으로 광고 이미지를 제작하고 싶을 때, 구글 시트에 100개의 카피를 준비해두고 한 번만 연동하면 100개의 배너 광고를 순식간에 생성할 수 있습니다.

브이캣.AI

브이캣.AI는 국내 스타트업인 〈파이온코퍼레이션〉이 개발한 AI 기반 마케팅 소재 제작 도구입니다. 이 도구의 가장 큰 특징은 상품 페이지 URL을 입력하면 AI가 이미지와 텍스트를 분석하여 최대 15초 길이의 영상을 1분 안에 만들어 낸다는 것입니다. 별도로 영상 제작을 위해 리소스를 투입할 필요 없이 고품질의 영상 콘텐츠를 제작할 수 있어 무척 효율적입니다. 뿐만 아니라, 하나의 광고 템플릿으로 최대 20개의 다양한 크기의 광고 배너를 동시에 제작할 수도 있습니다.

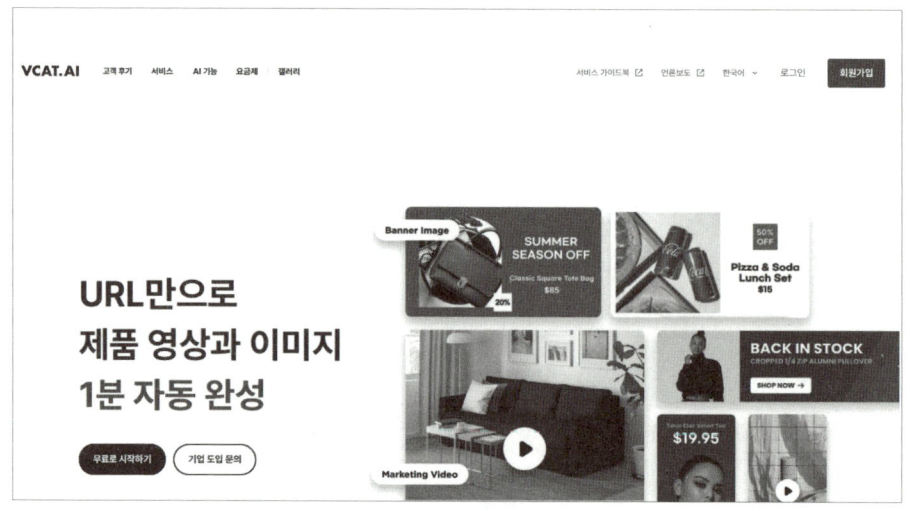

그림 2-5 브이캣.AI 메인 화면(출처: https://vcat.ai)

지금까지 소개한 AI 도구들은 각각 강력한 기능을 갖추고 있지만, 실제 업무에 맞게 조합할 때 그 진가를 발휘합니다. 이제 이 도구들을 활용해 광고 기획의 전 과정(경쟁사 분석부터 광고 제작까지)을 어떻게 효율화할 수 있는지 단계별로 살펴보겠습니다.

2.2 경쟁사 광고 분석하기

경쟁사 광고를 분석하는 것은 마케팅 전략을 수립하는 데 있어 매우 중요한 과정입니다. 이를 통해 시장 트렌드를 파악하고, 자사 제품의 차별화 포인트를 발견할 수도 있죠. 하지만 안 그래도 많은 업무에 경쟁사 광고 분석까지 수행하기란 부담스러울 수 있죠. 다행히 AI를 활용하면 이 과정을 훨씬 효율적으로 수행할 수 있습니다.

좀 더 쉽게 이해하도록, 지금부터 여러분이 한 회사의 '탈모샴푸 브랜드' 마케터가 되었다고 가정하고, AI를 활용해 경쟁사 데이터를 수집하고, 분석까지 해보겠습니다.

데이터 수집하기

> **상황** '이번 달말까지 탈모샴푸 광고를 기획해야 하는데… 기획에 참고할 만한 경쟁사 광고를 빠르게 모아보는 방법 뭐 없을까?'

간혹 광고 기획을 위해, 참고할 경쟁사 광고를 스크랩하는 경우가 있죠. 기존에는 손으로 일일이 캡처해야 했지만, AI가 짜준 코드를 활용하면 수백 개의 광고 데이터를 순식간에 수집할 수 있습니다. 이 절에서는 시간 관계상 제가 미리 짜둔 코드를 활용해 데이터를 수집해보겠습니다. 여러분도 AI를 활용하면 이 정도 스크랩 코드는 쉽게 만들 수 있습니다.[1]

01 경쟁사 인스타그램 및 페이스북 광고를 수집하기 위해 '메타 광고 라이브러리'로 이동합니다.

   URL https://www.facebook.com/ads/library/

그림 2-6 메타 광고 라이브러리 화면

---

1 코드를 짜는 방법에 대해서는 노션 자료집에 남겨두었으니 참고하세요.

02 페이스북에 로그인한 후, 광고 카테고리를 '모든 광고'로 두고 원하는 키워드를 검색합니다. 그리고 오른쪽 메뉴의 '필터'에서 원하는 경쟁사, 광고 형태 등을 선택해 검색 결과를 필터링합니다.

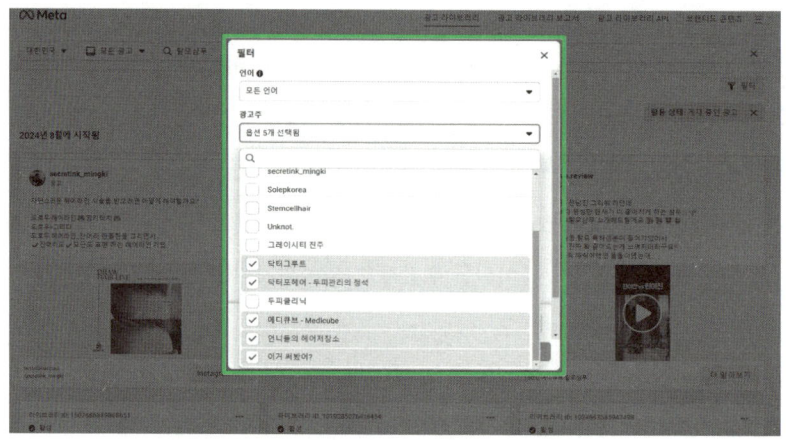

그림 2-7 메타 광고 라이브러리 필터 화면

03 [필터 적용]을 누른 뒤, 데이터 전체를 로드하기 위해 스크롤을 끝까지 내려줍니다.

04 빈 공간에서 **마우스 오른쪽 버튼을 클릭 〉 [검사]**를 누릅니다. 크롬 개발자 도구가 열립니다.

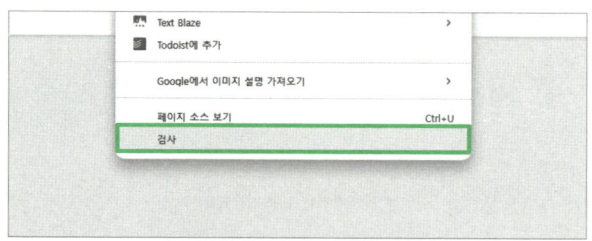

그림 2-8 검사 도구 열기

05 아래 그림처럼 코드의 최상단의 〈html …〉 부분을 클릭한 다음, **마우스 오른쪽 버튼을 클릭**해서 [Edit as HTML]을 눌러줍니다.

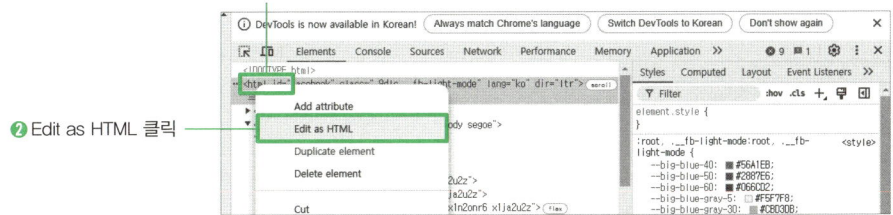

그림 2-9 크롬 개발자 도구 화면

06 Ctrl+A를 누릅니다. 아래와 같이 코드 전체가 선택됩니다.

그림 2-10 코드 전체 선택

07 이 상태로 Ctrl+C를 눌러 복사한 다음, 메모장을 열고 코드 전체를 붙여 넣어주세요.

08 이 파일을 test.html로 저장합니다(파일 형식은 '모든 파일'로 선택해주세요). 이제 광고 정보를 추출할 html 파일이 준비되었습니다.

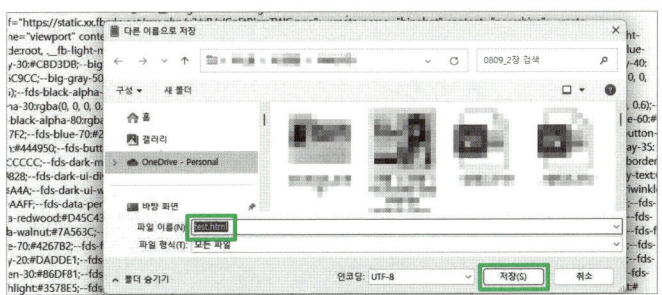

그림 2-11 test.html 저장 화면

09 데이터 추출을 위해 노션 자료집(https://m.site.naver.com/1wlxa)의 **2.2. 경쟁사 광고 분석하기 〉 1. 데이터 수집하기 〉 데이터 추출 코드** 링크로 이동합니다(광고 데이터 추출을 도와주는 구글 코랩 코드입니다). 링크로 이동하면 아래와 같은 화면이 뜹니다.

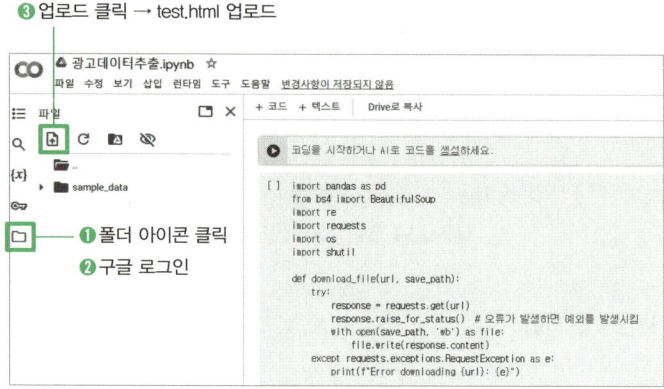

그림 2-12 구글 코랩 화면

10 왼쪽 메뉴 맨 마지막의 **폴더 아이콘**을 눌러주세요.

11 구글 로그인을 진행해주세요.

12 **[파일 업로드]** 아이콘을 눌러 08에서 저장했던 test.html 파일을 업로드합니다.

13 test.html이 업로드된 것을 확인하고, 상단 메뉴의 **[런타임] 〉 [모두 실행]**을 눌러줍니다(경고가 뜬다면 무시하고 진행해주세요). 약 30건의 광고 데이터를 기준으로 1~2분 정도 기다리면 데이터 추출이 완료됩니다.

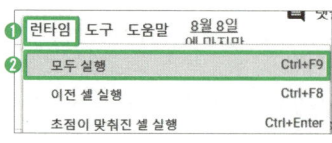

그림 2-13 [런타임] 〉 [모두 실행] 클릭

> **참고**
> 다른 HTML에서 다시 데이터를 추출하려면, 구글 코랩 메뉴에서 **[런타임] 〉 [런타임 연결 해제 및 삭제]**를 눌러 초기화한 뒤, 10번부터 다시 진행하면 됩니다.

14 왼쪽 파일 탭에 아래와 같이 **downloads** 폴더, **output.csv, downloads_archive.zip** 파일이 새로 생성되었는지 확인해주세요(만약, 보이지 않는다면 업로드 아이콘 옆의 [새로고침] 아이콘을 눌러주세요).

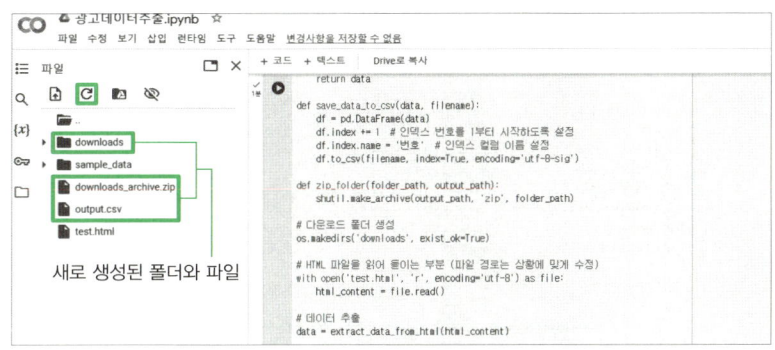

그림 2-14 광고 데이터 추출이 완료된 화면

15 output.csv와 downloads_archive.zip 파일에 **마우스 오른쪽 버튼을 클릭**한 후 [**다운로드**]를 눌러 파일을 다운로드합니다.

16 output.csv 파일을 열어보면 아래와 같이 광고 데이터가 전부 들어있는 것을 확인할 수 있습니다.

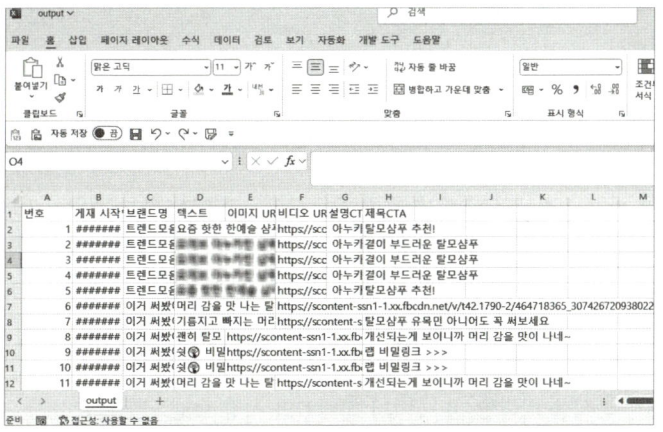

그림 2-15 추출된 광고 데이터 csv 파일

2장 SNS 광고 제작 시간 90% 줄이기 **47**

17 downloads_archive.zip 파일도 압축을 풀어보면, 이번에는 광고에 사용된 이미지와 영상을 모두 다운로드한 것을 확인할 수 있습니다.

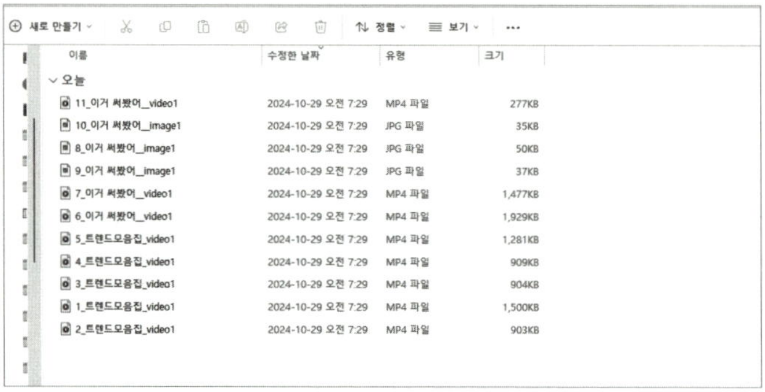

그림 2-16 추출된 광고 영상 및 이미지 파일

이제 이렇게 대량으로 추출한 경쟁사 광고를 바탕으로 인사이트를 얻어보겠습니다.

AI로 광고 데이터 분석하기

상황 '대표님이 다음주 신제품 론칭 회의 때 경쟁사 분석 내용을 보고하라시네… 우리 제품에 적용할 만한 인사이트를 원하시는 것 같은데…'

경쟁사 데이터를 충분히 확보했더라도 여기서 쓸 만한 인사이트를 뽑아내지 않으면 무용지물입니다. 사람이 일일이 훑어보고 분석하는 방법도 있지만, 너무 시간이 많이 걸립니다. 이럴 때 클로드의 '파일 첨부' 기능을 활용하면 복잡한 데이터에서 빠르게 인사이트를 뽑아낼 수 있습니다. 이 절에서는 이 기능을 활용해 시장 트렌드부터, 브랜드별 USP, 경쟁사 성공전략까지 분석하겠습니다.

먼저 Claude.ai에 접속해 로그인합니다. 그리고 앞서 다운로드했던 CSV 광고 데이터를 클로드에게 주면서 분석을 의뢰합니다. 먼저 전체적인 시장 트렌드를 파악하기 위해 아래와 같이 질문해보겠습니다.

시장 트렌드 분석하기

프롬프트:

(output.csv 첨부)

첨부된 csv 파일에 우리 산업의 주요 경쟁사들 광고 데이터가 있어. 이 데이터를 분석해서 현재 시장의 주요 트렌드를 파악해줘. 특히 다음 사항에 중점을 두고 분석해.

메시지 분석:
- 가장 자주 쓰이는 키워드나 문구가 뭐야?
- 어떤 종류의 가치 제안이 제일 많이 쓰이고 있어? (예 가격, 품질, 편의성 등)
- 경쟁사들이 주로 쓰는 톤과 스타일은 어때? (예 전문적, 친근한, 유머러스 등)

비주얼 요소 분석:
- 주로 쓰이는 색상 팔레트가 뭐야?
- 어떤 종류의 이미지나 그래픽이 제일 많이 쓰이고 있어? (예 제품 사진, 라이프스타일 이미지, 인포그래픽 등)
- 레이아웃이나 디자인 스타일에서 발견되는 공통점이 있어?

타깃 오디언스:
- 광고들이 주로 겨냥하는 대상 고객층이 누구야?
- 각 경쟁사별로 타깃팅 전략의 차이점이 있어?

시즌성과 타이밍:
- 특정 시기나 시즌에 집중되는 광고 캠페인이 있어?
- 시간에 따른 메시지나 비주얼의 변화가 있어?

전반적인 트렌드:
위의 분석을 종합해 볼 때, 현재 시장에서 가장 두드러지는 광고 트렌드가 뭐야?
이런 트렌드가 우리 산업이나 고객의 어떤 니즈나 변화를 반영하고 있다고 생각해?

분석 결과를 바탕으로 우리 회사의 마케팅 전략에 적용할 수 있는 인사이트를 세 가지에서 다섯 가지 정도로 제안해줘. 가능하면 데이터 시각화나 요약 차트도 포함해줘.

클로드 답변:

데이터를 분석한 결과, 탈모 관리 제품 시장의 주요 광고 트렌드와 인사이트를 다음과 같이 정리했습니다.

메시지 분석:
가장 자주 사용되는 키워드: 탈모, 두피, 볼륨, 여성, 기능성
주요 가치 제안: 효과(탈모 감소, 볼륨 증가), 자연 성분, 다기능성(탈모+두피 관리)
톤과 스타일: 전문적이면서도 친근한 톤, 개인의 경험을 강조하는 스토리텔링 방식

... (생략) ...

탈모샴푸 광고 데이터를 넣어주었기 때문에 탈모샴푸 시장 트렌드가 일목요연하게 요약된 것을 확인할 수 있습니다. 이렇게 AI를 활용하면 전체 광고 데이터를 살펴볼 필요 없이 손쉽게 전체 광고 트렌드에 대한 인사이트를 얻을 수 있습니다.

> **참고 1**
> 이 책에서 '클로드 답변'으로 표기된 내용은 별도 모델 표기가 없는 한 모두 클로드 3.5 소네트 모델을 사용하여 얻은 결과입니다. 클로드 3.5 소네트는 무료 버전에서도 하루 약 다섯 번에서 열 번 정도의 횟수로 사용할 수 있습니다. 정확한 사용 제한은 앤트로픽의 정책에 따라 변경될 수 있으므로, 최신 정보는 앤트로픽 공식 웹 사이트를 참고하기 바랍니다.
>
> **참고 2**
> 같은 대화 세션 내에서는 다시 csv 파일을 업로드할 필요는 없습니다. 하지만 새로운 대화 세션을 시작할 경우에는 csv 파일을 다시 업로드해줘야 한다는 점을 유의해주세요.

다음으로 각 브랜드들의 USP_{Unique Selling Point}(소구점)를 클로드로 분석해보겠습니다. 같은 대화 세션 내에서, 아래 프롬프트로 다시 한번 질문해줍니다.

브랜드별 USP 분석하기

프롬프트:
이 파일은 [탈모샴푸]에 대한 광고 데이터가 포함되어 있어.
각 브랜드별로 아래 사항을 포함해서 광고 스타일을 분석해줄래?

- 주요 타깃
- 소구점(USP)

클로드 답변:
네, 각 브랜드별로 탈모 샴푸 광고의 주요 타깃과 소구점(USP)을 분석해보겠습니다.

1. 브랜드 A

주요 타깃:
20-30대 여성 / 탈모와 모발 건강에 관심 있는 여성

소구점(USP):
- 올리브영 헤어케어 1위 제품

... (생략) ...

클로드가 각 브랜드별 타깃과 소구점을 똑똑하게 요약해주어 한 눈에 확인할 수 있습니다. 이를 통해 경쟁사의 주요 고객은 누구이고, 우리 브랜드의 고객과는 어떻게 차이나는지를 빠르게 체크할 수 있겠죠.

마지막으로 광고 게시 기간이 긴 광고를 중점적으로 보면서 브랜드별 성공전략을 자세히 분석해달라고 요청해보겠습니다.

경쟁사 성공전략 분석하기

프롬프트:
(output.csv 첨부)
광고 게시 기간이 긴 것은 그만큼 효과적이라는 의미일 수 있어. 각 브랜드의 가장 오래된 광고를 찾아 분석해보면 어떤 요소들이 장기적으로 효과를 발휘하는지 알 수 있을 것 같아. 브랜드별로 가장 오래 게시된 광고를 찾아 그 특징과 성공 요인을 살펴봐줄래?

클로드 답변:
네, 좋은 관점입니다. 각 브랜드의 가장 오래된 광고를 찾아 그 특징과 성공 요인을 분석해보겠습니다.

1. 브랜드 A
가장 오래된 광고: 2024년 8월 xx일

특징:
- 올리브영 입점 제품임을 강조
- 인기와 품절 상황을 언급
- 할인 혜택 제공

성공 요인:
- 유통 채널(올리브영)의 신뢰성 활용
- 희소성 마케팅(품절 언급으로 구매 욕구 자극)
- 할인을 통한 구매 유도

2. 브랜드 B
가장 오래된 광고: 2024년 6월 xx일

특징:
- 산후 탈모에 초점을 맞춤
- 제품의 과학적 근거를 강조(특허 성분, 임상 결과)
- 다양한 효과를 나열(탈모 방지, 두피 환경 개선, 모발 건강)

··· (생략) ···

이렇게 마케터의 통찰력이 곁들여진 질문을 하면 각 브랜드별 성공전략을 더 세밀하게 파악할 수 있습니다. 어떻게 질문하느냐에 따라 분석 결과가 많이 달라지기 때문에 질문 방식을 바꿔가며 질문을 다양하게 해보는 게 좋습니다.

이렇게 얻은 분석 결과는 다양한 방식으로 활용할 수 있습니다. 내부 경쟁사 동향 보고서에 포함할 수도 있고, 같은 팀 동료에게 참고하라고 전달할 수도 있고요. 더 나아가 우리 브랜드의 광고 기획에 직접적으로 참고할 수도 있습니다.

다음 절에서는 본격적인 광고기획 단계로 들어가서 AI를 활용해 경쟁사 광고를 벤치마킹하는 과정을 상세히 살펴보겠습니다.

경쟁사 광고 벤치마킹하기

 상황 '마케팅 전략도 세웠고 시장 트렌드도 파악했는데, 막상 광고 카피를 짜려니 막막하네…'

마케팅 방향이 정해졌더라도 구체적인 카피를 쓰는 일은 언제나 어렵습니다. 이럴 때 클로드의 뛰어난 '글 변형' 능력을 활용하면 경쟁사 광고 카피를 우리 브랜드에 맞게 쉽게 바꿀 수 있습니다.

여기서는, 경쟁사 광고 카피를 바탕으로 우리 제품의 '타깃'에 맞는 광고 카피를 작성하는 방법, 그리고 우리 제품의 '효과'에 맞는 카피를 작성하는 방법을 살펴보겠습니다.

우리 브랜드에 맞게 바꾸기 - ① 타깃 변형

예를 들어, 우리 브랜드의 타깃이 '30~40대 남성'이라고 가정하겠습니다. 그런데 경쟁사 광고는 '30대 이상 여성'을 대상으로 한 광고입니다. 이런 경우, 경쟁사 광고 카피에서 특징을 분석한 다음, 타깃 부분을 우리 브랜드 타깃에 맞게 바꿔달라고 클로드에게 요청하면 됩니다. 클로드에게 아래와 같이 카피 생성을 요청해보세요.

벤치마킹 예시 1

프롬프트:
(output.csv 첨부)
이 광고 데이터에서 [경쟁사 이름] 카피 중

1. [30~40 여성] 타깃층을 겨냥하고 있는 카피들을 추출한 다음,
2. 해당 카피들의 특징을 분석하고,
3. 이 톤앤매너를 바탕으로 타깃을 [30~40 남성]으로 바꿔서 신규 광고 카피를 짜줘.

클로드 답변:
네, 브랜드 B의 광고 중 30~40대 여성을 타깃으로 하는 카피들을 분석하고 그 특징을 바탕으로 새로운 광고 카피를 만들어보겠습니다.

저 타깃층에 맞는 카피들을 추출해보겠습니다:

1. "풍성한 뿌리 볼륨 덕분에 어딜가도 당당해짐"
2. "정수리가 훵한 느낌 뭐지? 점점 얇아지고 비어가는 정수리! 지금부터 케어하자!"

이 카피들의 특징을 분석해보겠습니다:
- 자존심과 연결: 머리숱을 여성의 고민과 연관시킴
- 구체적 증상 언급: "뿌리볼륨", "얇아지고 비어가는 정수리" 등

… (중략) …

이러한 특징들을, 30~40대 남성을 타깃으로 한 신규 광고 카피를 작성해보겠습니다:

"탄탄한 헤어라인은 남자의 자신감 & M자 탈모, 정수리 고민엔 xx 샴푸"
"아직 늦지 않았다! 점점 후퇴하는 이마라인, 넓어지는 정수리 지금이 케어할 때!"

… (중략) …

이 카피들은 30~40대 남성의 관심사와 고민을 반영하면서, 기존 여성 타깃 광고의 톤앤매너를 유지하고 있습니다. 자신감, 비즈니스, 스마트함 등 남성적 가치를 강조하면서도, 친근하고 공감가는 톤을 유지하고 있습니다.

경쟁사 카피를 분석해서 그 특징을 참고하면서도 타깃은 우리 브랜드에 맞게 변형하여 잘 작성해준 것을 볼 수 있습니다. 이렇게 AI를 활용하면 경쟁사 카피의 주요 특징을 살리면서도 우리 브랜드 타깃에 맞는 새로운 카피를 빠르게 생성할 수 있습니다.

우리 브랜드에 맞게 바꾸기 - ② 효과 변형

이번에는 '타깃'이 아닌 '주요 기능'과 '효과'를 우리 브랜드에 맞게 바꿔보겠습니다. 예를 들어, 우리 제품 기능이 '두피열 관리 및 딥클렌징'이고 우리 제품 효과가 '튼튼해지는 모발, 두피 상쾌함, 떡짐 없음'인 경우에는 아래와 같이 요청하면 됩니다.

벤치마킹 예시 2

프롬프트:
(output.csv 첨부)
1. 이 광고 데이터 카피 중 '기능'을 바탕으로 한 '효과'를 강조하는 카피들을 추출한 다음,
2. 해당 카피들의 특징을 분석하고,
3. 이 톤앤매너를 바탕으로 기능은 [두피열 관리 및 딥클렌징]으로, '효과'는 [튼튼해지는 모발, 두피상쾌함, 떡짐없음]으로 바꿔서 신규 광고 카피를 짜줘.

클로드 답변:
기능과 효과를 강조하는 카피들을 추출하고 분석해보겠습니다:

… (중략) …

이러한 특징들을 바탕으로, 새로운 기능과 효과를 강조하는 신규 광고 카피를 작성해보 겠습니다:

"두피열 관리 & 딥클렌징 2중 기능성
 사용 즉시 체감하는 상쾌함!
 떡짐 없이 튼튼해지는 모발의 비밀
 임상 완료: 두피 온도 -15%, 모발 강도 +40%"

이 카피는 기존 광고들의 특징을 살려 간결하면서도 효과를 구체적으로 전달하고 있습니다.

이번에는, 경쟁사 카피를 참고하되 우리 브랜드의 기능과 효과에 맞게 카피를 잘 변형해 작성해준 것을 볼 수 있습니다.

이처럼 AI를 잘 활용하면, 단순히 경쟁사를 모방하는 것이 아니라, 우리 제품의 특성을 결합하여 새로운 마케팅 메시지를 창출할 수 있죠.

이미지를 바탕으로 벤치마킹하기

이전까지는 경쟁사 텍스트를 참고해 벤치마킹 방법을 소개했는데요. 텍스트뿐만 아니라, 이미지를 참고해 벤치마킹하는 것도 가능합니다. 클로드가 텍스트뿐만 아니라 이미지도 분석할 수 있기 때문이죠. 예시로, 경쟁사 탈모샴푸 광고 이미지를 분석해서 우리 브랜드 타깃(30대 남성)에 맞는 새로운 광고 카피와 비주얼을 제안해달라고 요청하겠습니다.

벤치마킹 예시 3

프롬프트:

첨부 이미지는 탈모샴푸 광고야. **이 광고**에 대해: 1. 광고에서 텍스트를 추출하고 2. 비주얼 특징을 추출한 다음 3. 추출한 내용을 바탕으로 광고 타깃, USP, 톤앤매너를 분석하고 4. 이를 참고해서, 타깃을 30대 남성으로 바꿔 신규 샴푸 광고 카피와 비주얼을 제안해줘.

그림 2-17 브랜드 B 광고 이미지(예시)

> **클로드 답변:**
> 요청하신 대로 광고를 분석한 후 새로운 광고 카피를 작성해드리겠습니다.
>
> **1. 광고 텍스트 추출:**
> 제목: "특허 성분으로 빈틈없이 풍성하게 브랜드B 바이탈 샴푸"
> 리뷰 1: "휑해져가는 정수리가 어느덧 차올라서 놀랐어요!"
> 리뷰 2: "드라이로 힘줘도 금방 죽어버리던 헤어라인 볼륨, 브랜드B로 고민해결했어요!"
>
> **2. 비주얼 특징:**
> 두 명의 여성 모델 사진이 포함됨
>
> ⋯ (중략) ⋯
>
> **3. 광고 분석:**
> 타겟: 탈모 문제로 고민하는 성인
> USP:
> - 특허 받은 탈모 완화 성분
> - 결과 중심적 접근(비포/애프터 이미지 사용)
>
> ⋯ (중략) ⋯
>
> **4. 30대 남성 타겟으로 새로운 광고 제안:**
> - 카피:
>   "당신의 자신감, 우리가 되살립니다! 브랜드 B 파워 리부트 샴푸"
> - 서브카피:
>   "탈모 걱정은 잊으세요. 풍성한 머릿결로 다시 태어나는 느낌!"
>   "아침마다 거울 보는 게 즐거워집니다. 브랜드 B로 자신감을 되찾았어요."
> - 비주얼 제안:
>   메인 이미지: 깔끔한 정장 차림의 30대 남성이 자신감 있게 웃으며 머리를 쓸어 넘기는 모습
>   작은 이미지: Before/After 스타일로 처진 머리결과 풍성해진 머리결을 비교하는 클로즈업 샷
>
> 이 새로운 광고는 30대 남성의 탈모 고민과 자신감 회복에 초점을 맞추며, 제품의 효과를 강조하는 동시에 긍정적이고 활력 넘치는 이미지를 전달합니다.

이처럼 이미지를 바탕으로 광고 생성을 요청하면, 카피뿐만 아니라 광고 비주얼까지 제안받을 수 있습니다.

프롬프트를 어떻게 넣느냐에 따라 다양한 관점의 광고기획이 가능하니, 예시로 확인한 프롬프트를 응용하여, 광고 제작 속도와 효율을 높여보기 바랍니다.

2.3 광고 카피 대량으로 생성하기

큰 규모의 프로모션을 성공하기 위해서, 또는 광고 성과를 높이기 위해서 한두 개가 아닌 수십, 수백 개의 광고 카피 기획이 필요한 경우가 있습니다. 실력 좋은 카피라이터가 있는 회사라면 무리 없이 소화할 수 있을지 몰라도, 소수의 인원이 마케팅 전반을 담당하는 소규모 회사의 경우에는 부담이 엄청나게 큽니다. 열심히 광고 카피를 짰는데 그것들이 모두 성과가 좋으리라는 보장도 없고요.

바로 이럴 때 활용하면 좋은 프로그램이 바로 '클로드 확장 프로그램'입니다. 구글 시트에서 클로드를 호출하여 명령할 수 있는 프로그램으로, 이를 활용하면 수십, 수백 개의 광고 카피도 한꺼번에 생성할 수 있습니다. 이번 절에서는 클로드 확장 프로그램 설치부터, 실제 광고 카피 대량 생성까지 차근차근 살펴보겠습니다.

STEP 1. 확장 프로그램 설치 및 Claude API 키 발급하기

대량의 광고 카피를 생성하려면 먼저 구글 스프레드시트 확장 프로그램과 Claude API가 필요합니다. 아래 단계를 따라 설치해주세요.

01 https://console.anthropic.com/으로 이동하여 로그인합니다.

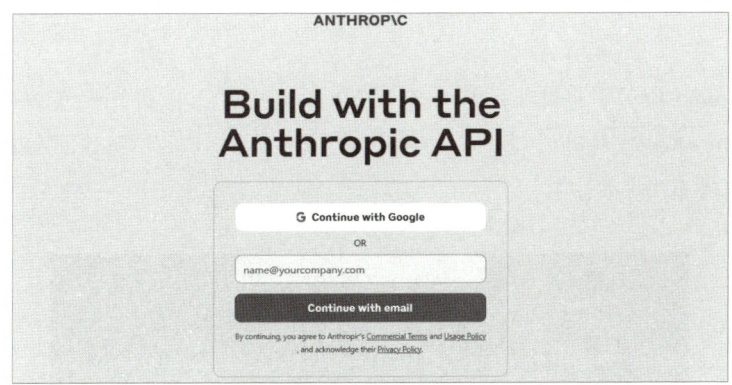

그림 2-18 클로드 콘솔 메인 페이지

02 [Get API Keys] 메뉴를 눌러주세요.

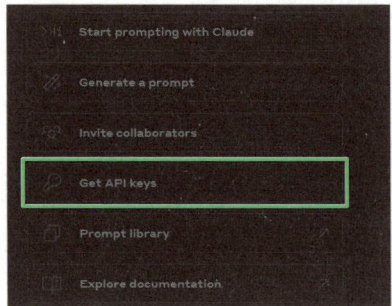

그림 2-19 클로드 콘솔 메뉴 화면

03 오른쪽 상단의 [Create Keys]를 누른 다음, 입력란에 키 이름을 지정해줍니다

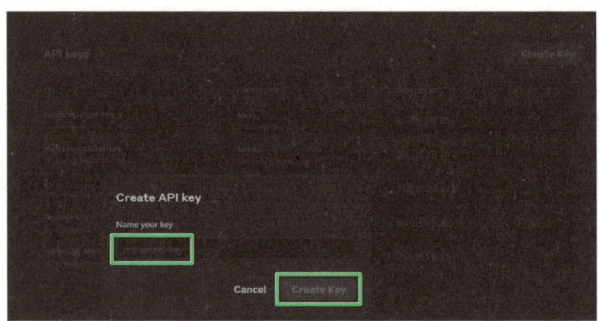

그림 2-20 API 키 생성 화면

04 [Create Key]를 클릭해주면, 아래와 같은 화면이 뜹니다. 화면에 뜬 키 값 하단의 [Copy Key]를 눌러 키 값을 복사한 뒤, 저장해두세요. 이 값은 Claude API에 접근하는 데 필요한 값입니다.

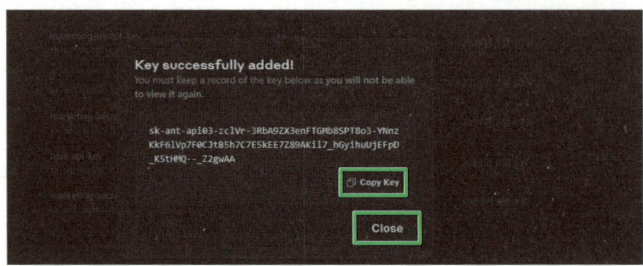

그림 2-21 API 키 발급 화면

이 키 값은 이때 한 번 밖에 뜨지 않으며 수정이 불가능하니 주의해야 합니다. 만약, 키 값을 저장하지 못했다면 다시 한번 create keys를 눌러서 새 키를 생성한 후 사용해주세요. 또한 API 사용량 측정에 사용되는 값이므로 외부에 공개하지 마세요.

Q&A API가 궁금해요

Q API가 뭔가요?

A API는 Application Programming Interface의 머리글자로, 서로 다른 프로그램이나 시스템이 쉽게 소통할 수 있게 해주는 일종의 '언어' 또는 '규칙'입니다. 예를 들어, 날씨 앱이 기상청의 API를 통해 날씨 정보를 가져오는 것처럼, API는 프로그램들이 필요한 정보나 기능을 주고받을 수 있게 해줍니다. 우리는 Claude API를 통해 구글 스프레드시트에서 Claude AI를 호출해 대답을 요청할 예정입니다.

Q Claude API는 유료인가요?

A 네, 유료 서비스입니다. 하지만 첫 사용자에게는 앤트로픽에서 5달러에 해당하는 크레딧을 제공합니다. 이를 활용해 이번 실습을 진행해보고, 계속 사용하길 원한다면 [Billings] 메뉴에서 카드를 등록하여 크레딧을 충전하면 됩니다.

Q Claude API 금액은 어떻게 되나요?

A 이 글을 쓰는 시점을 기준으로 클로드 3.5 소네트의 경우, 입력은 100만 토큰당 3달러, 출력은 100만 토큰당 15달러입니다. 토큰은 LLM이 처리하는 기본 단위로, (집필 시점 기준) 모델에 따라 다릅니다. 그렇지만 보통 한글 한 글자당 2.5개의 토큰을 사용한다고 가정하면, **A4 용지 한 장(1,800자) 분량을 기준**으로 입력은 약 10~20원, 출력은 80~100원 정도가 소요됩니다. 정확한 사용량은 console.anthropic.com의 Usage 페이지에서 확인할 수 있습니다.

API 키 발급을 완료했다면, 이어서 구글 스프레드시트 확장 프로그램을 설치해주세요.

01 http://sheets.google.com에 접속하여 새로운 스프레드시트를 엽니다.

02 상단 메뉴 중 [**확장 프로그램**] 〉 [**부가기능**] 〉 [**부가기능 설치하기**]를 클릭합니다.

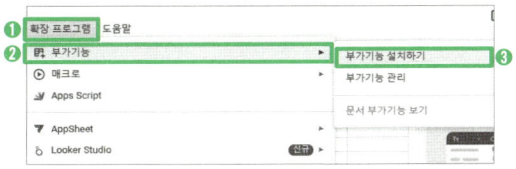

그림 2-22 구글 시트 부가기능 설치하기

03 상단 검색 창에 'Claude for Sheets'를 검색하여 아래 확장 프로그램을 설치해주세요.

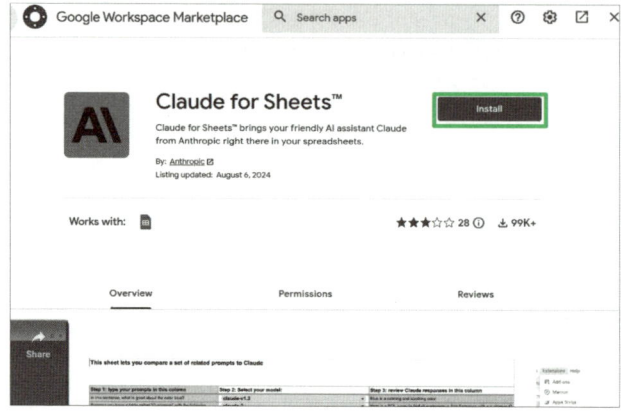

그림 2-23 Claude for Sheets 설치 화면

04 [계속하기 및 권한 승인]을 눌러 끝까지 설치를 완료해주세요.

Claude for Sheets 구글 확장 프로그램 설치가 완료되었습니다.

STEP 2. 타깃 목록 준비하기

광고 카피를 대량으로 생성하기 위한 준비 작업을 마쳤지만, 여기서 한 가지 더 중요한 단계가 남아있습니다. 바로 AI가 생성하는 광고 카피의 '질'을 높이기 위한 구체화 단계입니다. AI로 많은 양의 광고 카피를 한 번에 만들 수 있다 해도, 어딘가 모르게 어색하고 'AI스러운' 카피만 작성한다면 모두 무용지물이겠죠?

그래서 우리는 AI에게 '타깃' 정보를 함께 알려줄 것입니다. 사람 마음을 헤아릴 줄 모르는 AI에게 "소비자의 고민/상황이 이런 것이다"라는 정보를 함께 알려줌으로써 좀더 구체적이고 생생한 카피를 쓸 수 있도록 힌트를 주는 것이죠. 예를 들면 다음과 같은 식입니다.

프롬프트:
"훵해져 가는 정수리가 어느덧 차올라서 놀랐어요"

이걸 바탕으로 탈모샴푸 카피 10개를 짜는데, 아래 타깃에 맞춰서 짜줘.

1. 머리카락이 가늘어져 고민인 타깃
2. M자 탈모가 고민인 타깃

… (중략) …

Claude 답변:
머리카락 가늘어져 고민 타깃: "가늘어서 걱정했던 머리카락이 튼튼하게 차올라요."
M자 탈모가 고민 타깃: "M자 탈모로 고민이었는데, 어느새 거울 보는 재미가 생겼어요."

… (중략) …

답변을 보면, 구체적인 타깃 정보를 함께 제공해준 덕에 단순히 '탈모샴푸'에만 집중하는 카피가 아닌 "가늘었던 모발이 튼튼하게 차오른다"와 같이 '가는 모발'이 고민인 소비자의 페인 포인트Pain Point(고객이 경험하는 문제나 불편함)를 정확히 겨냥한 카피를 생성해 준 것을 볼 수 있습니다.

대량으로 카피를 생성하려면 이러한 타깃 정보를 목록 형태로 충분히 준비해두고, AI가 이를 토대로 좀 더 구체적이고 상세한 카피를 작성할 수 있도록 돕는 것이 좋습니다. 만약 적절한 타깃 목록이 생각나지 않는다면 클로드를 활용해 만들어 주면 됩니다. 이번 예시에서는 '탈모샴푸'용 타깃 목록을 만든다고 가정하여 세분화된 타깃 10개를 제시해달라고 요청하겠습니다.

프롬프트:
이마, 가르마, 정수리 탈모 등 다양한 탈모 고민이 있는 소비자 대상으로 세분화된 타깃 10개를 제시해줘.

Claude 답변:
네, 다양한 탈모 고민이 있는 소비자들을 위한 세분화된 타깃 10개를 제시해드리겠습니다.

1. **20대 초반 남성 대학생:** 스트레스와 불규칙한 생활로 인한 정수리 탈모 초기 증상을 겪는 그룹
2. **30대 후반 직장 여성:** 출산 후 호르몬 변화로 인한 가르마 탈모를 경험하는 그룹
3. **40대 중반 남성 회사원:** 과도한 업무 스트레스로 인한 M자 탈모가 진행 중인 그룹

… (생략) …

그러면 이렇게 클로드가 탈모 고민별로 세분화된 타깃 목록을 생성해 줍니다. 이대로 사용해도 되지만, 내가 생각한 타깃과 조금 차이가 있다면 한 번 더 다듬어달라고 요청해줘도 됩니다. 여기서는 나이보다는 탈모 고민 위주로 정리하고, 결과를 표 형식으로 만들어달라고 다시 요청해보겠습니다.

프롬프트:
나이는 제외하고, 탈모 고민 위주로 정리해줘. 그리고 열이 한 개인 마크다운 표 형식으로 정리해줘.

Claude 답변:
네, 이해했습니다. 나이를 제외하고 탈모 고민 위주로 정리하여 1열 마크다운 표 형식으로 제시해 드리겠습니다.

탈모 고민 유형
이마 탈모 초기 증상으로 고민하는 대학생
출산 후 호르몬 변화로 인한 정수리 탈모를 경험하는 여성
스트레스로 인한 가르마 탈모가 진행 중인 직장인
갱년기로 인한 전체적인 모발 얇아짐을 겪는 중년 여성
과도한 단백질 섭취와 운동으로 인한 탈모를 걱정하는 운동 마니아
잦은 염색과 펌으로 인한 두피 손상과 탈모를 걱정하는 여성

… (생략) …

이렇게 탈모 고민 유형별로 나눠진 10개의 타깃 목록이 준비되었습니다. 이제 이 세분화된 타깃 목록을 바탕으로, AI에게 명령을 내릴 때 각 타깃에 맞는 구체적이고 효과적인 광고 카피를 생성하도록 요청할 수 있습니다.

STEP 3. 구글 시트에서 광고 카피 대량으로 생성하기

이제 실제로 구글 시트를 열어 맞춤형 광고 카피를 대량으로 생성해 보겠습니다. 노션 자료집(https://m.site.naver.com/1wlxa)의 **[STEP 3. 구글 시트에서 광고 카피 대량생성하기] > [구글 템플릿 링크]**를 클릭합니다.

제공된 구글 시트 링크로 이동했으면, **[파일] > [Drive에 사본 저장]**을 클릭하여 자신의 구글 드라이브에 복사해주세요. 복사가 되었다면, 이어서 API 키를 설정하겠습니다.

01 [확장 프로그램] > [Claude for Sheets] > [Open sidebar]를 눌러줍니다.

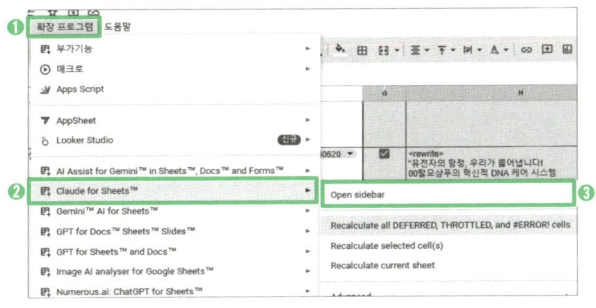

그림 2-24 Claude for Sheets > Open sidebar 메뉴

02 구글 시트 왼쪽에 열린 사이드바에서 햄버거(☰) 메뉴를 누르고 **[Settings]**를 선택합니다.

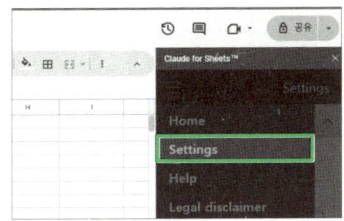

그림 2-25 Claude for Sheets > Settings 메뉴

03 API provider 하위 입력란에 앞서 저장해두었던 API 키를 입력합니다.

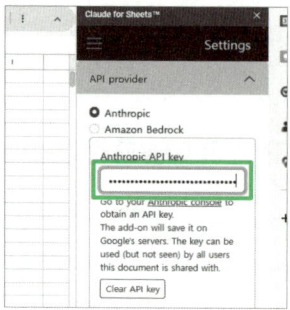

그림 2-26 API 키 입력 메뉴

04 하단의 [save] 버튼을 누르면 설정이 완료됩니다.

그림 2-27 Save 메뉴

템플릿이 제대로 복사되었다면 '카피 생성' 시트로 이동해주세요.

아래와 같은 화면이 보일 겁니다. 템플릿의 각 부분에 대해 설명하겠습니다.

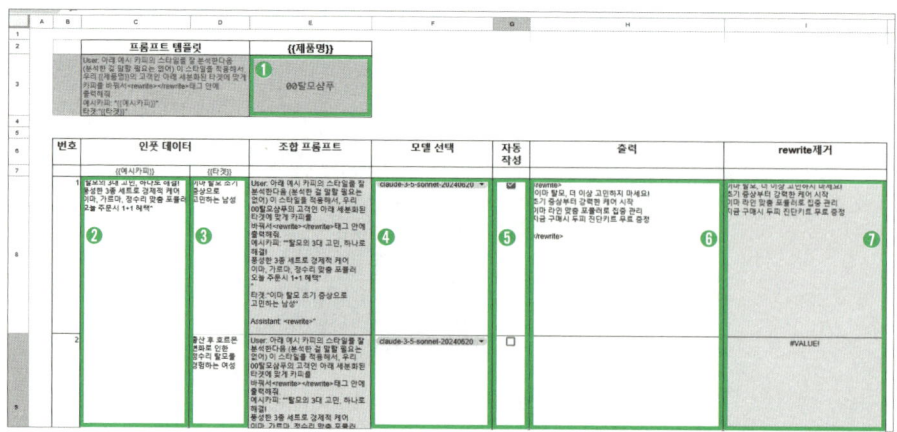

그림 2-28 'Claude로 광고 카피 대량 생성하기' 구글 시트 〉 '카피 생성' 시트 화면

❶ **E3 셀:** 광고 카피를 생성할 제품 이름을 입력하는 칸입니다.
❷ **C8~C87 열:** AI가 참고할 예시 광고 카피를 입력하는 칸입니다.
❸ **D8~D87 열:** AI가 참고할 타깃 목록을 적는 칸입니다.
❹ **F8~F87 열:** 카피 생성에 사용할 AI 모델을 선택합니다(예 claude 3.5 sonnet, claude 2.1 등)

> **팁**
> 클로드 3.5를 선택하면 보다 고품질 카피를 생성할 수 있지만, 클로드 2.1과 같은 모델과 대비하여 더 비싸니, 비용을 고려하여 선택해주세요.

❺ **G8~G87 열:** 이 부분을 체크하면 클로드가 해당 행의 카피를 생성해줍니다.
❻ **H8~H87 열:** 클로드 확장 프로그램이 제공하는 claude( ) 함수를 통해 AI가 생성한 카피를 출력하는 열입니다.
❼ **I8~I87 열:** 생성된 카피에서 〈rewrite〉 태그를 제거한 최종 카피가 표시됩니다.

이제 이 템플릿을 활용해 광고 카피를 대량으로 생성해보겠습니다. 예시로 탈모샴푸의 광고 카피를 생성한다고 가정하고 진행하겠습니다.

01 E3 셀에 제품 이름, "○○**탈모샴푸**"를 입력합니다.

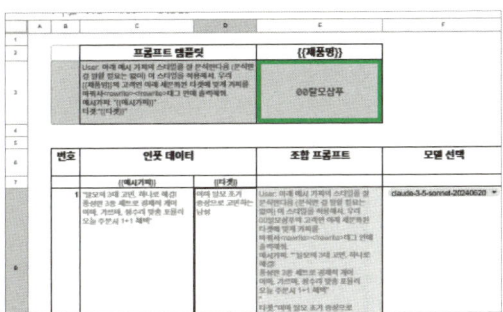

그림 2-29 제품 이름 입력하기

02 C8 셀에 다음과 같은 예시 카피를 입력합니다.

"탈모의 3대 고민, 하나로 해결!
풍성한 3종 세트로 경제적 케어 이마, 가르마, 정수리 맞춤 포뮬러 오늘 주문시 1+1 혜택"

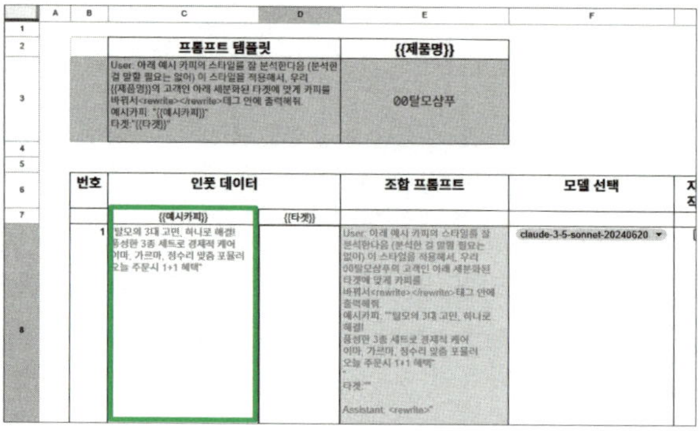

그림 2-30 예시 카피 입력하기

03 C18 셀에도 다음과 같은 예시 카피를 입력합니다.

"1만 명의 간증 후기 대폭발!
지루성 두피 고민극복기 지루성 두피로 인한 정수리 빠짐 고민, ○○샴푸로 해결했어요!"

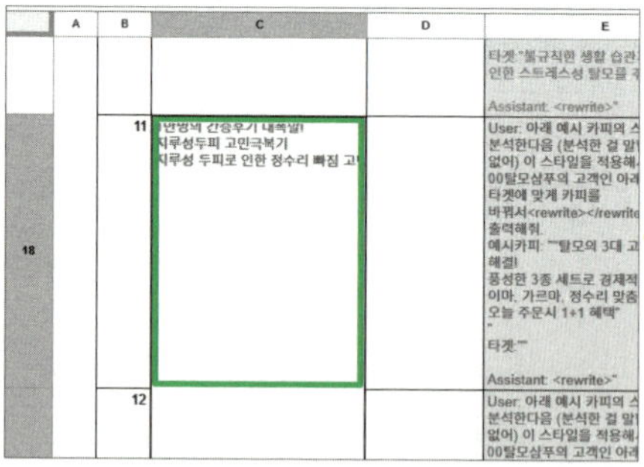

그림 2-31 추가 예시 카피 입력하기

> **팁**
> 실제로 업무에 활용할 땐 AI가 참고할 만한 고효율의 광고 카피를 넣어 주세요.

04 D8부터 D17 셀까지 앞서 클로드가 생성해준 10개의 타깃 목록을 입력합니다.

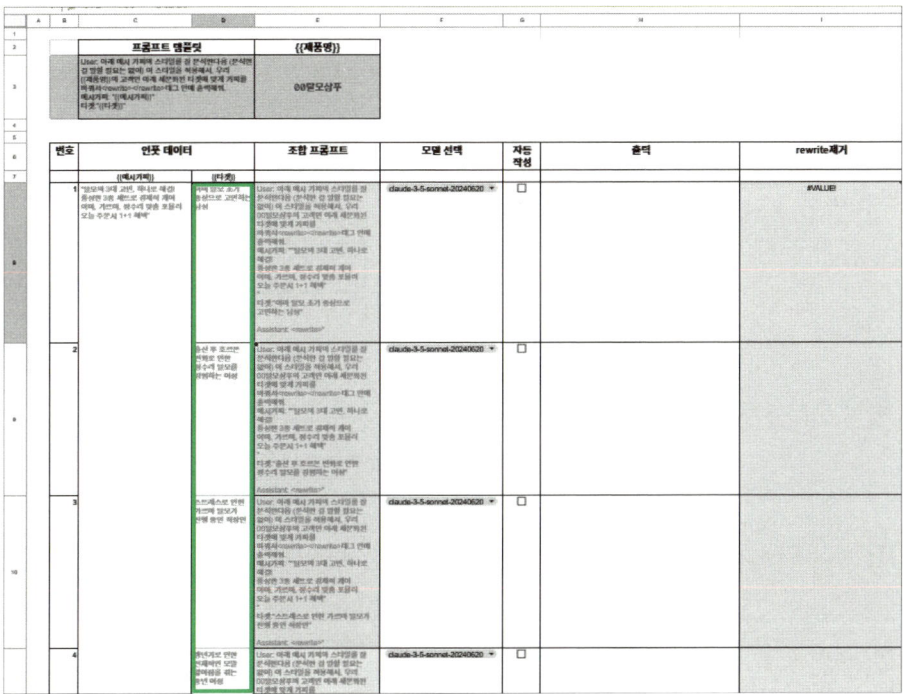

그림 2-32 타깃 목록 입력하기

05 동일한 타깃 그룹을 D18부터 D27 셀까지 입력합니다.

06 F 열에서 'Claude 3.5' 모델을 선택합니다.

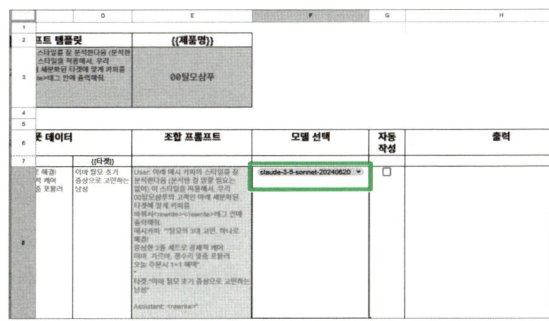

그림 2-33 모델 선택하기

2장 SNS 광고 제작 시간 90% 줄이기 **67**

07 이렇게 입력한 후 G8 셀의 체크박스를 체크해줍니다. 그러면 아래와 같이 H8 셀에 클로드가 생성한 광고 카피가 나타나는 것을 확인할 수 있습니다.

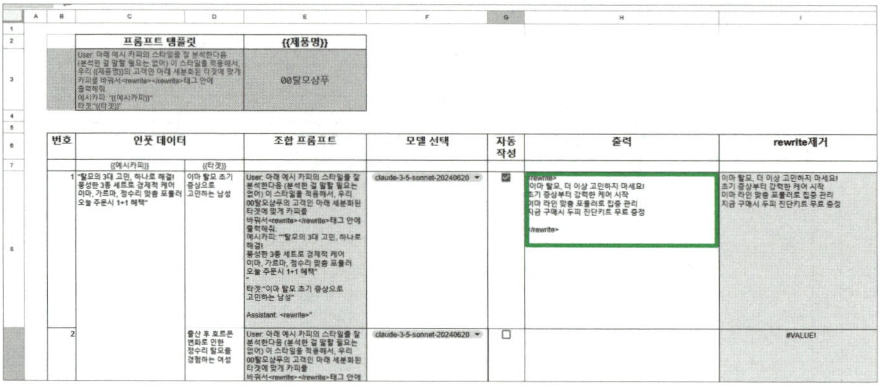

그림 2-34 H8 셀에 클로드가 생성한 광고 카피가 나타나는 화면

08 이제 G8:H8 셀을 27행까지 자동 채우기로 확장해줍니다.

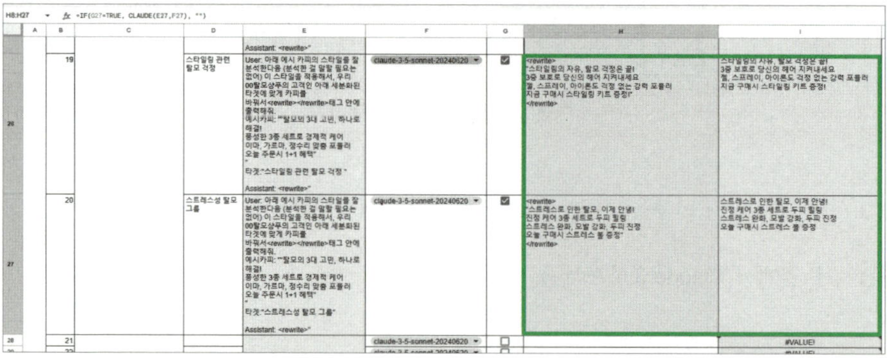

그림 2-35 27행까지 맞춤형 광고 카피가 생성되는 화면

09 그러면 10개 타깃에 대한 맞춤형 광고 카피 20개가 한 번에 생성된 것을 확인할 수 있습니다.

동일한 방식을 통해 예시 카피 수와 타깃 목록 수의 곱만큼의 맞춤형 광고 카피를 대량으로 생성할 수 있습니다. 예를 들어, 5개의 예시 카피와 10개의 타깃 그룹을 사용하면 총 50개의 개인화된 광고 카피를 한 번에 만들 수 있는 것이죠. "광고 카피 짜기, 참 쉽죠?~~"

> **팁**
> 만약, 함수를 실행했는데도 Deferred, 또는 error가 뜨는 셀이 있다면 **확장 프로그램 > Claude for Sheets > Recalculate all DEFERRED, THROTTLED, and #ERROR! Cells**를 눌러주면 됩니다.

Q&A 구글 시트에 표를 예쁘게 붙여넣으려면

Q 챗GPT나 클로드에서 만든 표를 구글 시트/엑셀에 붙여넣을 때 하나의 셀로 붙여 넣어져요. 표 형태를 살리면서 어떻게 붙여 넣어야 하죠?

A 아래 방법을 따라해보세요.

01 채팅 창 오른쪽의 [Copy] 아이콘을 클릭해 복사합니다.

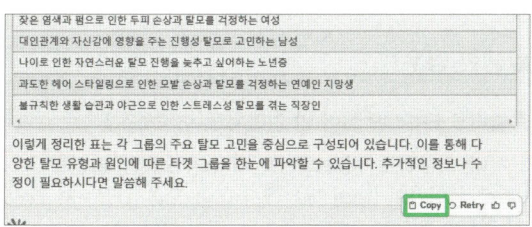

그림 2-36 클로드 답변 복사하기

02 https://www.samficek.com/chat-gpt-table-cleaner/로 이동한 후 붙여넣기를 합니다.

03 표 위 아래의 텍스트를 삭제한 뒤 아래와 같이 마크다운 표만 남깁니다.

그림 2-37 Chatgpt table cleaner에 붙여넣은 표 데이터

04 [Convert to a nice format for google sheets or excel]을 클릭합니다.

05 엑셀이나 구글 시트에 붙여넣기 좋은 형태로 변형되었습니다.

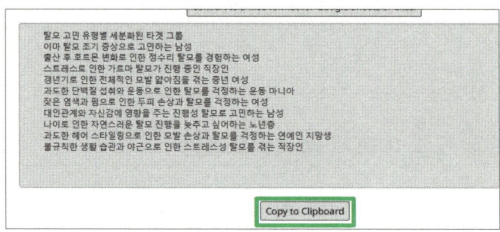

그림 2-38 구글 시트로 전환된 데이터

06 [Copy to clipboard]를 눌러 시트에 붙여 넣으면 됩니다.

Q&A 오류가 발생한 경우

Q recalculate를 눌러도 ERROR 셀이 안 없어져요. 어떡하죠?

A 클로드 API의 서버 과부하로 처리가 늦어지거나 오류가 발생할 수 있습니다. Anthropic Console 사이트로 들어가서 [log] 메뉴에서 어떤 오류가 떴는지 확인해보세요. 오류 코드가 529라면 서버가 과부하 상태에 있다는 뜻이니, 잠시 후에 다시 한번 시도해보세요.

Q CLAUDE 함수가 정의되지 않았다고 떠요.

A Claude for Sheets 확장 프로그램 설치가 완료되지 않아서 생기는 오류입니다. 먼저 새로고침을 해보고, 그래도 뜨지 않는다면 확장 프로그램을 재설치해야 합니다.

2.4 광고 배너 대량 생성하기

클로드 확장 프로그램을 활용해 다양한 타깃에 맞는 광고 카피를 20개 이상 자동 생성해보았습니다. 하지만 요즘 같은 디지털 마케팅 환경에서 텍스트만으로 광고를 진행하는 경우는 드물죠. 대부분은 이미지나 영상을 곁들여 광고하기 마련입니다. 이 절에서는 한 단계 더 나아가, 자동으로 생성된 카피를 바탕으로 실제 광고 시안을 대량으로 제작하는 방법을 알아보겠습니다.

먼저 이전의 광고 카피를 대량으로 생성하는 단계에서 사용했던 템플릿에서 첫 번째 시트인 '카피 나누기' 시트로 이동합니다.

E32 ▾ fx

	A	B	C	D	E	F	G	
1		번호	카피1	카피2	카피3	카피4	카피5	카피6
2		1	이마 탈모, 더 이상 혼자 고민하지 마세요!	00탈모샴푸로 초기부터 확실한 관리	이마 라인 맞춤 포뮬러로 집중 케어	지금 구매시 두피 관리 키트 증정		
3		2	출산 후 정수리 고민, 하나로 해결!	풍성한 모발을 위한 산모 맞춤 포뮬러	호르몬 균형 + 두피 영양 + 모발 강화	오늘 주문시 산모용 두피 마사지기 증정		
4		3	스트레스 탈모, 가르마부터 시작된다!	직장인을 위한 맞춤형 탈모 솔루션	가르마 집중 케어 & 스트레스 완화 포뮬러	퇴근 후 5분, 당신의 모발을 지켜드립니다	지금 구매시 스트레스 릴리프 에센스 증정	
5		4	갱년기 탈모, 이젠 걱정 끝!	풍성한 모발을 위한 여성 맞춤 케어	두피부터 모발끝까지 집중 영양 공급	오늘 구매시 3개월 케어 세트 할인		
6		5	근육만큼 머리카락도 단단하게!	단백질 균형 + 두피 강화 포뮬러	운동 후 샴푸로 탈모 걱정 OUT	첫 구매시 프로틴 샘플 증정!		
7		6	염색과 펌의 대가, 두피가 지불하고 있나요?	3중 보호 포뮬러로 손상 케어	두피 진정, 모발 강화, 탈모 예방	지금 구매시 두피 마사지기 증정!		
8		7	자신감 회복의 첫걸음, 00탈모샴푸!	진행성 탈모 맞춤 3단계 케어 시스템	두피부터 모발까지 전문 솔루션	지금 구매시 상담 쿠폰 증정!		
9		8	노년의 자신감, 탈모케어로 되찾다!	풍성한 모발을 위한 부드러운 포뮬러	두피 영양공급으로 건강한 모발 유지	오늘 구매시 무료 두피 마사지기 증정		
10		9	연예인의 꿈, 탈모로 무너지지 않게!	스타일링 손상 3중 방어 시스템	두피 강화, 모발 복구, 새치 커버 올인원	오늘 구매시 스타일링 브러시 증정!		
11		10	스트레스성 탈모, 3단계로 극복!	직장인 맞춤 3종 세트로 효율적 케어	두피, 모발, 스트레스 관리 포뮬러	지금 구매시 출근길 샴푸 세트 증정		
12		11	이마 탈모, 초기에 잡아야 합니다!	00탈모샴푸로 헤어라인 지키기	이마 맞춤 포뮬러로 집중 케어	지금 구매시 두피 케어 키트 증정		
13		12	정수리 고민, 한 방에 해결!	풍성한 영양 성분으로 집중 케어	탈모 진행 억제, 모발 강화 포뮬러	지금 구매시 두피 마사지기 증정		
14		13	가르마 탈모, 이젠 더 이상 고민하지 마세요!	00탈모샴푸로 가르마 라인 되살리기	맞춤형 영양 공급으로 모발 강화	지금 구매시 두피 마사지기 증정		
15		14	전체적 모발 얇아짐, 이제 더 이상 고민하지 마세요!	00탈모샴푸로 모발 굵기 UP!	두피부터 모발 끝까지 집중 케어	지금 구매하면 두피 영양제 증정!		
16		15	운동으로 떨어진 모발, 한 번에 회복!	영양 가득 3종 세트로 효과적 케어	두피 자극, 땀 냄새, 탈모 걱정 맞춤 포뮬러	오늘 구매시 단백질 쉐이크 증정		
17		16	염색과 펌의 후유증? 걱정은 이제 그만!	모발 보호 3중 포뮬러로 안심 케어	두피 회복, 모발 강화, 색상 유지	지금 구매시 전용 트리트먼트 증정!		
18		17	탈모로 인한 자신감 저하, 이제 그만!	자신있는 미소를 되찾아주는 3단계 케어	첫인상, 대화, 만남 시 당당함 UP	지금 구매하면 상담 쿠폰 증정!		
19		18	유전의 굴레, 이제는 벗어나세요!	탈모 유전자 타겟팅 특허 성분	뿌리부터 모발 끝까지 강화 케어	첫 구매 시 6개월 프로그램 할인		
20		19	스타일링의 자유, 탈모 걱정은 끝!	3중 보호로 당신의 헤어 지켜내세요	젤, 스프레이, 아이론도 걱정 없는 강력 포뮬러	지금 구매시 스타일링 키트 증정!		
21		20	스트레스로 인한 탈모, 이제 안녕!	진정 케어 3종 세트로 두피 힐링	스트레스 완화, 모발 강화, 두피 진정	오늘 구매시 스트레스 볼 증정		
22		21	#VALUE!					
23		22	#VALUE!					
24		23	#VALUE!					
25		24	#VALUE!					
26		25	#VALUE!					
27		26	#VALUE!					
28		27	#VALUE!					
29		28	#VALUE!					

그림 2-39 'Claude로 광고 카피 대량 생성하기' 템플릿 내 '카피 나누기' 시트

그러면 '카피 생성' 시트에서 생성한 카피 20개가 각 열에 쪼개져서 들어가 있는 것을 확인할 수 있습니다. 이제 이 시트를 토대로 광고 시안 20개를 만들어 보겠습니다.

01 Figma.com에 접속한 뒤, 가입 또는 로그인을 진행해주세요.

02 대량 생성할 이미지 시안을 준비합니다.[2]

2 아직 준비된 시안이 없다면, 노션 자료집(https://m.site.naver.com/1wlxa)의 **2.4 광고 배너 대량 생성하기 〉 피그마 템플릿 링크**를 클릭해 들어가주세요.

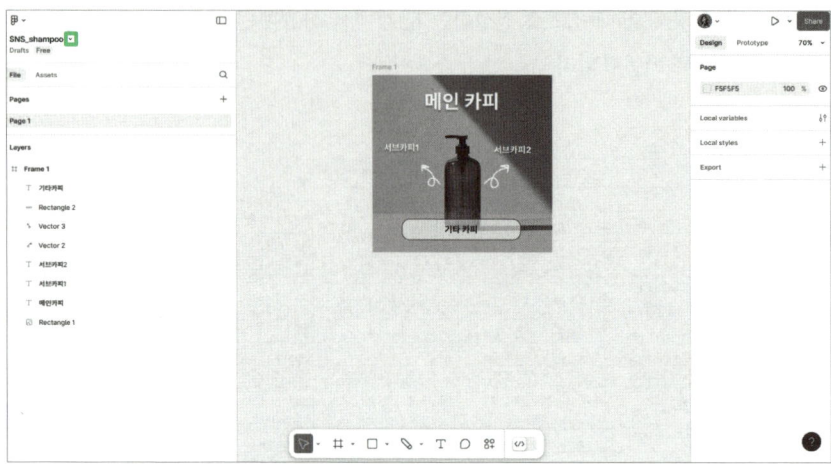

그림 2-40 피그마 템플릿

03   왼쪽 상단의 [SNS_shampoo] 옆 꺽쇠를 누른 후, [Duplicate to your drafts]를 눌러 여러분 계정으로 템플릿을 복사해주세요.

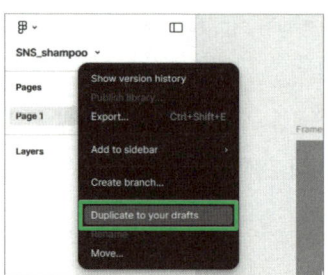

그림 2-41 디자인 복사하기 메뉴

04   피그마 템플릿과 구글 시트를 연동해 줄 'Google Sheets Sync' 플러그인을 설치하겠습니다. 캔버스 영역에서, 마우스 오른쪽 버튼을 눌러 [Plugins] > [Manage Plugins]를 클릭합니다.

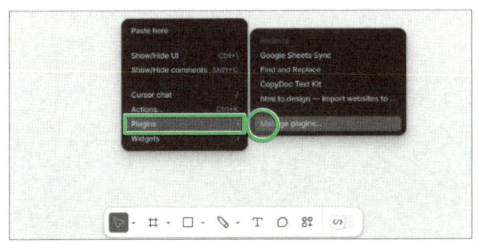

그림 2-42 Plugins > Manage plugins 선택하기

05 Google sheets를 검색해 'google Sheets sync' 플러그인을 찾은 뒤 클릭합니다.

06 [Run]을 눌러 플러그인을 실행합니다.

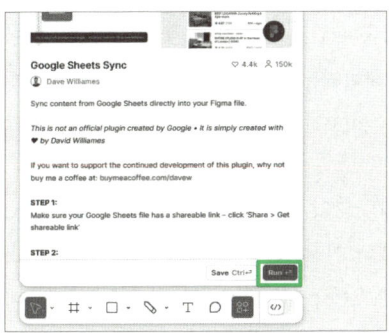

그림 2-43 플러그인 실행하기

07 구글 시트 URL을 입력하는 팝업 창이 뜹니다.

플러그인이 정상 설치되었습니다. 이어서 URL 창에 URL을 입력하기 전에 사전설정을 해줘야 하는 것이 있습니다. [X]를 눌러 창을 끄고, 구글 시트로 돌아가주세요. 구글 시트의 첫 번째 행을 보면 'Copy1' 'Copy2' 'Copy3'와 같은 헤더들이 보일 것입니다.

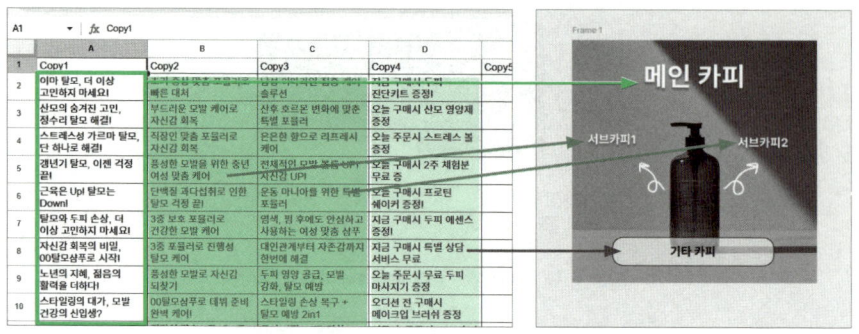

그림 2-44 구글 시트 데이터 - 피그마 디자인

위 그림처럼 피그마 템플릿과 나란히 놓고 보면 다음의 내용을 알 수 있습니다.

- Copy1 열의 데이터는 디자인의 '메인카피' 영역에 있어야 합니다.
- Copy2, Copy3 열의 데이터는 '서브카피1' '서브카피2' 영역에 있어야 합니다.
- Copy4 열의 데이터는 '기타 카피' 영역에 들어가야 한다는 것을 알 수 있습니다.

이렇게 알맞은 위치에 데이터들이 들어가도록 하려면 데이터가 들어가야 하는 위치의 레이어 이름을 연동할 데이터 헤더 이름 앞에 #을 붙인 형태로 바꿔줘야 합니다(예 구글 시트 헤더 이름: Copy1 -> 레이어 이름: #Copy1). 각 레이어 이름을 모두 데이터 헤더 이름과 일치하게 바꿔주겠습니다.

01 왼쪽 레이어에서 **[Frame 1]**을 클릭한 다음, **[메인카피]**를 더블 클릭합니다.

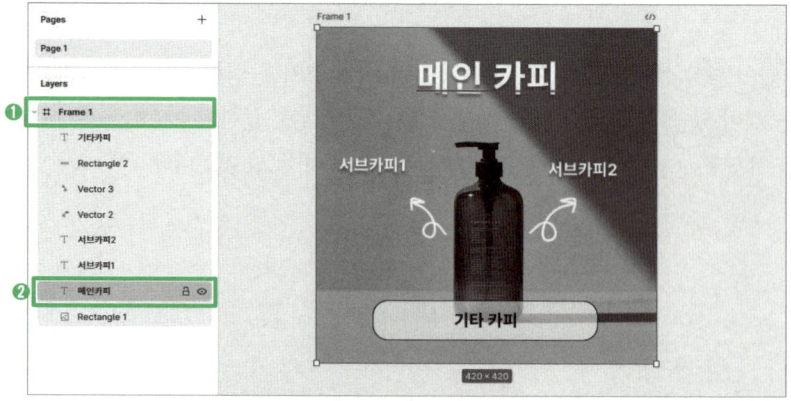

그림 2-45 '메인카피' 레이어 클릭

02 레이어 이름을 [#Copy1]로 바꿉니다.

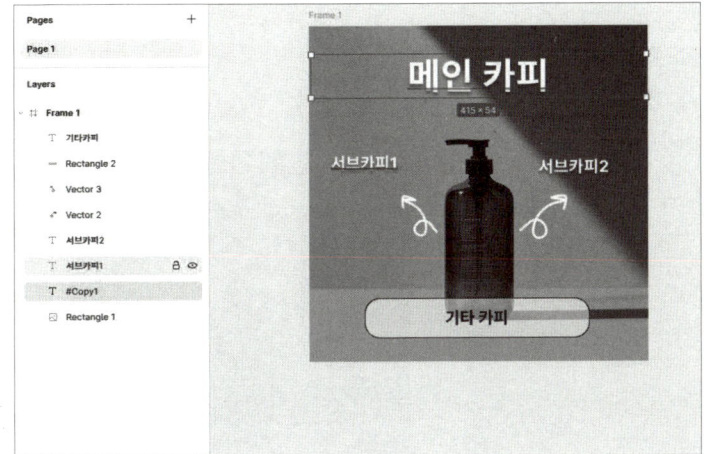

그림 2-46 '메인카피' 레이어 이름을 '#Copy1'로 변경하기

03 서브카피1도 더블 클릭해서 레이어 이름을 #Copy2로 바꿉니다.

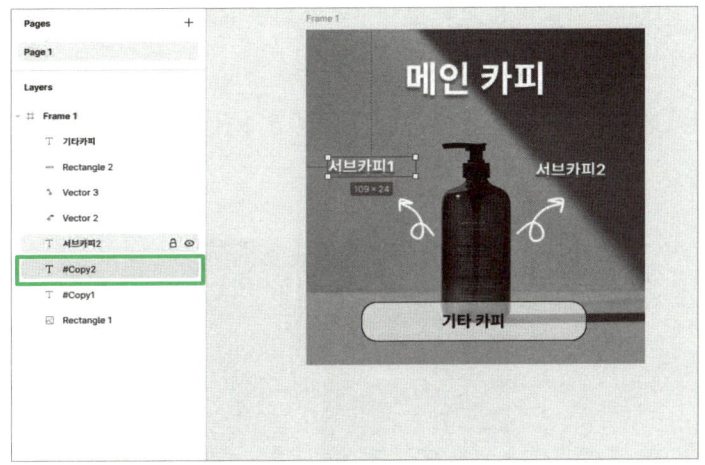

그림 2-47 '서브카피1' 레이어 이름을 '#Copy2'로 변경하기

2장 SNS 광고 제작 시간 90% 줄이기 **75**

04 같은 방식으로 '서브카피2' 레이어는 [#Copy3]으로, '기타카피' 레이어는 [#Copy4]로 레이어 이름을 바꿉니다.

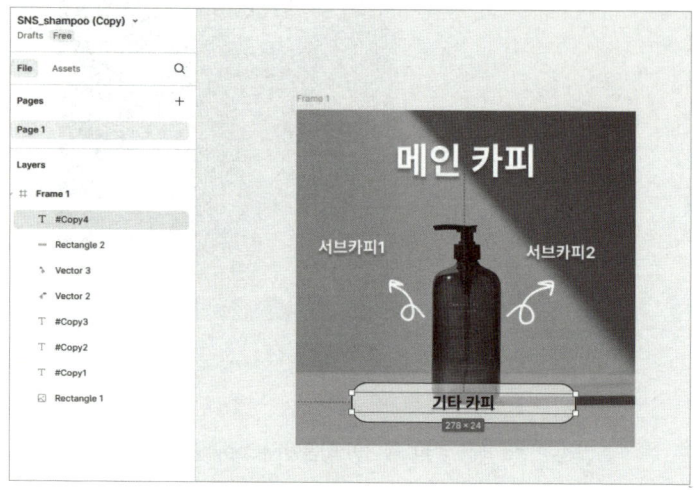

그림 2-48 레이어 이름 변경하기

템플릿 연동 준비가 끝났습니다. 총 20개 배너를 한 번에 만들 것이므로 이미지를 20개로 복제하겠습니다.

01 이미지 상단의 Frame1을 선택한 뒤, Ctrl+V를 눌러, 템플릿을 복제합니다.

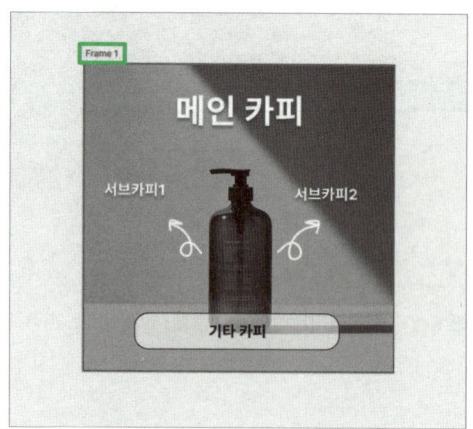

그림 2-49 템플릿 복제하기

02 Ctrl + D 를 연속하여 눌러서, 총 20개 템플릿을 준비합니다.

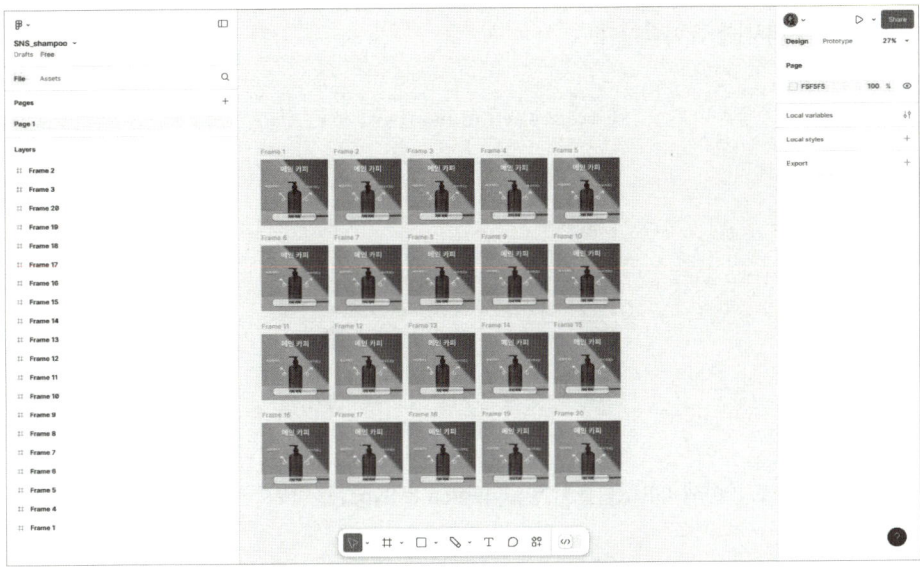

그림 2-50 복사된 20개의 템플릿

03 구글 시트와 연동을 위해 캔버스 빈 영역에서 **마우스 오른쪽 클릭** 〉 [Plugins] 〉 [Google Sheets Sync]를 누릅니다.

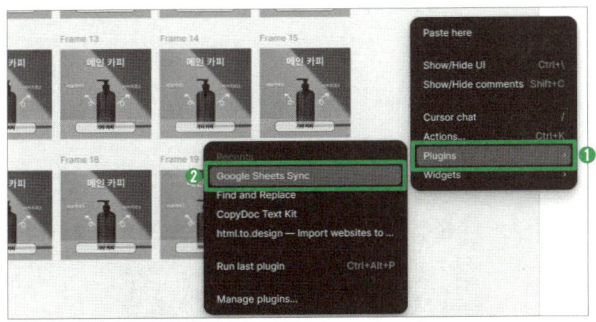

그림 2-51 Google Sheets Sync 실행하기

2장 SNS 광고 제작 시간 90% 줄이기

04 팝업 창에 구글 시트 URL을 입력하기 위해 구글 시트로 이동하겠습니다. 구글 시트에서 오른쪽 상단의 **[공유]** 클릭 > 일반 액세스를 '**링크가 있는 모든 사용자**'로 바꾼 뒤 **[링크 복사]**를 클릭합니다.

그림 2-52 구글 시트 링크 복사하기

05 피그마로 돌아와 URL을 붙여 넣고, **[Fetch & Sync]**를 클릭합니다.

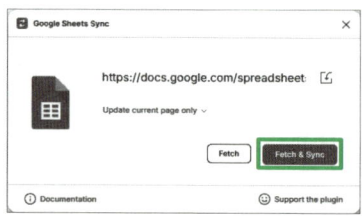

그림 2-53 URL 붙여넣고 연동하기

06 20개의 서로 다른 카피가 적용된 광고 배너들이 한 번에 생성되었습니다.

그림 2-54 개별 카피가 적용된 템플릿

07 완성된 배너를 다운로드하고 싶다면, 해당되는 배너를 선택한 뒤, 오른쪽 하단의 Export 옆의 **[+] 〉 [Export]**를 클릭하면 됩니다.

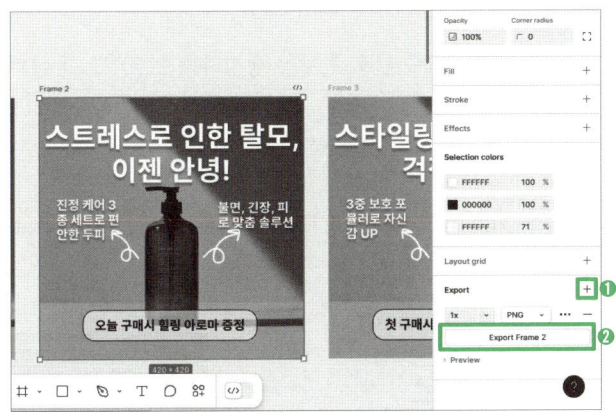

그림 2-55 이미지 다운로드하기

이 절에서는 피그마, 클로드, 구글 시트의 조합으로 단 몇 분만에 20개의 배너를 한 번에 제작해보았습니다. 사람이 일일이 진행했다면 최소 몇 시간은 걸렸을 작업량입니다. 이처럼 AI를 잘 활용하면, 다양한 버전의 배너를 빠르게 제작할 수 있고, 더 나아가 100개 이상의 대규모 배너 세트도 손쉽게 만들 수 있습니다.

이렇게 만든 여러 버전의 배너로 무엇을 할 수 있을까요? 가장 좋은 방법은 A/B 테스트입니다. 동일한 이미지에 다양한 문구를 적용해보면 어떤 메시지가 고객의 관심을 가장 많이 끄는지 정확하게 알 수 있죠. 예를 들어 '30% 할인' vs. '무료 배송' 등으로 혜택별 클릭률을 비교한다든지, '스트레스 탈모' vs. '갱년기 탈모' 등 고객 고민별 구매 전환율을 비교해볼 수도 있죠.

피그마의 구글 시트 연동 기능을 활용하면 이런 테스트용 광고를 더 쉽고 빠르게 만들 수 있습니다. 여러 문구를 시도해보고 어떤 것이 가장 효과가 좋은지 확인하면서, 더 많은 고객의 관심을 끌 수 있는 광고를 만들어보세요.

2.5 클릭 한 번으로 영상 광고 생성하기

광고 카피부터 광고 이미지까지 AI를 활용해 자동 생성하는 프로세스를 살펴보았습니다. 아직 AI로 생성해보지 않은 광고 형태가 있는데, 바로 영상 광고입니다. 이 절에서는 AI로 영상 광고를 자동으로 생성하는 방법을 소개하겠습니다.

01 영상 광고 제작에 사용할 AI 도구는 브이캣.AI입니다. https://vcat.ai/로 접속해주세요.

그림 2-56 브이캣.AI 메인 화면

02 메인 페이지 중앙의 [**무료로 시작하기**]를 눌러서 회원가입을 진행해줍니다.

그림 2-57 브이캣.AI 상단 메뉴

03 상단 메뉴의 [새로 만들기] 〉 [[생성 AI] URL로 영상 만들기]]를 클릭합니다.

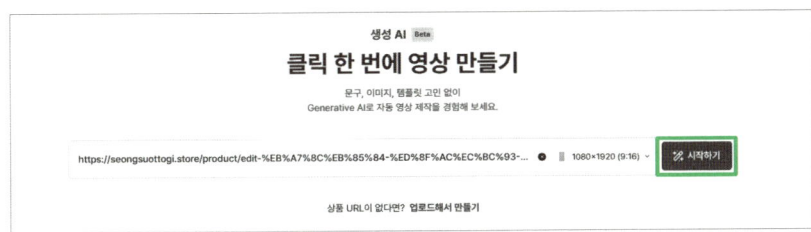

그림 2-58 브이캣.AI [클릭 한 번에 영상 만들기] 메뉴

04 영상으로 만들고 싶은 상세 페이지 URL을 넣은 후 [시작하기]를 클릭합니다.

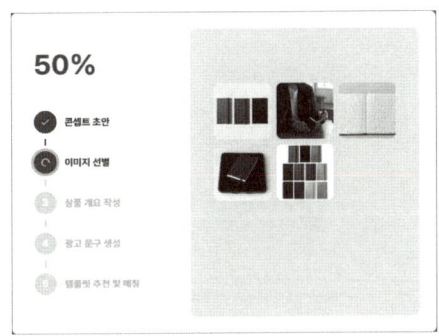

그림 2-59 브이캣.AI 영상 생성 화면

05 AI가 URL 내용을 분석하여 알아서 영상 초안을 작성해줍니다. 100%가 될 때까지 기다리면 아래와 같이 제품 홍보 영상이 자동으로 생성됩니다. 생성된 영상 스타일이 마음에 들지 않는다면 왼쪽의 '추천 템플릿' 목록에서 템플릿을 선택하여 교체할 수도 있습니다.

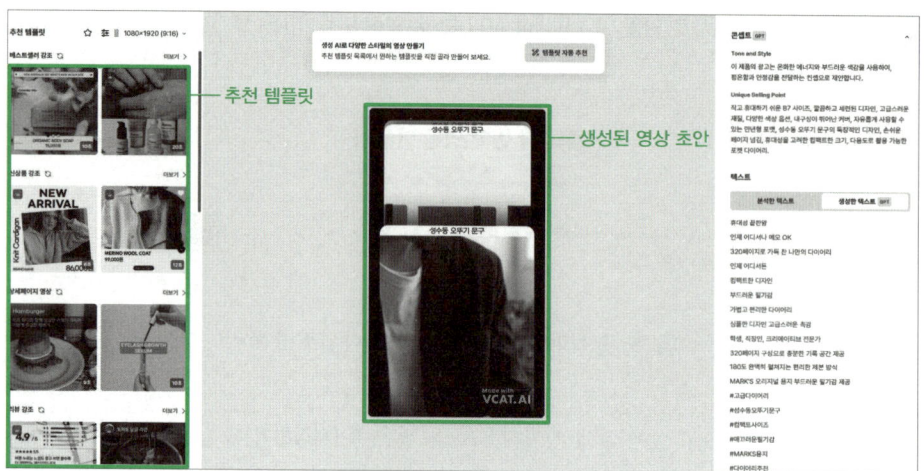

그림 2-60 AI로 생성된 영상 초안

06 영상의 일부분만 수정하고 싶다면, 영상에 마우스 오버 시 뜨는 [에디터 편집] 메뉴를 눌러주면 됩니다.

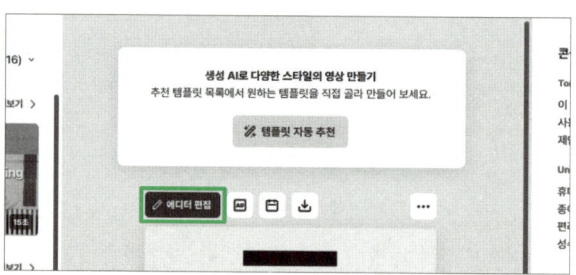

그림 2-61 [에디터 편집] 메뉴

07 **[에디터 편집]** 화면으로 들어간 후에는 수정하고 싶은 텍스트 또는 이미지를 클릭하여 교체할 수 있습니다.

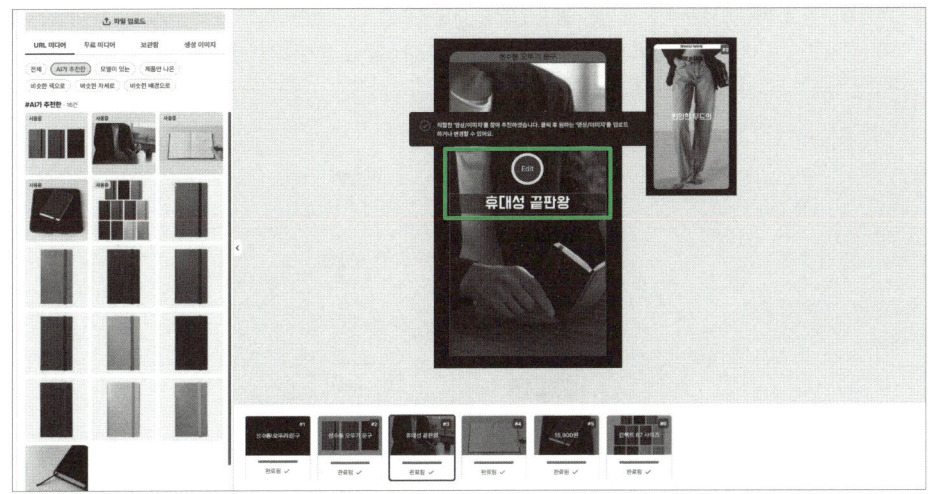

그림 2-62 [에디터 편집] 화면

08 에디터 내에서는 자동 영상 생성 외에도 배경 제거, 이미지 확장, 개체 지우기 같은 AI 기능을 지원하니 활용하여 영상 질을 높여볼 수도 있습니다.

그림 2-63 에디터 내 AI 도구

> **참고**
>
> **광고 영상 활용하기**
>
> 아쉽게도 무료 버전에서는 이렇게 만든 광고 영상을 다운로드할 수는 없습니다(유료 버전에서만 지원합니다). 하지만 무료 버전에서도 [광고로 게시]를 눌러 틱톡, 페이스북 광고 계정과 연동하여 광고에 바로 활용하는 것은 가능하니 참고해주세요.
>
>
>
> 그림 2-64 브이캣.AI의 [광고로 게시] 기능

브이캣.AI의 쉽고 빠른 영상 제작 기능을 활용하면 동일한 방식으로 여러 개의 상품 URL에 대한 영상도 손쉽게 제작할 수 있습니다. 특히 다양한 상품군을 보유한 브랜드라면 홍보 영상 제작 시간과 노력을 크게 줄일 수 있어 매우 유용합니다. 또한 URL 기반 영상 제작 외에도 영상 템플릿을 활용한 빠른 영상 완성, 상품 URL 기반 이미지 제작 등 다양한 기능을 제공하고 있으니 직접 사용해보면서 여러분의 마케팅 워크플로우에 가장 적합한 방식을 찾아보기 바랍니다.

2장에서는 AI를 활용해 광고 카피부터 이미지, 그리고 영상까지 제작하는 방법을 상세히 살펴봤습니다. 지금까지 다룬 도구들이 일반적인 형태의 광고를 대량으로 제작하는 데 초점을 맞췄다면, 다음 장에서는 빙 이미지 크리에이터Bing Image Creator, 달리 3Dall.E 3와 같은 최첨단 이미지 생성형 AI 도구들을 활용해 우리 브랜드 콘셉트와 잘 맞는 매력적인 광고 이미지를 만드는 방법을 배워볼 예정입니다. AI 이미지를 잘 활용하면, 스톡포토를 구매하거나, 직접 사진을 촬영하거나 일러스트를 그리는 등의 수고로움 없이 손쉽게 원하는 연출의 광고 이미지를 얻을 수 있습니다. 그것도 무료로요. 다만, AI에게 원하는 이미지를 구체적으로 설명하지 않으면 의도와 다른 결과물이 나올 수 있으므로 주의가 필요합니다.

3장에서는 이러한 문제를 예방하고, 의도에 맞는 이미지를 구현하기 위한 효과적인 프롬프트 작성법과 실제 예시를 통해 광고용 AI 이미지를 제작하는 과정을 자세히 살펴보겠습니다.

3장

제작 비용 0원!
AI로 맞춤형 광고
이미지 만들기

이너웨어 브랜드 마케팅 팀의 최 매니저는 요즘 머리가 아픕니다. 새로 론칭한 보정 속옷의 광고 배너를 기획해야 하는데, 적절한 이미지가 턱없이 부족하기 때문입니다. 속옷이라는 제품의 특성상, 제품 기본 이미지는 과도한 노출로 인해 광고 심의를 통과하기 어렵고, 그렇다고 새로 촬영을 하자니, 비용이 너무 많이 듭니다. 고민 끝에 최 매니저의 머릿속에 한 가지 아이디어가 떠오릅니다. '요즘 AI 이미지가 정말 괜찮다던데… 이걸 우리 광고에 활용할 수 있지 않을까?'

제품이나 서비스를 효과적으로 홍보하려면, 그것을 사용하는 상황이나 제품의 효과를 시각적으로 잘 표현해야 합니다. 하지만 현실은 녹록치 않죠. 기존에 확보한 이미지는 너무 적거나 시대에 뒤떨어진 경우가 많고, 매번 새로운 촬영을 하자니 시간과 비용이 만만치 않습니다.

다행히도 이제 AI가 이런 고민을 해결해줄 수 있습니다. AI를 활용하면 우리 상황에 딱맞는 맞춤형 이미지를 빠르고 쉽게 만들 수 있습니다. 3장에서는 AI로 우리 제품과 서비스에 딱 맞는 이미지를 빠르고 저렴하게 만드는 방법을 알아보겠습니다.

이 장에서 사용하는 AI 도구
빙 이미지 크리에이터

3.1 이미지 생성형 AI 종류와 개요

실제 이미지와 분간이 어려울 정도로 놀라운 속도로 발전 중인 이미지 생성형 AI, 하지만 그 종류가 너무 많아져서 선택 장애가 생기기도 합니다. 이러한 혼란을 줄이기 위해 본격적인 작업에 들어가기 전, 마케팅에 활용할 수 있는 여러 이미지 생성 도구를 먼저 소개하고 용도에 따라 어떤 도구를 선택하는 것이 좋을지 추천하겠습니다.

미드저니

첫 번째로 소개할 이미지 생성형 AI는 미드저니Midjourney입니다. 현재 가장 대중적인 이미지 생성형 AI로 각광받고 있습니다.

그림 3-1 미드저니로 생성한 이미지 예시

미드저니는 다양한 이미지를 스타일리시하게 생성해주는 능력이 뛰어나므로 마케터 및 아티스트들에게 특히 유용합니다. 다만, 손이나 포즈 등 세부 묘사가 다소 어색할 수 있다는 한계가 있습니다. 장점과 단점을 표로 정리하면 다음과 같습니다.

표 3-1 미드저니의 장점과 단점

장점	단점
• 스타일리시하고 다양한 이미지를 생성할 수 있다. • 높은 품질의 아트워크를 제작할 수 있다.	• 손이나 포즈 등 세부 묘사가 때때로 어색할 수 있다. • 유료 서비스다.[1]

미드저니는 유료 AI 도구로, 베이직 플랜 기준으로 월 구독료 10달러를 지불하면 매월 200개의 이미지를 생성할 수 있으며 30달러의 스탠다드 플랜을 이용하면 무제한으로 이미지를 생성할 수 있습니다.[2]

달리

달리Dall.E는 챗GPT를 만든 오픈AI에서 출시한 AI 이미지 생성 도구입니다. 챗GPT의 유료 버전을 구독 중인 사용자라면 챗GPT 인터페이스 내에서 사용할 수 있으며, 유료 버전을 구독하지 않은 사용자라면, 빙 이미지 크리에이터 사이트(https://www.bing.com/images/create)에서 주어진 크레딧 내에서 무료로 사용할 수 있습니다.

그림 3-2 달리로 생성한 이미지 예시

달리를 사용하면 간단한 일러스트나 로고를 무료로 생성할 수 있다는 게 큰 장점이지만, 미드저니와 같은 유료 AI 이미지 생성 도구에 비해서는 그 사실성과 표현력이 다소 떨어지는 편입니다. 달리의 장점과 단점은 다음과 같습니다.

---

1 디스코드 플랫폼 및 미드저니 웹사이트(https://www.midjourney.com)에서 사용할 수 있습니다.
2 세금을 제외한 금액이며 2025년 1월 30일 기준입니다.

표 3-2 달리의 장점과 단점

장점	단점
• 빙 이미지 크리에이터에서 일정 개수만큼 무료로 생성할 수 있다. • 간단한 일러스트와 로고를 제작할 수 있다.	• 이미지의 사실성과 표현력이 타 이미지 생성형 AI에 비해 다소 떨어지는 편이다.

이데오그램

이데오그램Ideogram 역시 미드저니와 유사한 AI 이미지 생성 도구입니다. 미드저니 또는 달리와 유사한 기능을 제공하지만 더욱 사실적이고 정교한 이미지를 만들어 내는 것이 특징입니다. 특히, 이미지 내 텍스트 렌더링, 사실적인 포즈 표현 등이 강점이죠. 또한 하루에 일정 횟수로 무료 이미지를 생성할 수 있습니다.

그림 3-3 이데오그램으로 생성한 이미지 예시

이데오그램의 장점과 단점은 다음과 같습니다.

표 3-3 이데오그램의 장점과 단점

장점	단점
• 이데오그램 공식 사이트에서 일정 개수만큼 무료로 이미지를 생성할 수 있다. • 사실적인 이미지를 생성할 수 있고, 텍스트 렌더링도 가능하다.	• 미드저니와 비교하여 스타일이나 예술성이 떨어진다.

이데오그램은 현재 공식 웹사이트(ideogram.ai)를 통해 일일 크레딧 내에서 무료로 사용해 볼 수 있습니다.[3]

이마젠 3

이마젠 3Imagen 3는 구글에서 발표한 AI 이미지 생성 도구로 Imagefx 사이트(https://aitestkitchen.withgoogle.com/ko/tools/image-fx)에서 제한된 횟수 내에서 무료로 사용할 수 있습니다.[4]

그림 3-4 이마젠 3로 생성한 이미지 예시

---

3 집필 시점을 기준으로 월 8달러의 베이직 플랜을 구독하면 매일 100크레딧이 제공되며, 20달러의 플러스 플랜을 구독하면 이미지를 무제한으로 사용할 수 있습니다.
4 2025년 1월 30일 기준입니다.

이마젠 3는 포즈나 디테일 묘사가 굉장히 정확한 것이 강점인데요. 다만, 법적 문제에 민감하여 저작권이나 인종차별 등에 문제가 될 수 있는 이미지는 생성을 거부한다는 특징이 있습니다.

이마젠 3의 장점과 단점은 다음과 같습니다.

표 3-4 이마젠 3의 장점과 단점

장점	단점
• Imagefx 공식 사이트에서 일정 개수만큼 이미지를 무료로 생성할 수 있다. • 디테일 및 포즈 연출이 정확한 편이다.	• 인종차별이나 저작권과 관련한 문제의 소지가 있는 경우, 이미지 생성을 거부한다.

이렇게 이미지 생성형 AI 도구마다 각각의 장점과 단점이 다르기 때문에 우리가 사용할 제품이나 서비스의 특징에 따라 적절한 AI 도구를 선택하는 것이 좋습니다. 아래 표에 각 이미지 생성형 AI의 비용과 추천 용도를 정리했으니 참고해서 선택해보세요.

표 3-5 이미지 생성형 AI 도구 및 용도별 비교

도구	비용	추천 용도
미드저니	월 30달러의 유료 플랜을 구독하면 무제한으로 이미지를 생성할 수 있다.	예술적인 이미지를 생성하는 목적으로 사용할 경우에 추천한다. 특히 포토샵 등으로 이미지 수정이 가능한 전문 일러스트레이터, 디자이너, 브랜드 마케터 등에게 추천한다.
이데오그램	회원으로 가입하면 일일 5~10회 무료 이미지를 생성할 수 있다. 그리고 20달러의 유료 플랜을 구독하면 이미지를 무제한으로 생성할 수 있다.	실사 이미지와 3D 렌더링 이미지를 생성할 수 있으므로 이미지의 사실성이 중요한 마케터 등에게 추천한다.
달리	빙 이미지 크리에이터를 사용해서 무료로 이미지를 생성할 수 있다. 그리고 챗GPT 플러스를 구독하면 별도 비용 없이도 이미지를 생성할 수 있다.	별도 비용 없이 간단한 로고나 일러스트 생성이 필요할 때 활용하는 것을 추천한다.
이마젠 3	일일 생성 한도 내에서 이미지를 무료로 생성할 수 있다.	별도 비용 없이 간단한 실사형 이미지를 필요로 할 때 유용하다.

이 장에서는 일러스트형 이미지 생성에 강점이 있고 무료로 일정량의 이미지 생성이 가능한 빙 이미지 크리에이터Bing Image Creator를 활용해 광고용 일러스트를 제작하는 과정을 살펴봅니다.

3.2 AI 이미지 생성의 한계

AI 이미지 생성 기술은 최근 놀라운 속도로 발전 중이지만 실제 촬영한 이미지에 비해 아직 몇 가지 제약사항이 있는 것이 사실입니다. 이를 숙지하지 않고 바로 AI 이미지를 생성하려고 하면, 예기치 못한 실패를 경험할 수 있으니 아래 내용을 꼭 염두에 두기 바랍니다.

1. **구체적인 제품 이미지를 생성하기가 어렵다**

   AI는 특정 제품이나 브랜드를 정확하게 표현하는 데 한계가 있습니다. 예를 들어, '빙그레 바나나 우유를 들고 있는 여성 모델'과 같은 요청을 하면, AI는 바나나 우유 모양의 음료를 들고 있는 여성은 그릴 수 있지만, 빙그레 특유의 패키지 디자인이나 로고를 정확히 재현하지 못할 수 있습니다.

2. **특정 지역의 사물이나 개념을 표현하기가 어렵다**

   AI는 충분히 학습하지 못한 특정 지역의 사물이나 개념을 표현하는 데 어려움이 있습니다. 예를 들어, '한국 참외'를 생성해달라고 요청하면 참외가 아닌 멜론이나 수박 모양으로 그려낼 수 있습니다. AI가 '참외'의 특징을 정확히 학습하지 못했기 때문입니다.

3. **이미지 간의 일관성을 유지하기 어렵다**

   AI는 동일 인물이나 대상을 여러 장면에서 일관되게 표현하는 것을 어려워합니다. 예를 들어, 한 패션 모델의 다양한 포즈를 연속적으로 생성해달라고 요청하면, 비슷한 외모의 사람을 그려내긴 하지만 사람이 보기에는 완벽히 동일한 인물로 보이지 않을 수 있습니다.

4. **한글 텍스트가 포함된 이미지를 생성하는 데 한계가 있다**

   AI 이미지 생성 모델은 영어 위주로 학습되어 있어, 한글 텍스트가 포함된 이미지를 정확하게 생성하는 데 어려움이 있습니다. 간단한 한글이 들어 있는 이미지는 생성할 수 있지만, 복잡한 문장이나 디자인된 한글 로고 등은 제대로 표현되지 않을 수 있습니다.

5. **복잡한 포즈나 동작을 표현하는 데 한계가 있다**

AI는 세밀하고 정확한 자세를 요구하는 이미지를 생성하는 데 아직 한계가 있습니다. 예를 들어, 물구나무 선 동작이나 실뜨기를 하는 동작 등 인체에 대한 이해가 필요한 복잡한 동작을 정확히 표현하기 어려울 수 있습니다.

요약하자면, 현재 AI 이미지 생성 기술이 가진 이러한 한계는 AI가 인간처럼 실제 세계의 물리적 구조를 이해하는 것이 아니라, 주어진 데이터를 바탕으로 학습하기 때문이라고 볼 수 있습니다. 앞으로 AI가 발전하면서 이런 부분들이 상당히 많이 개선될 것으로 보이지만 이 책을 집필하고 있는 현재까지는 이런 이미지들은 대중적으로 공개된 AI를 이용하여 바로 생성하기가 쉽지 않습니다. 물론, 포토샵이나 블렌더, ComfyUI 등 추가적인 이미지 및 AI 편집 도구를 다룰 줄 안다면 이런 문제를 어느 정도 해결할 수 있지만, 디자인 전문가가 아닌 일반 사용자라면 이런 문제를 해결하는 것은 쉽지 않은 일입니다.

하지만 이런 이유에도 AI 이미지 생성 기술은 광고 이미지 제작 과정을 혁신적으로 개선할 수 있는 잠재력이 있습니다. 특히, 간단한 상황 묘사나 영화 같은 연출에 있어서는 기존 방식보다 빠르고 효과적으로 활용할 수 있습니다.

그래서 이 장에서는 디자인이나 AI에 대한 전문 지식이 없는 사람도 쉽게 활용할 수 있는 AI 이미지 생성 방법을 중점적으로 설명하겠습니다.

> **참고**
>
> 물론, 생성형 AI 기술은 지금 이 순간에도 빠르게 발전하고 있기 때문에, 여러분이 이 책을 보는 시점에서는 이런 어려움 중 일부는 해결이 되었을 수도 있습니다. 하지만 앞서 설명했던 한계점을 이해하고 있다면, AI 모델을 활용하다가 예기치 못한 문제가 생겼을 때에도 그 원인을 파악하고 적절한 대안을 찾는 데 도움이 될 것입니다.

3.3 AI 챗봇으로 이미지 프롬프트 만들기

영어 작문과 프롬프트 작성에 익숙한 분들이라면 바로 이미지 생성형 AI를 써도 되지만 영어가 익숙하지 않은 사용자에게는 조금 부담스러울 수 있습니다. 그래서 이 절에서는 챗GPT나 클로드 같은 AI 챗봇의 도움을 받아 프롬프트를 작성해보려고 합니다. 복잡한 영어 프롬프트도 AI 챗봇을 통해 쉽고 빠르게 완성할 수 있기 때문입니다. 이 절에서는 AI 챗봇을 활용한 프롬프트 작성 과정을 3단계로 나누어 자세히 설명하겠습니다.

1. 이미지 아이디어 구상하기
2. 프롬프트 생성하기
3. 프롬프트 다듬기

STEP 1. 이미지 아이디어 구상하기

먼저 챗GPT와 같은 AI 챗봇을 활용해 어떤 이미지를 만들지 브레인스토밍을 해보겠습니다. 이미지 아이디어를 구상하는 용도로는 챗GPT, 클로드 둘 다 성능 차이가 크지 않으므로 여러분들이 사용하기 편한 AI 챗봇을 사용하면 됩니다. 여기서는 클로드 3.5 소네트를 사용해서 진행하겠습니다.

먼저, 우리 제품의 강점을 바탕으로 제품 효과를 강조하는 이미지 아이디어를 내 달라고 해보겠습니다. 직접 여러분의 제품에 적용해보고 싶다면, 아래 프롬프트 양식을 활용해서 질문하면 됩니다.

이미지 아이디어 발상용 프롬프트 템플릿

 프롬프트:
아래 나열한 우리 회사 상품 강점에 기반해서 다양한 일상 상황에서 우리 제품의 효과를 나타내 줄 수 있는 광고 이미지 아이디어를 생각해줘.
구체적이고 생생하게 생각해줘.

#상품:
[상품 설명]

#강점:
[강점 나열]

여기서는 보정 속옷 제품을 예시로 들어, 아래와 같이 질문했습니다.

아래 나열한 우리 회사 상품 강점에 기반해서 다양한 일상 상황에서 우리 제품의 효과를 나타내 줄 수 있는 광고 이미지 아이디어를 생각해줘.
구체적이고 생생하게 생각해줘.

#상품
- 40~50대 중장년층 여성을 타깃으로 한 보정 속옷

#강점
- 운동할 때 입어도 될 정도로 편함
- 자연스러운 S 라인 보정 효과

클로드 답변:
- 50대 여성들의 일상적인 순간들을 포착하면서 제품의 장점을 자연스럽게 보여줄 수 있는 광고 이미지 아이디어를 제안해드리겠습니다:

1. "나의 하루는 활력이 넘쳐요" 시리즈
- **새벽 공원에서 파워 워킹 중인 40대 여성의 뒷모습**
- **자연스러운 S 라인이 돋보이면서도** 편안하게 운동하는 모습 포착
- 산뜻한 새벽 햇살을 배경으로 활기찬 분위기 연출

2. "일하는 여자의 당당함" 시리즈
- 회의실에서 프레젠테이션하는 전문직 여성의 모습
- 단정한 정장 차림 속 자연스러운 실루엣이 돋보이는 전신 샷
- 자신감 넘치는 표정과 당당한 제스처 포착

… (중략) …

이러한 이미지들은 잠재 고객들의 실제 라이프스타일과 니즈를 반영하면서, 제품의 장점을 효과적으로 전달할 수 있을 것입니다.

이렇게 클로드가 여러 이미지 아이디어를 제시해줍니다. 저는 클로드가 제안한 아이디어에서 1번의 답변 중 '새벽 공원에서 파워 워킹 중인'과 '자연스런 S 라인이 돋보이면서'라는 아이디어가 마음에 드는데요. 이를 조금 더 발전시켜 **'등산할 때 S 라인이 돋보이는 상황'**을 이미지화해 보겠습니다.

STEP 2. 프롬프트 생성하기

그런데 우리가 생각한 상황묘사(여기서는 등산할 때 S 라인이 돋보이는 상황)를 그대로 빙 이미지 크리에이터에 입력하면, 상상했던 결과와는 다른 랜덤한 결과물이 나올 수 있습니다. 프롬프트에 묘사하지 않은 부분을 AI가 자의대로 해석해버리기 때문입니다. 조금 더 우리가 원하는 바에 가까운 상세한 장면 묘사를 만들어 주려면, 마치 머릿속에서 그림을 그리듯 원하는 이미지를 최대한 구체적으로 상상하는 것이 좋습니다. 예를 들면 이런 식입니다.

> "예쁜 40대 한국 여성이 등장하고, 등산 자킷, 레깅스를 입고 있었으면 해.
> S 라인이 돋보이면 좋겠네. 복장은 캐주얼하고, 주변에서 친구들이
> 몸매에 감탄하는 표정으로 바라보는 장면이면 더 재밌을 것 같아."

이제 이 상상을 바탕으로, 클로드에게 좀 더 상세한 장면묘사를 영어 프롬프트로 구성해달라고 요청해보겠습니다.

먼저 Claude.ai에 접속한 다음, 로그인한 후 아래 프롬프트[5]를 입력해주세요(로그인 필요).

프롬프트:[6]
표현하고 싶은 장면:
[(상상한 장면 묘사 입력) 예쁜 40대 한국 여성 일러스트, 단정한 등산 자킷과 레깅스를 입음, S 라인이 돋보임, 등산을 위한 캐주얼 복장, 이를 남성, 여성 친구들이 놀란 표정으로 바라보고 있음, 자신감 있는 표정]

프로페셔널 광고사진 작가 입장에서 위 장면을 아래 예시를 참고해서 묘사하는 영어 프롬프트 다섯 개를 제안해줘. 한글 해석도 함께 출력해줘.

#규칙 – 프롬프트 당 총 250자 미만이어야 함.
예시 프롬프트를 반드시 참고해서 작성할 것.

#예시프롬프트
A photo of a doctor giving a lesson about skin bumps. The doctor is wearing a white coat and a stethoscope around his neck. He is pointing at a whiteboard filled with medical terminology. The background contains a few students with their hands raised, ready to ask questions.

… (생략) …

---

5 한글로 된 장면묘사를 자연스러운 영어 프롬프트로 바꿔주는 프롬프트입니다. 아직까지는 영어 프롬프트로 명령해야 더 좋은 결과 이미지를 얻을 수 있기 때문입니다.
6 위 프롬프트의 전체 내용은 노션 자료집의 '3.3. AI 챗봇으로 이미지 프롬프트 만들기' 부분을 참고하세요.

작성한 장면 묘사를 바탕으로 클로드가 다섯 개의 이미지 프롬프트를 제안해 주었습니다.

클로드 답변:
Prompt 1
"A professional advertisement-style photo of a confident Korean woman in her 40s, wearing a well-fitted hiking jacket and leggings that highlight her figure. She stands with poise on a forest trail, with two friends—a man and a woman—looking surprised and admiring her. The background includes tall trees, casting soft light on the group."
해석: 40대의 자신감 있는 한국 여성이 단정한 등산 자켓과 레깅스를 입고 있으며, S 라인이 돋보이는 모습으로 숲길에 서 있습니다. 남성, 여성 친구들이 놀라며 그녀를 바라보고 있습니다. 배경에는 나무들이 부드러운 빛을 드리우고 있습니다.

Prompt 2
"An elegant, high-resolution photo capturing a stylish Korean woman in her 40s, dressed in a fitted hiking outfit with a confident expression. Her two friends, a man and woman, gaze at her in astonishment. The scene is set in a mountainous area with sunlight filtering through the trees, illuminating the group."
해석: 40대의 세련된 한국 여성이 단정한 등산복을 입고 자신감 넘치는 표정으로 서 있으며, 남성, 여성 친구들이 놀라운 표정으로 그녀를 바라보고 있습니다. 배경은 산지로, 나무 사이로 햇빛이 비추고 있습니다.

Prompt 3
"A detailed advertising photograph of a fashionable Korean woman in her early 40s, wearing a snug hiking jacket and leggings, showcasing her fit silhouette. Her male and female friends look at her in awe. The background features a scenic forest trail with warm natural light enhancing the group's expressions."
〉 illustration
해석: 40대 초반의 멋스러운 한국 여성이 몸에 잘 맞는 등산 자켓과 레깅스를 입고 핏이 돋보이는 실루엣을 드러내며 서 있습니다. 남성, 여성 친구들이 경탄하는 표정으로 그녀를 바라보고 있으며, 배경에는 따스한 자연광이 숲길을 비추고 있습니다.

… (생략) …

이 중에서 여러분이 만들고 싶은 장면을 가장 적절하게 묘사한 프롬프트를 선택합니다. 저는 1번 프롬프트가 가장 적절한 것 같아 이 프롬프트를 선택해 다듬어 보겠습니다.

STEP 3. 프롬프트 다듬기

클로드가 생성해 준 프롬프트를 그대로 이미지 생성형 AI 도구에 넣어주어도 되지만, 가능하다면 한글 해석을 참고해, 사람이 직접 프롬프트를 다듬어주는 것을 추천합니다. 원하는 장면에 가까운 이미지를 생성해 줄 확률이 더 높아지기 때문입니다.

첫 번째 프롬프트를 보면, 'A professional advertisement-style photo of…' 즉, '프로페셔널 광고 사진'이라고 묘사를 하고 있습니다. 하지만 우리는 사진이 아닌, 일러스트를 생성할 것이므로 이 부분만 아래와 같이 바꿔주겠습니다.

수정 전

A professional advertisement-style **photo** of a confident Korean woman in her 40s, wearing a well-fitted hiking jacket and leggings that highlight her figure. She stands with poise on a forest trail, with two friends—a man and a woman—looking surprised and admiring her. The background includes tall trees, casting soft light on the group.

40대의 자신감 있는 한국 여성이 단정한 등산 자켓과 레깅스를 입고 있으며, S라인이 돋보이는 모습으로 숲길에 서 있는 전문 광고 **사진**, 남성, 여성 친구들이 놀라며 그녀를 바라보고 있습니다. 배경에는 나무들이 부드러운 빛을 드리우고 있습니다

수정 후

A professional advertisement-style **illustration** of a confident Korean woman in her 40s, wearing a well-fitted hiking jacket and leggings that highlight her figure. She stands with poise on a forest trail, with two friends—a man and a woman—looking surprised and admiring her. The background includes tall trees, casting soft light on the group.

40대의 자신감 있는 한국 여성이 단정한 등산 자켓과 레깅스를 입고 있으며, S라인이 돋보이는 모습으로 숲길에 서 있는 전문 **일러스트**, 남성, 여성 친구들이 놀라며 그녀를 바라보고 있습니다. 배경에는 나무들이 부드러운 빛을 드리우고 있습니다

> **팁** 참고 이미지를 활용해 프롬프트 짜기
>
> 아이디어를 바탕으로 프롬프트를 짜는 것이 어렵게 느껴진다면, 참고 이미지를 활용하는 방법도 있습니다. 다음 단계를 따라해보세요.
>
> ① 챗GPT 채팅 창을 엽니다.
> ② 원하는 스타일이나 구도의 참고 이미지를 첨부합니다.
> ③ 아래 프롬프트를 입력합니다.
>
> 프롬프트:
> AI 이미지 생성 도구를 활용해 이런 이미지를 만들고 싶어. 먼저, 프로 사진 작가가 되어 첨부한 이미지를 분석해줘. 그리고 분석한 내용을 아래 베스트 프롬프트 예시를 참고해서 AI 이미지 생성에 적합한 프롬프트로 작성해줘.
>
> #베스트 프롬프트 예시
> A photo of a doctor giving a lesson about skin bumps. The doctor is wearing a white coat and a stethoscope around his neck. He ispointing at a whiteboard filled with medical terminology.
>
> … (중략, 프롬프트 전문은 노션 자료집 3.3 참고) …
>
> 이렇게 작성하면 챗GPT가 이미지를 분석하고 그에 맞는 프롬프트를 작성해 줄 것입니다.

3.4 빙 이미지 크리에이터로 이미지 생성하기

이제 이렇게 완성된 프롬프트로 AI 이미지를 만들어 볼 차례입니다. 다양한 AI 이미지 생성 도구들이 있지만, 여기서는 빠르게, 무료로 사용할 수 있는 이미지 도구인 빙 이미지 크리에이터를 사용해 생성하겠습니다.

01   먼저 빙 이미지 크리에이터에 접속해주세요(회원으로 가입하지 않았다면 회원 가입을 해주세요).

       URL https://www.bing.com/images/create

그림 3-5 빙 이미지 크리에이터 메인 화면

02   상단의 프롬프트 창을 클릭해 **'수정 후 프롬프트'**를 입력합니다. 그리고 오른쪽의 [만들기] 버튼을 클릭해주세요.

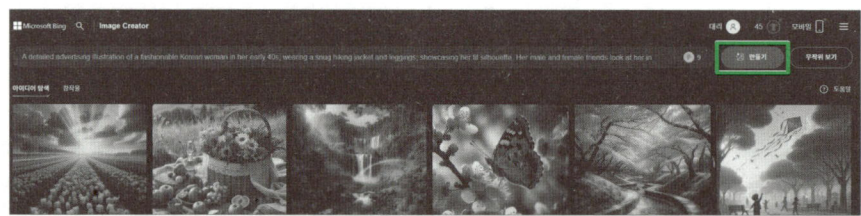

그림 3-6 빙 이미지 크리에이터 입력 창

03   등산 콘셉트의 일러스트 이미지가 생성되었습니다.

그림 3-7 이미지 생성 결과

04 마음에 드는 이미지를 클릭한 다음, [다운로드] 버튼을 누르면, 해당 이미지를 다운로드할 수 있습니다.

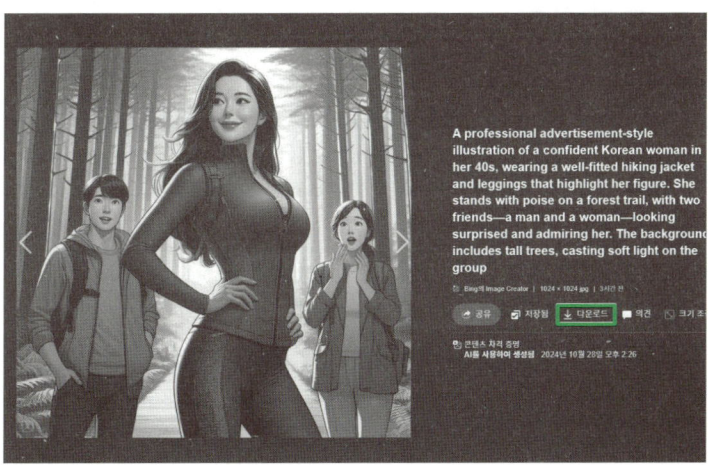

그림 3-8 이미지 생성 결과(상세)

3장 제작 비용 0원! AI로 맞춤형 광고 이미지 만들기 **103**

이렇게 5분도 안 되는 시간에 내가 원하는 연출의 고품질의 일러스트를 생성할 수 있었습니다. 원하는 콘셉트의 일러스트를 손으로 그리려면, 최소 한 시간 이상이 소요되는데, AI를 활용하면 빠르고 효율적으로 다양한 시안을 만들어볼 수 있겠죠?

마찬가지 방법으로 이번에는 골프복을 입고 몸매를 뽐내는 여성 일러스트를 만들어보겠습니다.

01 기존 프롬프트에서 '표현하고 싶은 장면' 부분만 아래와 같이 골프 콘셉트에 맞게 바꿔준 후 클로드에게 입력합니다.[7]

프롬프트:
표현하고 싶은 장면:
[(상상한 장면 묘사 입력) 예쁜 40대 한국 여성, S 라인이 돋보임, 골프웨어, 스커트를 입고 있음, 이를 동년배의 남성, 여성 친구들이 놀란 표정으로 바라보고 있는 일러스트, 자신감 있는 표정]

프로페셔널 광고사진 작가 입장에서 위 장면을 아래 예시를 참고해서 묘사하는 영어 프롬프트 다섯 개를 제안해줘. 한글 해석도 함께 출력해줘.

#규칙 – 프롬프트 당 총 250자 미만이어야 함.
예시 프롬프트를 반드시 참고해서 작성할 것.
#예시프롬프트
A photo of a doctor giving a lesson about skin bumps. The doctor is wearing a white coat and a stethoscope around his neck. He is pointing at a whiteboard filled with medical terminology. The background contains a few students with their hands raised, ready to ask questions.

… (생략) …

02 클로드가 다섯 개의 프롬프트를 생성해주었습니다.

---

7 위 프롬프트의 전체 내용은 노션 자료집의 '3.3. AI 챗봇으로 이미지 프롬프트 만들기' 부분을 참고하세요.

클로드 답변:

PROMPT 1.

English Prompt: A photo of a confident 40-year-old Korean woman in stylish golf attire. She stands tall, wearing a form-fitting golf skirt that accentuates her S-line. Her friends, both men and women in the background, look on in surprise and admiration. The backdrop is a scenic golf course under soft afternoon light.

Korean Translation: 40대 한국 여성이 자신감 넘치는 모습으로 스타일리시한 골프웨어를 입고 있다. 그녀는 몸매를 돋보이게 하는 골프 스커트를 입고 당당하게 서 있고, 배경의 남성 및 여성 친구들은 놀란 표정으로 그녀를 바라본다. 배경은 부드러운 오후 햇살이 비치는 골프장이다.

PROMPT 2.

English Prompt: A professional photograph of a chic 40s Korean woman in a sleek golf skirt, standing with a confident smile. Her friends behind her, both men and women of similar age, look surprised. The scene takes place on a beautifully manicured golf course with soft sunlight highlighting her.

Korean Translation: 세련된 골프 스커트를 입은 40대 한국 여성이 자신감 있는 미소를 짓고 있다. 배경의 남녀 친구들이 놀란 표정으로 그녀를 바라보고 있다. 장면은 잘 가꾸어진 골프장에서 부드러운 햇빛이 그녀를 비추는 중에 이루어진다.

… (생략) …

03 생성한 프롬프트 중 첫 번째 프롬프트를 선택해서 진행해보겠습니다. 이전과 동일하게 Photo 부분만 Illustration으로 아래와 같이 변경하여, 아래와 같이 프롬프트를 다듬습니다.

An **illustration** of a confident 40-year-old Korean woman in stylish golf attire. She stands tall, wearing a form-fitting golf skirt that accentuates her S-line. Her friends, both men and women in the background, look on in surprise and admiration. The backdrop is a scenic golf course under soft afternoon light.

04 빙 이미지 크리에이터로 들어가서, 해당 프롬프트를 입력하고, [**만들기**] 버튼을 누릅니다.

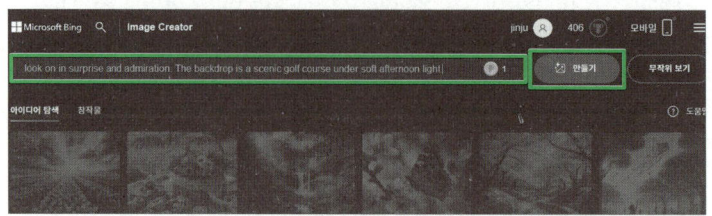

그림 3-9 프롬프트 입력하기

05 골프 콘셉트의 이미지가 생성되었습니다.

그림 3-10 생성된 골프 콘셉트 이미지

그런데 결과를 보니 AI가 몸매를 강조하는 옷차림으로 생성해서, 골프복이라는 느낌이 좀 덜한 것 같습니다. 치마를 플리츠 스커트로 바꿔서 좀 더 골프복 느낌이 나게 만들어보겠습니다.

01 프롬프트를 아래와 같이 수정합니다.

수정 전

An illustration of a confident 40-year-old Korean woman in stylish golf attire. She stands tall, wearing a form-fitting golf skirt that accentuates her S-line. Her friends, both men and women in the background, look on in surprise and admiration. The backdrop is a scenic golf course under soft afternoon light.

스타일리시한 골프 복장을 한 자신감 넘치는 40세 한국 여성의 일러스트입니다. 그녀는 S 라인을 강조하는 몸에 꼭 맞는 골프 의상을 입고 우뚝 서 있습니다. 배경에 있는 남녀 친구들은 놀라움과 감탄으로 그녀를 바라보고 있습니다. 배경은 부드러운 오후 햇살이 비치는 아름다운 골프 코스입니다.

수정 후

An illustration of a confident 40-year-old Korean woman in stylish golf attire **with pleated skirt**. She stands tall, wearing a form-fitting golf skirt that accentuates her S-line. Her friends, both men and women in the background, look on in surprise and admiration. The backdrop is a scenic golf course under soft afternoon light.

스타일리시한 골프 복장을 한 자신감 넘치는 40세 한국 여성의 일러스트입니다. 그녀는 S 라인을 강조하는 몸에 꼭 맞는 골프 의상, **플리츠 스커트**를 입고 우뚝 서 있습니다. 배경에 있는 남녀 친구들은 놀라움과 감탄으로 그녀를 바라보고 있습니다. 배경은 부드러운 오후 햇살이 비치는 아름다운 골프 코스입니다.

02 수정한 프롬프트를 입력하고 다시 [만들기] 버튼을 누릅니다.

03 플리츠 스커트를 입은 골프 콘셉트의 이미지가 생성됩니다.

그림 3-11 플리츠 스커트를 입은 골프 콘셉트 이미지

04 마음에 드는 이미지를 선택한후, [**다운로드**] 버튼을 눌러 다운로드합니다.

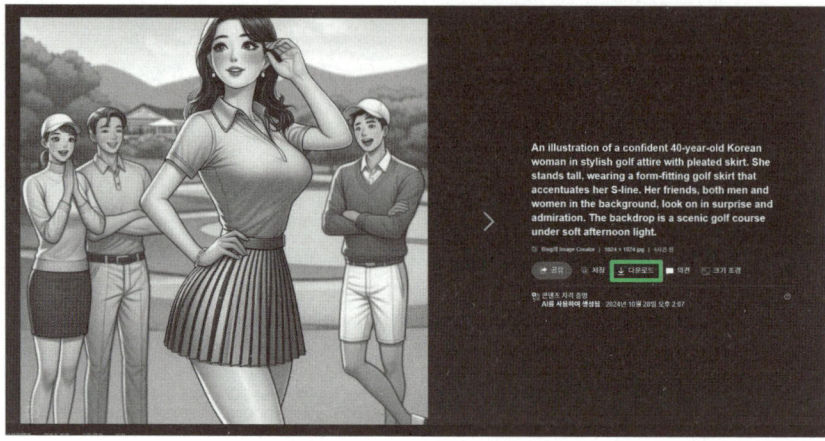

그림 3-12 이미지 다운로드하기

같은 방식으로, '오피스룩 콘셉트' '연말 파티룩 콘셉트'를 적용하면 아래와 같은 이미지도 생성할 수 있습니다.

그림 3-13 오피스룩 콘셉트 이미지

프롬프트:
An illustration of a confident 40-year-old Korean woman in a sleek office look. Her s-line is emphasized by her tailored outfit as she stands proudly in front of her colleagues. A male and female coworker, both in their 40s, look at her with surprised expressions, highlighting her commanding presence. The setting is a modern office.

세련된 오피스룩을 입은 40대 한국 여성이 자신감 넘치는 표정으로 동료들 앞에 서 있는 일러스트. 동년배 남성, 여성 동료가 놀란 표정으로 그녀를 바라보며, 그녀의 존재감이 강조된 모습입니다.

그림 3-14 연말 파티룩 콘셉트 이미지

프롬프트:
A professional illustration of a 25-year-old Korean woman in a sleek evening dress for a New Year's party. Her s-line figure is highlighted from the side as she turns her head slightly to face the camera with a confident, soft smile. She stands tall in high heels, exuding elegance and poise against a festive, elegant background.

연말 파티를 위한 드레스를 입고 카메라를 향해 고개를 돌리며 자신감 있는 미소를 짓는 25살 한국 여성의 옆모습 일러스트. 그녀의 S 라인이 돋보이며, 힐을 신고 당당하게 서 있는 모습이 우아함을 자아냅니다.

Q&A 이미지가 생성되지 않거나 달라요

Q '안전하지 않은 이미지 콘텐츠가 감지됨'이라고 뜨면서 이미지 생성이 안 돼요.

그림 3-15 '안전하지 않은 이미지' 오류

A 빙의 콘텐츠 정책상, 노출이 심한 이미지나 저작권법으로 문제가 될 수 있는 이미지가 생성될 경우에는 이렇게 이미지를 표시하지 않습니다. 이럴 경우에는 챗GPT나 클로드에게 다음처럼 명령하여 프롬프트를 한번 더 수정해보세요.

> **프롬프트:**
> AI가 선정적이거나 과한 노출의 이미지를 생성하지 않도록 단어 선택에 유의하여, 프롬프트를 다듬어줘: [기존 프롬프트 입력]

Q 예시와 똑같은 프롬프트를 썼는데 다른 이미지가 생성돼요.

A 생성형 AI 특성상 같은 프롬프트를 써도 다른 결과가 발생할 수 있습니다. 이는 생성형 AI 특성상 어쩔 수 없는 부분으로, 프롬프트를 최대한 세밀하게 수정하는 방법으로 보완할 수 있습니다. 또한 동일한 'Seed' 값을 사용하면 원 이미지와 동일한 스타일을 재현할 수 있으니, 이 기능도 활용해보기 바랍니다.

이렇게 간단한 프롬프트만으로, 보정속옷의 효과를 보여줄 수 있는 광고 이미지 네 개를 생성했습니다.

그림 3-16 완성된 광고 이미지 네 개

3.5 AI 이미지로 광고 배너 만들기

지금까지 이미지 생성형 AI를 활용해 여러 상황을 묘사하는 AI 이미지를 손쉽게 만드는 방법을 소개했습니다. 이번에는 앞선 내용을 바탕으로 실제 광고 배너를 생성해보겠습니다.

등산복 콘셉트의 배너 만들기

01 노션 자료집의 '3.5. AI 이미지로 광고 배너 만들기' 메뉴의 피그마 템플릿 링크를 클릭해 해당 템플릿으로 이동해주세요.

그림 3-17 피그마 템플릿 화면

02 피그마에 로그인한 후 왼쪽의 [Example_AI_image] 옆의 꺾쇠를 클릭한 후 [Duplicate to your drafts]를 눌러주세요.

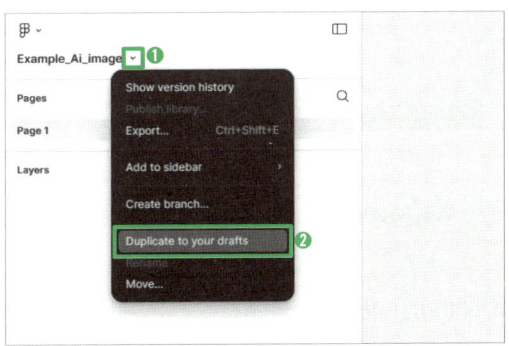

그림 3-18 템플릿 복제하기

03 가운데 회색 사각형 영역을 클릭합니다.

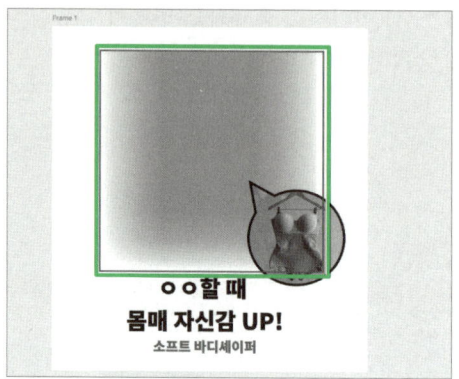

그림 3-19 사각형 선택

04 왼쪽 Layer 패널에서 [이미지] 〉 [Mask Group] 〉 [An_illustration_of (…)]를 차례대로 클릭합니다.

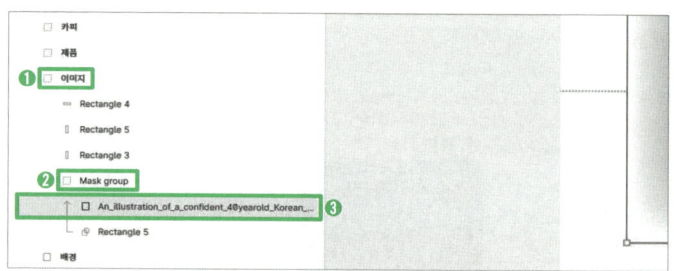

그림 3-20 An_illustration_of (…) 이미지 선택

04 [An_illustration_of (…)]가 선택된 상태에서 오른쪽 패널에서 [Fill]을 클릭합니다.

그림 3-21 Fill 메뉴 선택

06 그림 아이콘을 누릅니다.

그림 3-22 그림 아이콘 선택

07 [Upload from computer]를 눌러 이전 단계에서 만든 AI 일러스트를 업로드합니다.[8]

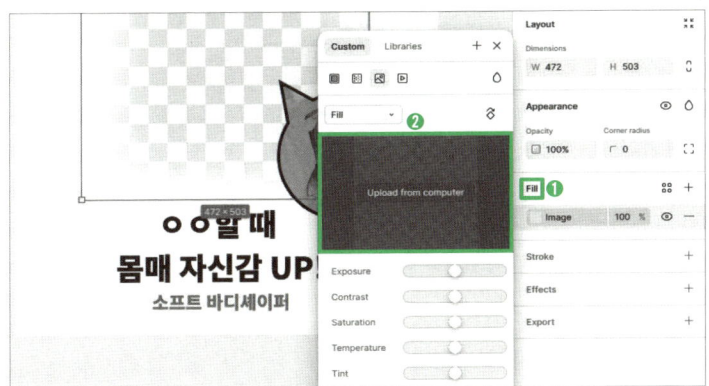

그림 3-23 이미지 업로드하기

8 예시 이미지로 실습하고 싶다면, 노션 자료집의 '3.5 AI 이미지로 광고 배너 만들기' 〉 '예시이미지.zip'을 다운로드해서 진행해주세요.

08 [X]를 누릅니다.

그림 3-24 이미지 업로드가 완료된 화면

09 이미지의 'ㅇㅇ할 때' 영역을 더블 클릭합니다.

그림 3-25 텍스트 영역 선택하기

10 'ㅇㅇ할 때'를 '등산할 때'로 수정합니다.

그림 3-26 텍스트 영역 수정하기

등산복 콘셉트의 보정속옷 광고 이미지가 완성되었습니다. 다음으로는 골프복 콘셉의 배너를 만들어 보겠습니다.

골프복 콘셉트의 배너 만들기

01 이미지 왼쪽 상단의 [Frame 1]을 클릭합니다. 그리고 그 상태에서 Ctrl+D를 눌러, 이미지 전체를 복사합니다.

그림 3-27 이미지 전체 선택 후 복사하기

02 복사한 템플릿에서 이전과 같이, [이미지] 〉 [Mask group] 〉 [An_illustration_of (…)]를 차례로 클릭해 선택해주세요.

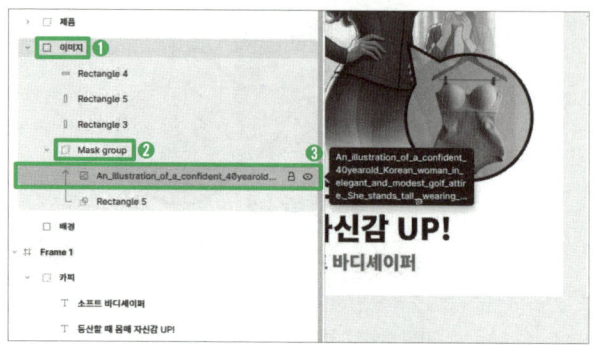

그림 3-28 An_illustration_of (…) 선택하기

03 [Fill] 〉 [Image]를 클릭한 다음, [Upload from computer]를 눌러줍니다.

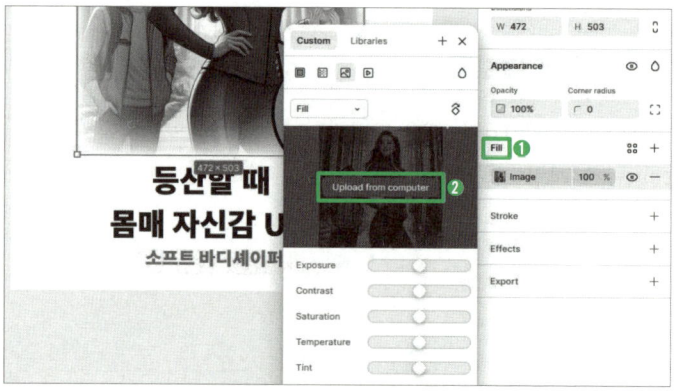

그림 3-29 이미지 업로드하기

04 골프 콘셉트 일러스트를 업로드한 뒤, [X]를 눌러 창을 닫습니다.

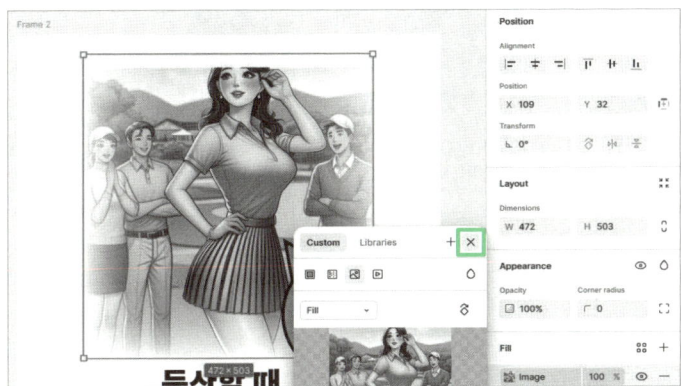

그림 3-30 업로드된 골프 콘셉트 이미지

05 '등산할 때' 텍스트를 더블 클릭한 다음, '등산할 때'를 '골프칠 때'로 수정합니다.

그림 3-31 텍스트 수정하기

골프 콘셉트의 보정속옷 광고 이미지도 완성되었습니다. 나머지 두 개 일러스트도 같은 방식으로 이미지를 복사하고, 일러스트를 교체합니다.

그림 3-32 완성된 광고 이미지 네 개

총 네 개의 광고 시안이 완성되었습니다.

이렇게 빙 이미지 크리에이터를 활용해 짧은 시간 안에 네 개의 맞춤형 광고 시안을 무료로 제작했습니다. 같은 품질의 일러스트를 외주 제작하거나 구매했다면 최소 몇 만 원 이상의 비용이 들었을 텐데 엄청난 비용을 절약한 셈입니다.

특히, 이번 장에서 예시로 보여드렸던 일러스트형 이미지나 간단한 인물 묘사 등은 AI가 특히 잘 하는 분야이니, 이런 형태의 광고 이미지가 필요한 분들이라면, 꼭 한번 활용해보면 좋을 것 같습니다.

다음 장에서는 2장에서 배웠던 '배너 대량 생성' 방법을 한 단계 더 발전시켜, 상품 상세 페이지를 대량으로 생성하는 방법을 살펴보겠습니다. 10건~20건 이상의 상세 페이지를 동시에 제작하고 업데이트하는 실제 사례를 통해, 상세 페이지 제작에 들어가는 시간과 비용을 획기적으로 절감하는 방법을 확인할 수 있을 것입니다.

4장

상세 페이지 제작, AI로 10배 빠르게 만들기

생활용품 쇼핑몰을 운영 중인 온라인 셀러 A 씨는 최근 20종이 넘는 새 제품들을 확보했습니다. 이제 이 제품들의 상세 페이지를 만들어야 하는데, 막상 시작하려니 한숨부터 나옵니다. 디자인을 기획하고, 상세 페이지 문안을 쓰고 이미지를 배치하는 등 모든 작업을 기존 방식대로 진행한다면 제품당 다섯 시간씩, 총 100시간이 넘게 걸릴 것 같기 때문입니다. A 씨는 고민에 빠집니다. '이대로는 안 되겠어…. AI로 상세 페이지 제작 과정을 자동화할 순 없을까?'

A 씨의 상황처럼 다양한 제품군을 다루는 온라인 쇼핑몰이나 유통업체들은 신제품을 업로드할 때마다 그에 어울리는 상세 페이지를 제작해야 합니다. 이 과정에서 상당한 시간과 노력이 소요되죠. 하지만 AI를 활용하면 이 과정을 획기적으로 단축할 수 있습니다.

4장에서는 AI의 도움을 받아 상세 페이지 제작을 10배 빠르게 하는 방법을 상세히 알아보겠습니다.

이 장에서 사용하는 AI 도구
피그마 플러그인(Google Sheets Sync), 클로드

트렌디한 의류 쇼핑몰이나 다양한 상품을 취급하는 잡화점은 매주 쏟아지는 신상품 업로드에 쉴 틈이 없습니다. 특히 상품 하나하나 상세 페이지를 제작하고 매력적인 문구를 작성하는 데에는 상당한 시간과 노력이 필요하죠. 숙련된 담당자가 상품 하나당 30분 안에 끝낸다 해도, 수십 개의 상세 페이지를 완성하려면 며칠이 꼬박 걸릴지도 모릅니다.

이전 장에서 소개했던 피그마, 클로드, 그리고 구글 시트의 강력한 조합을 활용하면 이 지루하고 시간 소모적인 작업을 자동화할 수 있습니다. 기본 템플릿만 있으면 상품 정보만으로 수십 개의 상세 페이지를 한 번에 제작하는 자동화가 가능한 것입니다.

각 단계를 따라 직접 실습해보겠습니다.

4.1 상세 페이지 제작 자동화 준비하기

 Figma.com으로 이동합니다. 그리고 왼쪽 상단의 [**로그인**]을 눌러, 로그인하거나 [**지금 무료 시작하기**]를 눌러 회원가입을 진행해주세요.

그림 4-1 피그마 메인 화면

02 문안을 작성해줄 상세 페이지가 필요합니다. 노션 자료집의 '4.1. 상세 페이지 제작 자동화하기'의 '피그마 템플릿' 링크로 이동해주세요. 아래와 같은 피그마 디자인이 열립니다.

그림 4-2 피그마 상세 페이지 템플릿

💬 Q&A

Q 피그마에 대해 잘 모르는데 따라할 수 있을까요?

A 이 책은 피그마 사용법에 중점을 두고 있지 않아 상세한 매뉴얼은 포함하지 않습니다. 하지만 피그마를 처음 접하는 분들도 쉽게 따라할 수 있도록 미리 준비된 상세 페이지 디자인 템플릿을 제공하고 있습니다(지금 보고 있는 파일이 바로 그 템플릿입니다).

이 템플릿은 텍스트와 이미지를 쉽게 교체할 수 있도록 구성되어 있어, 여러분의 제품에 맞게 커스터마이징해서 사용할 수 있습니다. 피그마의 큰 장점 중 하나는 누구나 템플릿을 공유하고 활용할 수 있다는 점인데요. 이를 통해 여러분은 직접 제품에 맞는 문구와 이미지를 적용하여 상세 페이지를 완성할 수 있습니다.

피그마의 기본적인 사용법에 대해 더 알고 싶다면, 유튜브에서 '피그마 기초'라는 키워드로 검색해보세요. 다양한 입문 강좌들을 찾아볼 수 있습니다.

03 화면 상단에 있는 [Template]을 클릭한 후 [Duplicate to your drafts]를 눌러 본인의 피그마 계정으로 복사해주세요.

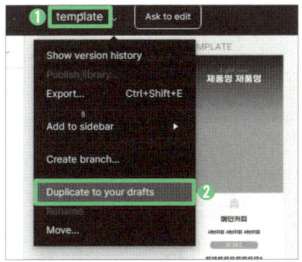

그림 4-3 피그마 상세 페이지 템플릿 복사

04 상세 페이지 템플릿 편집에 필요한 글꼴을 설치해야 합니다. **노션 자료집의 '4.1. 상세 페이지 제작 자동화하기' 내의 글꼴(폰트)**을 모두 다운로드해서 컴퓨터에 설치해주세요.

05 피그마에 글꼴이 정상적으로 표시되도록 설정하겠습니다. 먼저 대시보드 화면으로 이동해주세요.

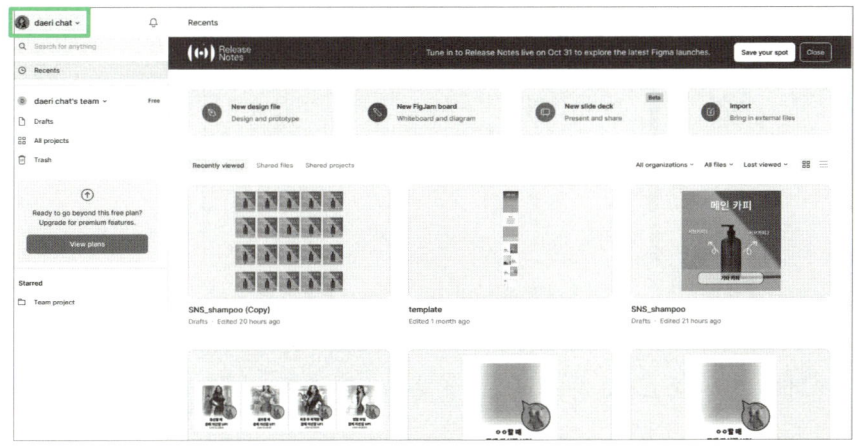

그림 4-4 피그마 대시보드

4장 상세 페이지 제작, AI로 10배 빠르게 만들기 **123**

06 왼쪽 상단의 프로필 아이콘을 누른 후 [Settings]를 클릭합니다.

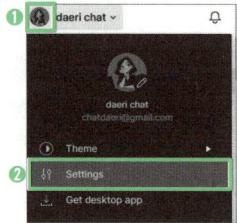

그림 4-5 프로필 메뉴

07 [Account] > [Fonts] > [Download installer] 버튼을 눌러 글꼴 설치 프로그램을 다운로드해서 설치해주세요.

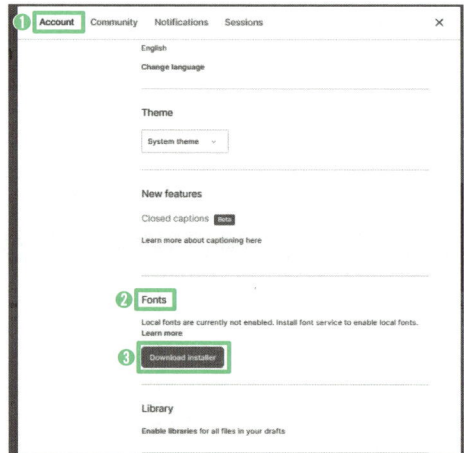

그림 4-6 피그마 Settings 메뉴

08 피그마를 새로 고침한 다음, 예시 템플릿을 다시 엽니다.

09 캔버스에서 [TEMPLATE]을 선택해 템플릿 전체가 파란색으로 활성화되도록 해주세요.

그림 4-7 상세 페이지 디자인 전체 선택

> **팁**
> [TEMPLATE]을 찾기가 어려울 때는 왼쪽 상단의 [Layers] 메뉴를 누르면 나오는 **TEMPLATE**을 클릭하면 영역이 활성화됩니다.

10 선택된 상태에서 Ctrl+C를 눌러 템플릿을 복사한 후 곧바로 Ctrl+V를 네 번 반복해서 눌러 템플릿을 다섯 개로 만들어줍니다.

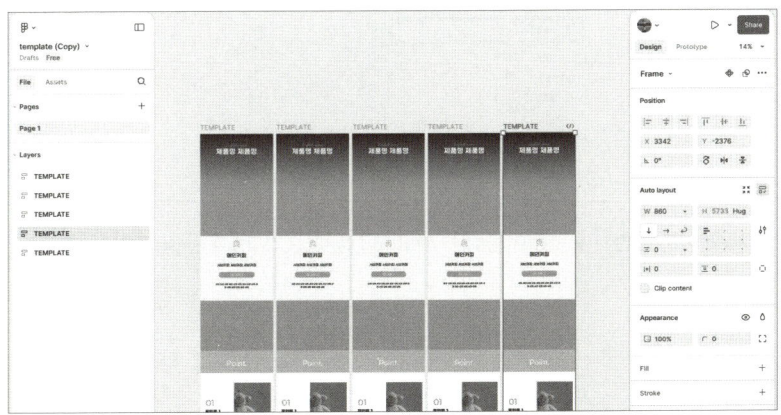

그림 4-8 복사된 상세 페이지 템플릿

데이터를 넣어줄 피그마 템플릿 다섯 개가 준비되었습니다.

Q&A

Q 상세 페이지 제작에 꼭 피그마를 사용해야 하나요?

A 포토샵, 일러스트레이터 등 상세 페이지 디자인 도구는 다양하지만, 향후 업무 자동화를 위해서는 피그마 활용을 추천합니다. 피그마는 각 디자인 요소를 변수로 지정하여 이미지 교체 및 스타일 변경을 손쉽게 할 수 있도록 지원하고 있습니다. 그러므로 상세 페이지 내용을 자동으로 업데이트하고 관리하기가 용이합니다.

4.2 상세 페이지 문안 자동 생성하기

이제 각 템플릿에 들어갈 상품 문안을 만들어보겠습니다. 아래 구글 시트에 접속해주세요.

01 노션 자료집 '**4.1 상세 페이지 제작 자동화하기**'의 '**구글 시트 템플릿**' 링크로 접속한 후 '**Claude로 상세 페이지 문안 작성**' 시트를 엽니다.

02 [파일] 〉 [사본 만들기] 메뉴를 눌러 복사합니다(구글 로그인이 필요합니다).

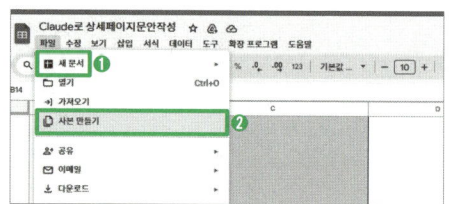

그림 4-9 구글 시트 복사하기

03 '**상세 페이지 문안**' 시트로 이동해주세요. 다음과 같은 템플릿을 확인할 수 있습니다.

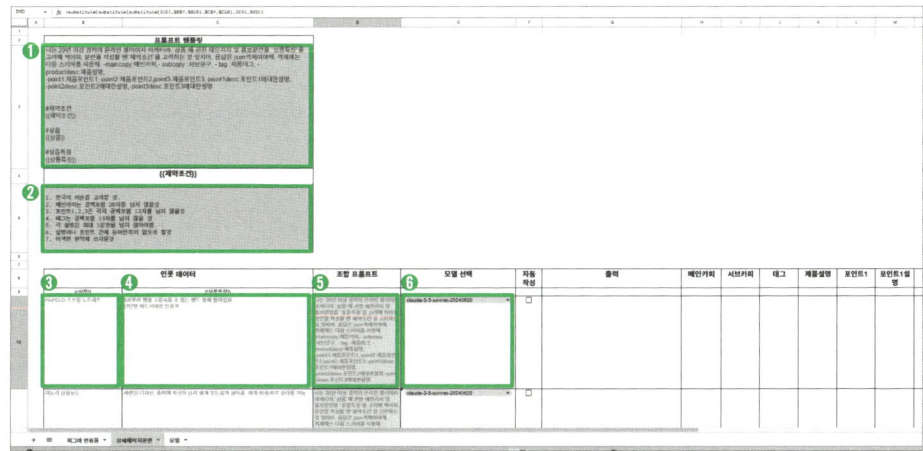

그림 4-10 '상세 페이지 문안' 시트 화면

이 템플릿의 주요 요소부터 살펴보겠습니다.

- ❶ **프롬프트 템플릿(B3 셀):** 클로드에게 명령할 프롬프트 기본 구조입니다. 답변을 보다 일관된 형식으로 받기 위해 JSON* 형식으로 응답하도록 설정해두었습니다.
- ❷ **제약조건(B5 셀):** 클로드가 글을 작성할 때 주의해야 할 사항을 지정합니다. 추가로 카피를 작성할 때 클로드가 주의해야 할 사항이 있다면 여기에 추가해주세요.
- ❸ **상품 이름(B10 셀 이하):** 클로드가 상세 페이지 문안을 작성할 상품 이름을 입력합니다.
- ❹ **상품 특징(C10 셀 이하):** 클로드가 상세 페이지 문안을 작성할 때 참고할 상품의 특징에 대해 간단히 입력합니다.
- ❺ **조합 프롬프트(D10 셀 이하):** 프롬프트 템플릿(❶)에서 제약조건, 상품, 상품 특징을 각각 B5 셀(❷), B10 셀(❸), C10 셀(❹)로 교체하여 해당 상품 문안 작성을 위한 조합 프롬프트로 바꿉니다.
- ❻ **모델 선택(E10 셀 이하):** 글 작성에 사용할 AI 모델을 선택합니다. 클로드 3.5 소네트가 가장 고급 모델이며, 다른 모델들은 상대적으로 경제적입니다.

Json

JSON(JavaScript Object Notation)은 데이터를 "이름:값" 쌍으로 구조화하여 저장하거나 전송하기 편리하게 만든 형식입니다. 예를 들어, 사람 이름과 나이를 나타내려면 {"name": "Alice", "age": 25}와 같은 방식으로 표현할 수 있습니다. CSV나 테이블 같은 파일 형식으로 AI에게 인풋(Input)과 아웃풋(Output)을 전달하기 어려운 경우에도, JSON 형식으로 정리된 답변을 요청하면 AI로부터 텍스트만으로 일관된 형식의 아웃풋을 받을 수 있어 유용합니다.

> **팁**
> 시트가 조금 복잡해 보일 수 있지만 걱정하지 마세요. 처음부터 모든 것을 완벽히 이해하려고 하지 않아도 됩니다. 실습을 통해 작업을 진행하다 보면 '아, 이렇게 동작하는구나' 하고 자연스럽게 알게 될 것입니다.

이제 이 템플릿을 사용하여 실제로 예시 상품 문안을 작성하겠습니다. 만약, 2장 실습을 건너뛰고 3장을 먼저 학습하는 분들이라면, 템플릿 사용 전에 확장 프로그램 설치 및 API 키 발급이 필요합니다. 2.3절의 '**STEP 1. 확장프로그램 설치 및 Claude API 키 발급하기**'와 '**STEP 3. 구글 시트에서 광고 카피 대량으로 생성하기**' 중 '**API 키 설정하기**' 부분을 참고하여 먼저 키 발급 및 설정을 진행한 후 설정이 완료되었다면 아래 순서를 따라 진행해주세요.

01 먼저 '인풋 데이터'가 적혀 있는 시트 왼쪽을 보겠습니다.

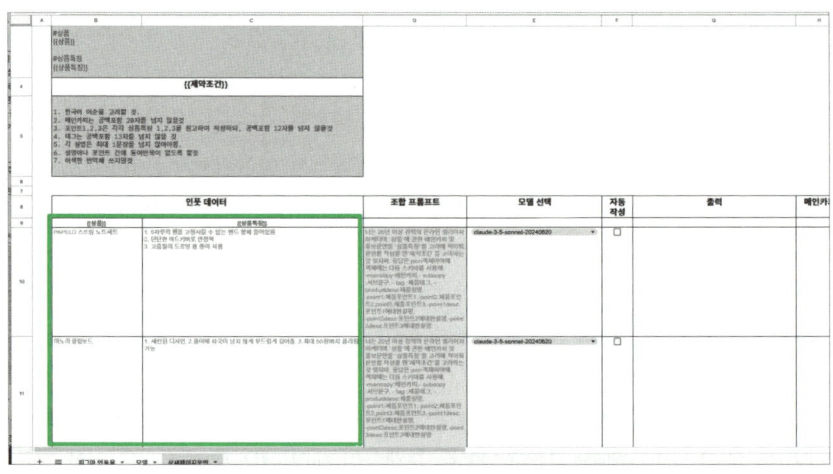

그림 4-11 '상세 페이지 문안' 시트 화면

02 '상품' 열에는 각 상품의 이름이, '상품 특징' 열에는 해당 상품의 특징이 나열되어 있습니다. 여기에 여러분이 상세 페이지로 만들고 싶은 상품 이름과 상품 특징을 적어줍니다(여기서는 템플릿에 미리 입력해둔 문구류 제품들의 상품 이름과 상품 특징을 사용해 진행합니다).

03 F10:F14 열의 '자동 작성' 체크박스를 클릭합니다.

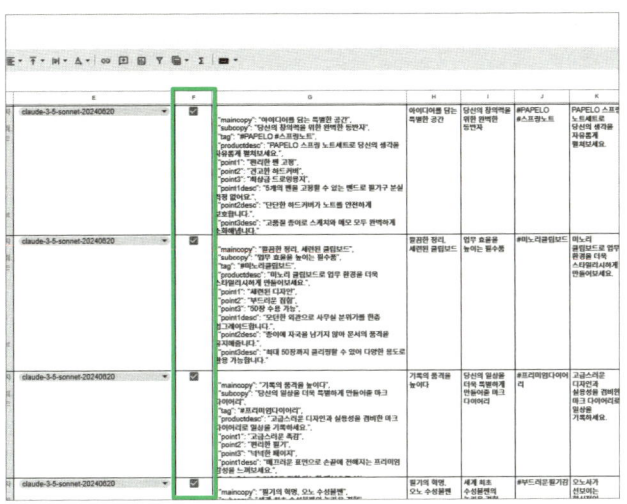

그림 4-12 '상세 페이지 문안' 시트 〉 '자동 작성' 체크박스

04 잠시 기다리면 클로드가 생성한 상품 문안이 G10 셀부터 G14 셀까지에 자동으로 출력됩니다.

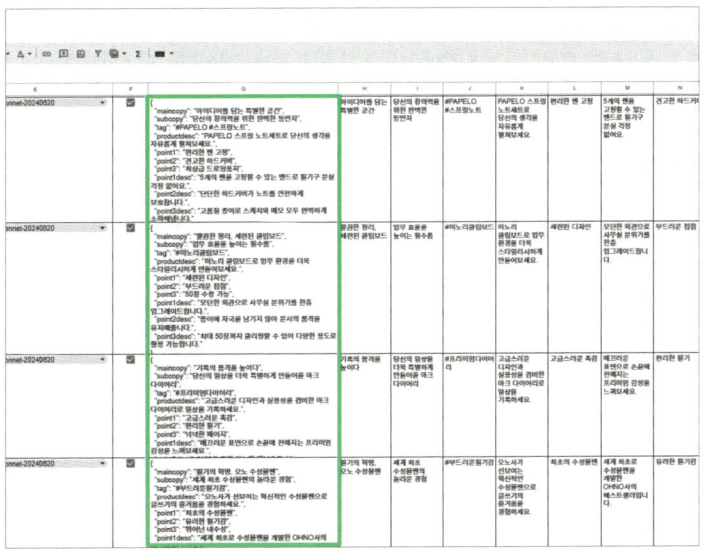

그림 4-13 클로드로 자동 작성된 문안

4장 상세 페이지 제작, AI로 10배 빠르게 만들기 **129**

05 H:Q 열에는 출력된 문안이 메인카피, 서브카피 등 카피별로 나누어 자동으로 정리됩니다.

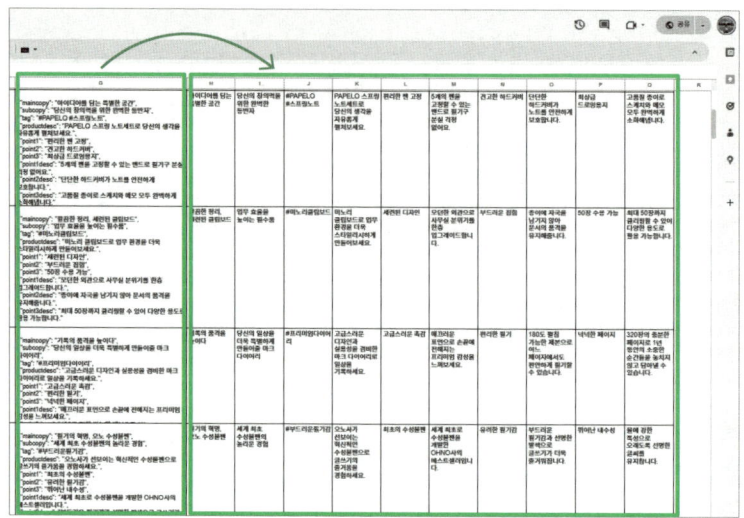

그림 4-14 카피별로 나누어 정리된 문안

4.3 상세 페이지 여러 개를 한 번에 만들기

이제 이 정리된 카피들을 피그마와 연동하여, 여러 개 상세 페이지 디자인을 한 번에 만들어 보겠습니다.

01 H10:Q14 열을 선택한 후 Ctrl + C 를 눌러 복사합니다.

02 '피그마 연동용' 시트로 이동하여 C2 셀에 Ctrl + Shift + V 를 눌러 값을 붙여넣습니다.

그림 4-15 '피그마 연동용' 시트로 문안 복사

03 피그마 상세 페이지 디자인에 들어갈 다섯 개 상품의 문안과 정보가 모두 입력되었습니다.

> **팁**
>
> 문안이 생성되지 않거나, 오류가 발생한다면 클로드 확장 프로그램이 제대로 설치되지 않았을 수 있습니다. 2.4절을 참고해 클로드 확장 프로그램 설치 및 API 키 발급이 제대로 되었는지 확인해보세요.

04 이어서 시트를 오른쪽으로 이동합니다. 그러면 Img1, Img2, … 등의 칼럼에 이미지 URL이 입력되어 있습니다. 상세 페이지에 들어갈 이미지 URL를 입력하는 부분입니다. 여러분의 제품에 맞게 적용하고 싶다면 Img 1, Img2, … 열 안에 여러분의 이미지를 URL 형태로 삽입해주면 됩니다.

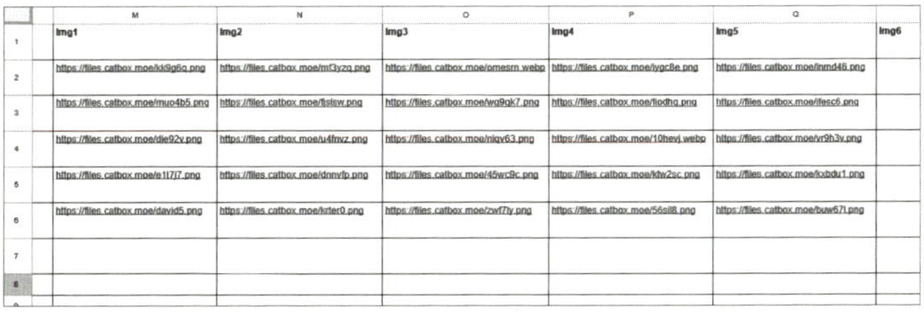

	M	N	O	P	Q	
1	Img1	Img2	Img3	Img4	Img5	Img6
2	https://files.catbox.moe/kk9g6q.png	https://files.catbox.moe/mf3yzq.png	https://files.catbox.moe/omesrn.webp	https://files.catbox.moe/iygc8e.png	https://files.catbox.moe/inmd46.png	
3	https://files.catbox.moe/muo4b5.png	https://files.catbox.moe/fjslsw.png	https://files.catbox.moe/wg9qk7.png	https://files.catbox.moe/fiodhg.png	https://files.catbox.moe/ifesc6.png	
4	https://files.catbox.moe/die92v.png	https://files.catbox.moe/u4fnvz.png	https://files.catbox.moe/niqv63.png	https://files.catbox.moe/10hevj.webp	https://files.catbox.moe/vr9h3v.png	
5	https://files.catbox.moe/e1l7j7.png	https://files.catbox.moe/dnnvfp.png	https://files.catbox.moe/45wc9c.png	https://files.catbox.moe/ktw2sc.png	https://files.catbox.moe/kxbdu1.png	
6	https://files.catbox.moe/david5.png	https://files.catbox.moe/krter0.png	https://files.catbox.moe/zwf7ly.png	https://files.catbox.moe/56sil8.png	https://files.catbox.moe/buw67l.png	
7						

그림 4-16 '피그마 연동용' 시트 화면 ①

05 시트를 더 오른쪽으로 이동해보겠습니다. Detail1Title, Detail1Desc, … 등의 열들이 보입니다. 이 칼럼들은 상품 정보 종류와 정보 내용을 입력하는 부분으로, 이 역시 여러분의 제품에 맞게 적용하고 싶다면, 해당 부분에 여러분의 상품 상세 정보를 기재해주면 됩니다.

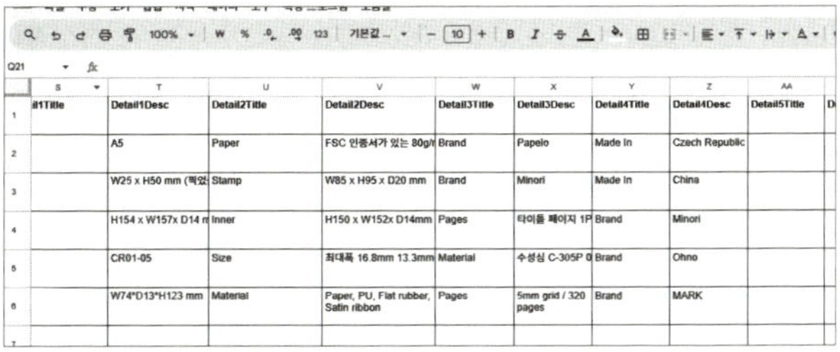

	S	T	U	V	W	X	Y	Z	AA
1	il1Title	Detail1Desc	Detail2Title	Detail2Desc	Detail3Title	Detail3Desc	Detail4Title	Detail4Desc	Detail5Title
2		A5	Paper	FSC 인증서가 있는 80g/r	Brand	Papelo	Made In	Czech Republic	
3		W25 x H50 mm (찍었	Stamp	W85 x H95 x D20 mm	Brand	Minori	Made In	China	
4		H154 x W157x D14 m	Inner	H150 x W152x D14mm	Pages	타이틀 페이지 1P	Brand	Minori	
5		CR01-05	Size	최대폭 16.8mm 13.3mm	Material	수성심 C-305P 0	Brand	Ohno	
6		W74*D13*H123 mm	Material	Paper, PU, Flat rubber, Satin ribbon	Pages	5mm grid / 320 pages	Brand	MARK	

그림 4-17 '피그마 연동용' 시트 화면 ②

06 상세 페이지에 넣을 데이터가 모두 준비되었습니다. Figma 템플릿으로 이동합니다.

이제 피그마 템플릿과 구글 시트를 연동해 줄 'Google Sheets Sync' 플러그인을 설치하겠습니다.

01 캔버스 영역에서, 마우스의 오른쪽 버튼을 클릭한 후 [Plugins] > [Manage Plugins]를 클릭합니다.

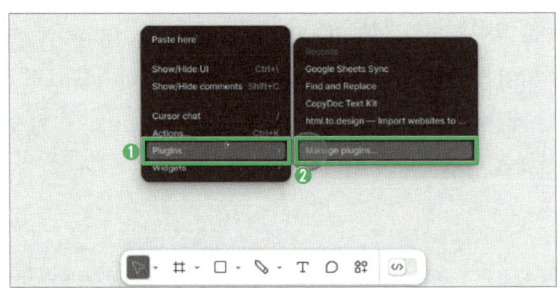

그림 4-18 Manage Plugins 실행하기

02 'Google sheets'를 검색해 'google Sheets sync' 플러그인을 찾은 뒤 클릭합니다.

03 [Run]을 눌러 플러그인을 실행합니다.

04 구글 시트 URL을 입력하는 팝업 창이 뜹니다. URL을 입력하기 전에 구글 시트와 피그마 연결을 확인해주겠습니다. [X]를 눌러 창을 끄고, 구글 시트로 돌아갑니다.

05 구글 시트의 첫 번째 행을 보면 'Title' 'Title eng' 'main copy'와 같은 헤더들이 보일 것입니다.

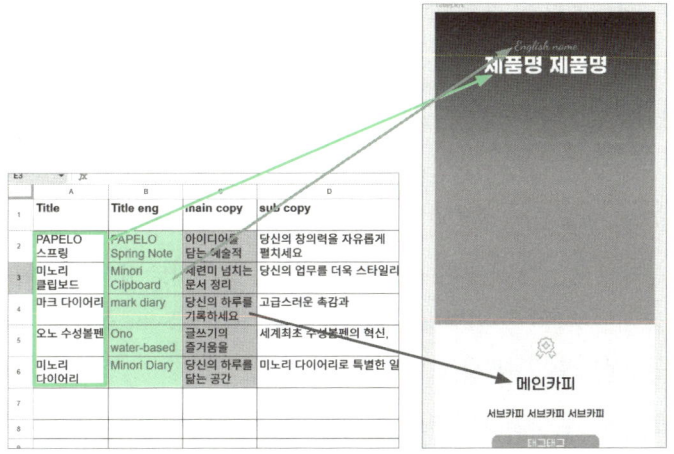

그림 4-19 구글 시트 - 피그마 템플릿 비교

위 그림처럼 피그마 템플릿과 나란히 놓고 보면 데이터와 이미지 영역이 어떻게 매칭되는지 확인할 수 있습니다.

- Title 열의 데이터는 피그마 디자인의 '제품명' 영역에 들어가야 합니다.
- Title eng 열의 데이터는 피그마 디자인의 'english name' 영역에 들어가야 합니다.
- main copy 열의 데이터는 피그마 디자인의 '메인카피' 영역에 들어가야 합니다.

이렇게 알맞은 위치에 데이터들이 들어가도록 하려면 데이터가 들어가야 하는 위치의 레이어 이름을 연동할 데이터 헤더 이름 앞에 #을 붙인 형태로 바꿔줘야 합니다. 예시 피그마 템플릿의 레이어 이름과 구글 시트 헤더를 비교해보면 아래 이미지와 같이 매칭되는 것을 확인할 수 있습니다.

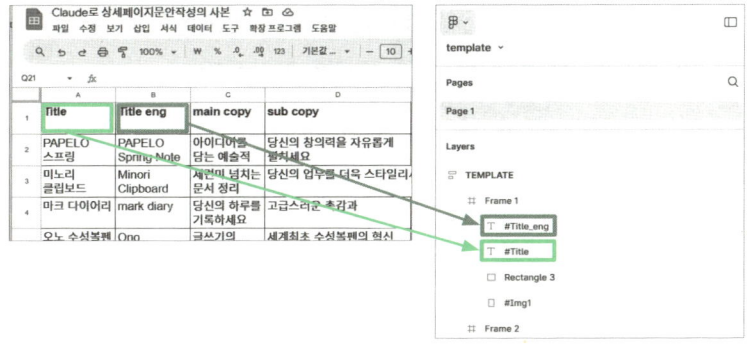

그림 4-20 구글 시트 헤더 이름 - 피그마 템플릿 레이어 이름 비교

4장 상세 페이지 제작, AI로 10배 빠르게 만들기 **133**

- 구글 시트 헤더 Title → 피그마 레이어 이름 '#Title'(제품 이름 영역)
- 구글 시트 헤더 Title eng → 피그마 레이어 이름 '#Title eng'(영문 이름 영역)
- 구글 시트 헤더 main copy → 피그마 레이어 이름 '#main copy'(메인카피 영역)
- ⋯

예시 템플릿에는 이렇게 미리 레이어 이름을 모두 바꾸어 놓았지만, 여러분이 새로운 템플릿을 만들어 연동할 때에는 각 레이어 이름을 연동하려는 구글 시트 헤더 앞에 #을 붙여 설정해야 한다는 것을 기억해주세요. 이렇게 해주면 Google Sheets Sync 플러그인이 데이터를 알맞은 위치에 자동으로 반영합니다.

이제 데이터를 피그마 디자인에 연동하겠습니다.

01 구글 시트 오른쪽 상단의 [공유] 버튼을 클릭하고, [링크가 있는 모든 사용자]로 일반 액세스를 변경한 후 [링크 복사]를 클릭하세요.

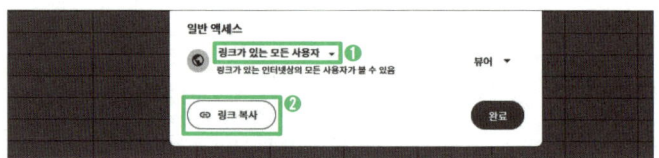

그림 4-21 시트 공유 화면

02 피그마 템플릿으로 다시 이동한 뒤, 캔버스에서 **마우스 오른쪽 버튼을 클릭 〉 [Plugins]** 〉 [Manage plugins]를 클릭합니다.

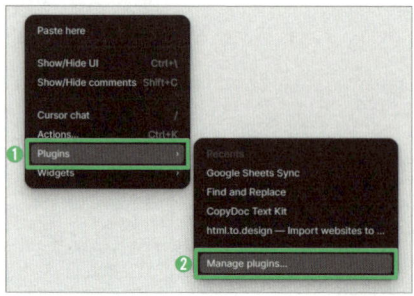

그림 4-22 피그마 플러그인 실행 메뉴

03 팝업 창에서 'Google Sheets Sync'를 검색해 클릭합니다.

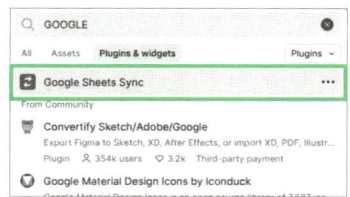

그림 4-23 Google Sheets Sync 플러그인

04 팝업 창에 앞서 복사했던 **구글 시트 주소**를 붙여 넣고, [Fetch & Sync]를 누릅니다.

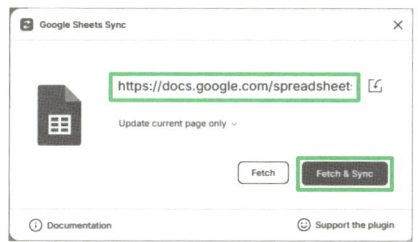

그림 4-24 Google Sheets Sync 플러그인 실행 창

잠시 기다리면 아래와 같이 상품 문안과 이미지가 모두 업데이트됩니다.

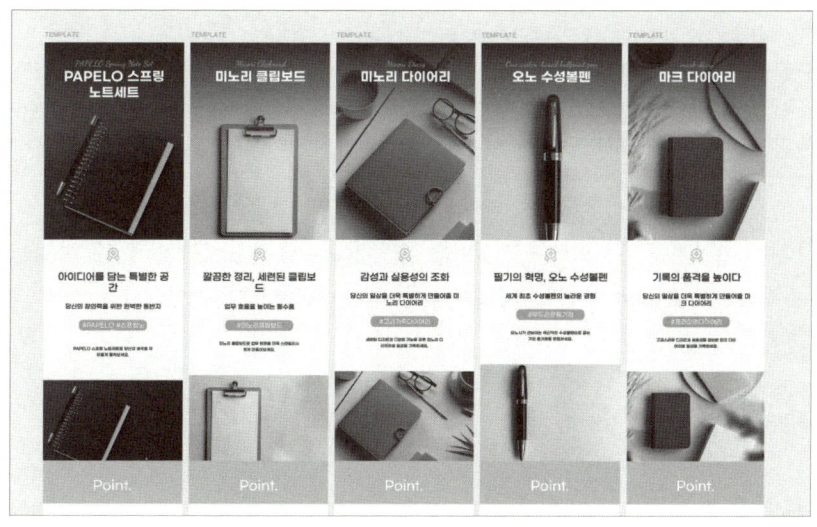

그림 4-25 업데이트된 상세 페이지 템플릿 ①

마우스를 스크롤 해 상세 페이지 아래쪽도 확인해봅니다. 상품 포인트 카피 및 제품 정보 역시 모두 제대로 삽입된 것을 확인할 수 있습니다.

그림 4-26 업데이트된 상세 페이지 템플릿 ②

> **팁**
>
> 여기까지 따라했지만, 데이터 연동이 제대로 안 된다면 아래 사항을 순서대로 확인해보세요.
> ❶ 구글 시트 칼럼 이름과 피그마 레이머 이름을 맞추었는지를 확인합니다.
> ❷ 구글 시트에 삽입된 데이터에 오류가 없는지 확인합니다.
> ❸ 구글 시트 URL을 제대로 입력했는지 확인합니다.
> ❹ 피그마 대시보드에서 [Profile] 〉 [Settings] 〉 [Fonts : Local fonts are enabled.]이라고 표시되었는지 확인합니다. 만약 표시되어 있지 않다면 글꼴을 다시 설치합니다.

완성된 상세 페이지를 다운로드하고 싶다면, 왼쪽 [Layers] 메뉴에서 해당 템플릿을 선택한 뒤, 오른쪽 하단의 [Export TEMPLATE]을 누르면 바로 다운로드할 수 있습니다.

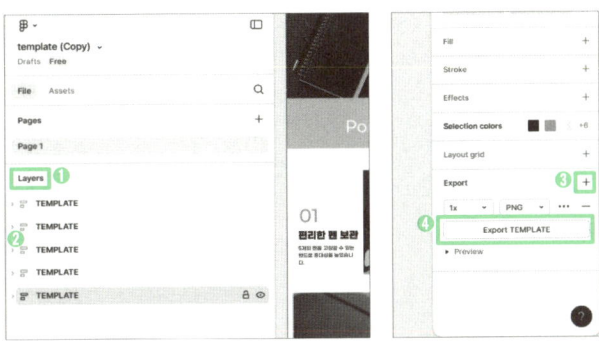

그림 4-27 완성된 상세 페이지 다운로드하기

이렇게 클로드로 작성한 구글 시트와 미리 준비한 피그마 템플릿을 활용해, 단 몇 분만에 여러 개의 상세 페이지를 제작했습니다. 어떤가요? 작업 속도가 굉장히 빨라질 것 같지 않나요? 특히 여러 상품의 상세 페이지를 기존 방식보다 훨씬 빠르게 제작할 수 있어, 다양한 상품을 다루는 브랜드나 사업자에게 큰 도움이 될 겁니다. 뿐만 아니라, 디자인 파일을 따로 열 필요 없이 구글 시트에서 간단히 수정만 하면 모두 연동되니, 수정 시간도 크게 줄어들겠죠?

이처럼 자동화 방법을 아느냐 모르느냐에 따라 작업시간에서 크게 차이 날 수 있습니다. 처음에는 이번 장에서 소개한 시트와 템플릿이 다소 복잡해 보일 수 있지만 직접 따라해보면서 자신의 스타일로 조금씩 수정해 나가다 보면, 곧 생산성이 눈에 띄게 향상하는 것을 경험할 수 있을 겁니다.

상세 페이지 제작 자동화로 탄탄한 마케팅 기반을 마련했다면, 다음 단계로 나아갈 시간입니다. 바로 고객들에게 우리 상품을 알리고 다양한 채널을 통해 소통하는 것이죠.

5장에서는 최근 주목받는 자동화 도구인 make.com을 활용하여 뉴스레터 작성, SNS 콘텐츠 발행을 자동화하는 과정을 예시와 함께 진행할 예정입니다. 처음에는 조금 어려울 수 있지만, 한 단계씩 따라해보고 나면, 엄청난 리소스 절감 효과에 깜짝 놀랄 겁니다. AI 자동화를 통해 눈 감고도 콘텐츠를 발행하는 방법, 함께 알아볼까요?

5장

콘텐츠 마케팅 자동화로 1일 1포스팅하기

코딩 교육 플랫폼을 운영 중인 김 대표는 최근 매출 정체로 고민이 많습니다. 블로그와 뉴스레터를 운영하면 신규 고객 유치에 도움이 된다는 얘기를 들었지만, 인력 부족으로 뉴스레터까지 운영할 여력이 없었죠.

블로그나 뉴스레터 같은 콘텐츠 제작은 많은 시간과 노력이 필요한 작업입니다. 그런데 이 과정을 AI로 자동화할 수 있을까요? 네, 충분히 가능합니다. 실제로 뉴스레터를 운영 중인 저자는 작업의 상당 부분을 AI로 자동화해 시간을 크게 절약하고 있습니다. 특히 make.com을 활용하면 뉴스레터 작성에 필요한 정보 수집부터, 분류, 초안 작성, 발송까지 모든 단계를 자동으로 처리할 수 있습니다.

이를 잘 활용한다면 '1일 1포스팅'이라는 목표도 더 이상 어렵지 않죠. 5장에서는 최근 떠오르고 있는 자동화 도구인 make.com을 결합해, 콘텐츠 마케팅에 드는 시간과 노력을 크게 줄이는 방법을 알아보겠습니다.

이 장에서 사용하는 AI 도구
make.com

5.1 AI 도구 소개: make.com

본격적인 콘텐츠 마케팅 자동화 과정에 들어가기 전에 이 장에서 활용할 자동화 도구인 make.com에 대해 먼저 소개하겠습니다.

다양한 업무 자동화가 가능한 make.com

make.com은 서로 다른 앱들을 연결하여 정보를 주고받는 '**자동화 워크플로우**'를 만들 수 있는 플랫폼입니다. 새 메일을 받은 즉시 자동 답장을 보내는 것과 같은 다양한 자동화 작업을 손쉽게 설정할 수 있죠.

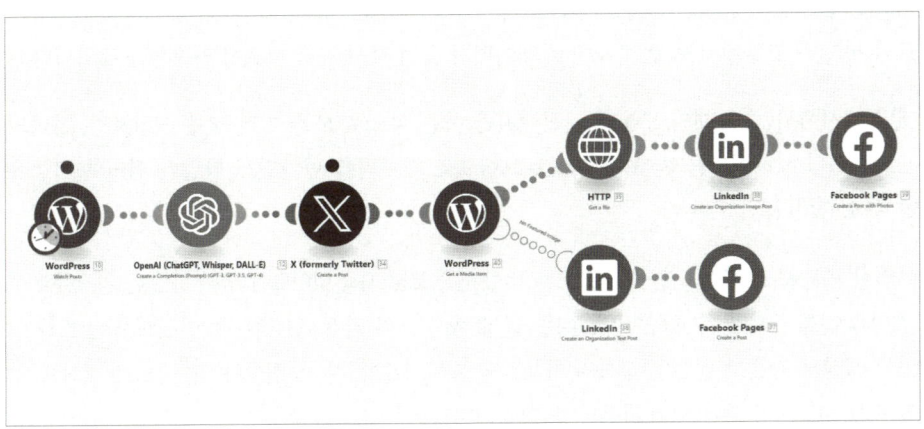

그림 5-1 make.com 워크플로우(시나리오) 예시

make.com에서는 이러한 자동화 워크플로우를 '**시나리오**'라고 부릅니다. 구체적인 예시를 통해 시나리오에 대해 살펴보겠습니다.

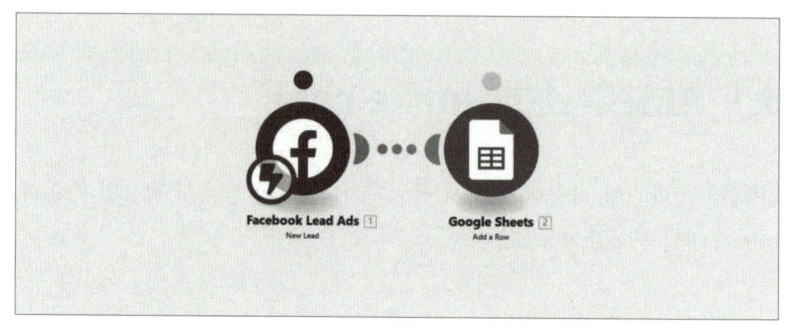

그림 5-2 두 개의 모듈로 구성된 make.com 시나리오 예시

위 시나리오는 **페이스북 광고로 수집된 고객 정보를 구글 시트**에 저장하는 시나리오입니다. 페이스북 아이콘 모양으로 된 첫 번째 모듈이 보이죠? 이 모듈이 페이스북에서 고객 정보를 받아오는 역할을 합니다. 그리고 두 번째로 연결된 구글 시트 아이콘 모양의 모듈은 받아온 고객 정보를 구글 시트에 저장하는 역할을 합니다. 즉, 첫 번째 모듈과 두 번째 모듈을 연결함으로써 첫 번째 모듈에서 두 번째 모듈로 데이터가 옮겨 가서 구글 시트에 저장되는 것입니다.

해당 예시에서는 두 개의 모듈만 연결했지만 이런 식으로 모듈 여러 개를 연결하면, 하나의 프로그램에서 데이터를 받아 다른 프로그램으로 데이터를 넘기면서 다양한 처리와 가공을 할 수 있습니다.

이러한 모듈 연결 방식을 통해 make.com에서는 **코딩 지식 없이도** 누구나 복잡한 워크플로우(시나리오)를 구축할 수 있습니다. 예를 들어, 챗GPT와 같은 AI 챗봇을 연결해서 글쓰기/이미지 생성과 같은 콘텐츠 생성까지 자동화할 수도 있습니다. 또한 무료 플랜으로 시작할 수 있어 누구나 비용 부담 없이 활용할 수 있습니다.

그러므로 이 장에서는 make.com을 활용해 뉴스레터 작성 및 SNS 포스팅을 자동화하는 방법을 실습합니다. 처음에는 따라하기에 다소 복잡할 수도 있지만, 단계별로 상세하게 설명했으니 make.com에 익숙하지 않은 분들도 한 단계씩 천천히 따라하면 충분히 모든 과정을 이해하고 완성할 수 있을 것입니다.

또한 이미 완성된 시나리오를 여러분의 계정에 바로 가져와 사용할 수 있는 '블루프린트 Blueprint 파일'도 노션 자료집을 통해 제공하니, 함께 활용하기 바랍니다.

블루프린트란 make.com 시나리오를 쉽게 공유하고 가져올 수 있는 기능입니다. make.com에서 [+ Create a new scenario]를 눌러 새 시나리오를 연 뒤 하단의 '...'를 클릭하고 'Import Blueprint'를 누르면 다른 사람이 만들어 놓은 make.com 시나리오를 내 시나리오에 불러올 수 있습니다.

make.com은 한 달에 Operation 1,000회까지 무료로 사용할 수 있습니다. 처음에는 무료 요금제로 시작하여 사용량에 따라 다른 요금제도 검토해보는 것을 추천합니다. 자세한 요금은 https://www.make.com/en/pricing을 참고해주세요.

표 5-1 make.com 요금정책

무료	코어	프로
0달러/월	10.59달러/월	18.82달러/월
한 달에 Operation 1,000회까지 실행할 수 있고 두 개의 액티브 시나리오를 운영할 수 있다.	한 달에 Operation 1,000회까지 실행할 수 있고 무제한으로 액티브 시나리오를 운영할 수 있다.	코어 요금제 기능에 더해 커스텀 변수 및 시나리오 인풋 설정 등 기능을 추가할 수 있다.

5.2 뉴스 스크랩 자동화하기

 상황 '사람들 관심을 끌 만한 참신한 소재 어디 없을까…?'

콘텐츠 제작자라면 누구나 공감할 것입니다. 매일 새로운 글감을 찾는 일만큼 고된 작업도 없죠. 실제로 많은 창작자들이 콘텐츠 제작 과정에서 가장 큰 어려움으로 꼽는 것이 바로 '소재 발굴'입니다. 어떤 주제로 글을 쓸지 고민하고, 관련 자료를 찾고, 정리하는 과정은 실제 글쓰기만큼이나 많은 시간과 노력이 필요한 작업이기 때문입니다.

다행히도 이런 고민을 해결할 수 있는 방법이 있습니다. 바로 자동화된 뉴스 스크랩 시스템을 구축하는 것이죠. 잘 설계된 자동화 시스템을 활용하면, 매일 반복되는 글감 찾기와 자료 수집 시간을 10분 이내로 단축할 수 있습니다. AI가 자동으로 뉴스를 수집하고 분류해주니, 우리는 그중 마음에 드는 소재만 골라 글을 쓰면 되는 것입니다.

이 절에서는 make.com을 활용해 나만의 맞춤형 뉴스 스크랩 시스템을 만드는 방법을 상세히 알아봅니다.

> **참고**
> 이번 실습에는 챗GPT의 API가 사용되어 소량의 API 비용이 발생할 수 있습니다. 이후 설명하면서 API 충전 방법도 함께 살펴보겠습니다.

먼저 자동화 시스템을 만들기 위해 make.com에서 시나리오를 생성하겠습니다.

make.com 시작하기

01 make.com으로 이동합니다.

02 오른쪽 상단의 [Log In]을 눌러 로그인하거나 또는 [Get started free]를 눌러 회원가입을 진행해주세요.

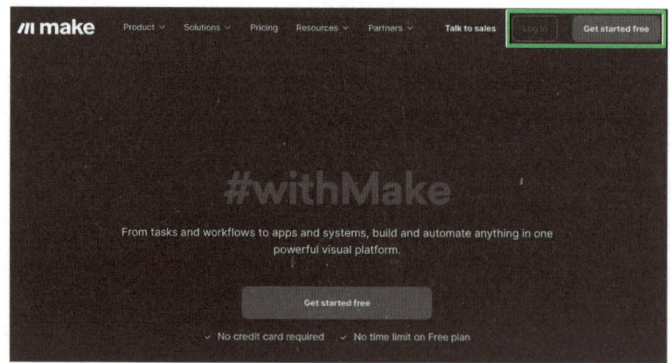

그림 5-3 make.com 메인 화면

03 Your role 등 추가 정보를 입력하는 창이 뜹니다. 간단한 설문이니, 적당히 선택하고 넘어가도 됩니다. [Get started] 버튼이 나올 때까지 쭉 선택해서 회원가입을 완료해 주세요.

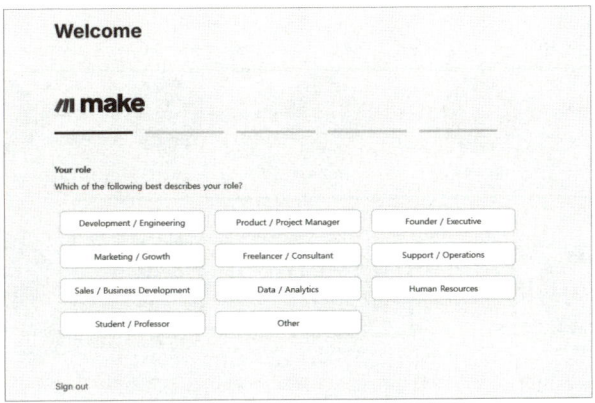

그림 5-4 make.com 사용자 설문 화면

04 대시보드로 이동하면, 왼쪽의 [Scenarios]를 누릅니다.

그림 5-5 make.com 메뉴 화면

05 오른쪽 상단의 [+ Create a new scenario]를 클릭합니다. 아래와 같은 시나리오 창이 열립니다.

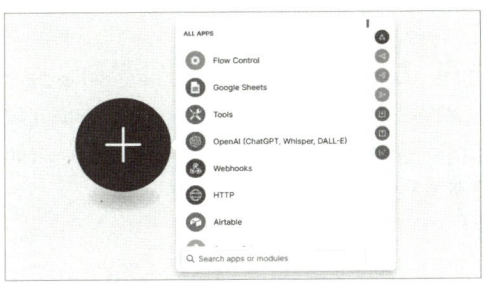

그림 5-6 make.com 시나리오 화면

첫 시나리오를 만들 준비가 되었습니다. 예시로 'AI 뉴스 스크랩'을 만든다고 가정하고, 전체 자동화 프로세스를 하나씩 만들어 보겠습니다. 먼저 완성본을 보며 시나리오가 각각 어떤 모듈로 이루어졌는지 보겠습니다.

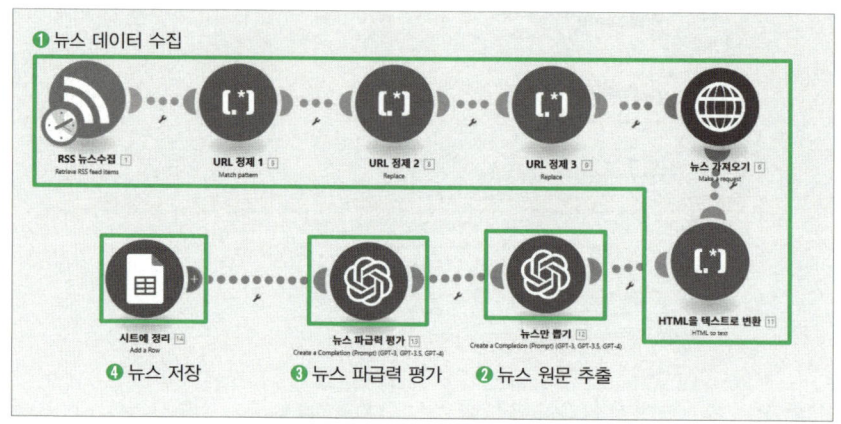

그림 5-7 뉴스 수집 시나리오

① **뉴스 데이터 수집**: RSS 모듈과 HTTP 메서드 등을 통해 뉴스 사이트에서 각 뉴스 웹 페이지 데이터를 가져옵니다.
② **뉴스 원문 추출**: 챗GPT를 활용해 가져온 웹 페이지에서 뉴스만 추출합니다.
③ **뉴스 파급력 평가**: 챗GPT를 활용해 각 뉴스의 파급력을 평가합니다.
④ **뉴스 저장**: URL, 뉴스 원문, 제목 등 각 뉴스 데이터를 구글 시트에 저장합니다.

> **참고**
>
> **RSS**
> RSS는 사용자가 웹사이트에 직접 방문하지 않고도 새로운 콘텐츠를 받아볼 수 있게 해주는 기술입니다. 많은 뉴스 사이트, 블로그, 콘텐츠 플랫폼이 자체적으로 RSS 피드를 제공하고 있습니다. 예를 들어, 〈매일경제〉의 RSS를 구독하면 사이트를 방문하지 않아도 〈매일경제〉의 최신 뉴스 알림을 받을 수 있습니다.
>
> **HTTP 메서드**
> HTTP 메서드는 클라이언트(사용자)가 서버에 요청을 보낼 때 그 요청의 성격을 지정하는 방식입니다. 각 메서드는 특정한 목적에 맞게 설계되어 있으며, 서버가 요청을 어떻게 처리해야 하는지를 정의합니다. 주요 HTTP 메서드는 GET, POST, PUT, DELETE 등이 있는데요. 여기서는 GET 메서드를 사용해 서버에서 웹 페이지 데이터를 조회해 가져온다는 것만 알고 있으면 됩니다..

자, 이제 1단계인 '뉴스 데이터 수집'부터 진행하겠습니다. 이 부분은 다소 복잡한 모듈 구성이 필요하므로 미리 준비된 블루프린트 파일을 활용하겠습니다.

노션 자료집의 '5.2 뉴스 스크랩 자동화하기'의 '뉴스 가져오기' 부분 블루프린트 > 첨부된 링크를 눌러 newsletter collect_1.json을 다운로드한 후 다음 단계를 따라해주세요.

01 make.com에서 왼쪽 [scenarios] > [+create a new scenario] 메뉴를 눌러 새 시나리오를 열어준 다음, 하단의 […] 메뉴를 클릭한 후 [Import blue print]를 눌러주세요.

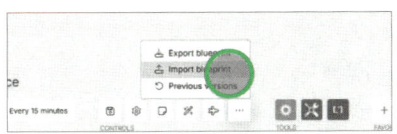

그림 5-8 블루프린트 가져오기

02 [파일 선택] 버튼을 눌러 'newsletter collect_1.json' 파일을 업로드합니다.

그림 5-9 파일 업로드

그러면 아래와 같은 시나리오가 열립니다.

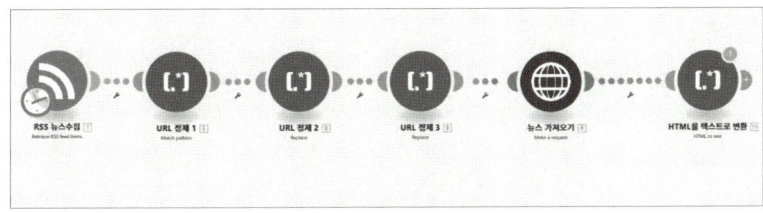

그림 5-10 열린 블루프린트

03 첫 번째 'RSS 뉴스수집' 모듈의 설정을 확인해보겠습니다. RSS 모듈 아이콘을 클릭해 주세요. 다음과 같은 옵션 창이 보입니다.

그림 5-11 RSS 뉴스 수집 모듈: 설정 창

❶ URL: 실제 뉴스를 수집할 RSS 주소 입력(기본값은 https://www.com으로 입력되어 있으므로 실제 RSS 주소로 변경해야 합니다.)
❷ Date from: 수집 시작일(기본값은 6일 전으로 설정되어 있습니다.)
❸ Date to: 수집 종료일(기본값은 날짜로 설정되어 있습니다.)
❹ Maximum number of returned items: 최대로 수집할 뉴스 개수(한 번에 수집하는 뉴스 개수가 너무 많으면 오류가 날 수 있으므로 여기서는 5로 설정했습니다.)

현재부터 6일 전까지의 뉴스를 가져오되, 한 번에 뉴스 다섯 개만 가져오도록 미리 설정해 두었습니다. 여기서 URL 부분만 실제 뉴스 RSS 주소로 변경하면 첫 모듈 설정이 완료됩니다.

04 RSS 주소를 입력해주기 위해 https://www.google.co.kr/alerts로 이동합니다(구글 로그인 필요).

그림 5-12 구글 알리미 메인 화면

> **참고** 구글 알리미는 특정 검색어에 대한 뉴스를 모아서 보고, RSS 주소도 만들 수 있는 사이트입니다.

05 검색 창에 뉴스 수집을 원하는 검색어를 입력합니다. 여기서는 'AI'라고 입력하겠습니다. 그러면 AI에 관한 다양한 뉴스가 출력됩니다.

그림 5-13 구글 알리미 키워드 검색 결과

06 다음으로 [옵션 표시]를 누릅니다.

그림 5-14 '옵션 표시' 클릭하기

07 [수신 위치]를 'RSS 피드'로 바꾼 뒤 [알림 만들기]를 클릭합니다.

그림 5-15 수신 위치: RSS 피드 〉 알림 만들기

08 RSS 뉴스의 URL이 생성되었습니다. 전파(📡) 아이콘을 누릅니다.

그림 5-16 생성된 내 알림

09 XML로 구성된 RSS 뉴스피드로 이동합니다. 주소 창의 주소를 전체 선택한 후 Ctrl + C 를 눌러 복사합니다.

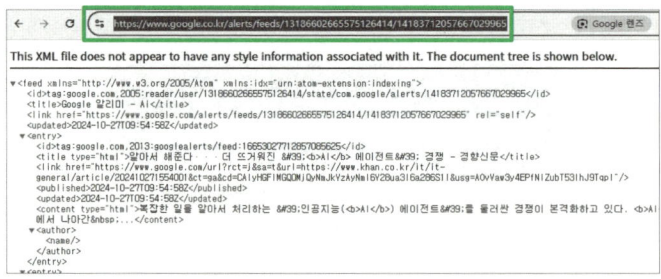

그림 5-17 뉴스피드 URL 복사

10 다시 make.com 시나리오 화면으로 돌아온 후, URL 영역에 복사한 주소를 붙여넣고 [OK]를 누릅니다.

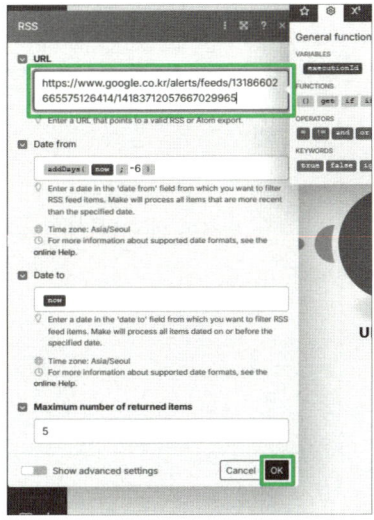

그림 5-18 뉴스피드 URL 붙여넣기

Rss 모듈 설정이 완료되었습니다. 실제로 뉴스 데이터를 잘 가져오는지 확인해보겠습니다.

01 시나리오 하단의 [Run once] 버튼을 누릅니다.

그림 5-19 [Run once] 버튼 클릭하기

02 경고 창이 뜰 경우 [Run anyway]를 눌러 실행합니다.

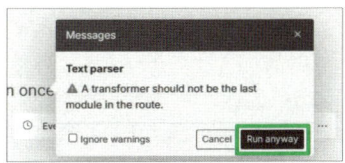

그림 5-20 경고 창이 뜰 경우 [Run anyway] 클릭하기

03 하단 오른쪽 로그 창에 'the scenario run was completed'가 뜰 때까지 기다립니다.

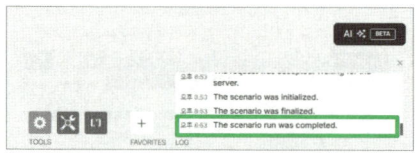

그림 5-21 로그 창 화면

04 실행이 완료되었으면, RSS 모듈 오른쪽 위에 뜬 흰색 풍선을 클릭한 다음, OUTPUT 〉 Bundle 1 안을 확인해봅니다.

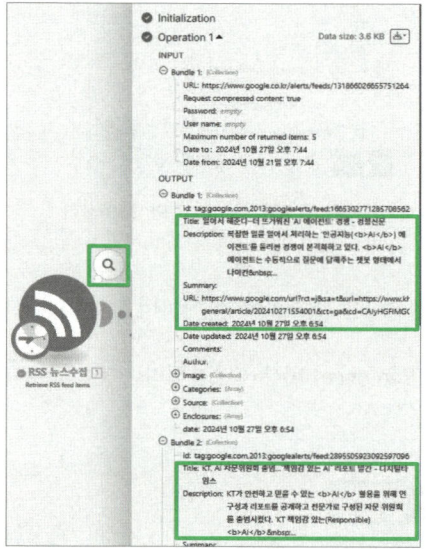

그림 5-22 실행 결과

첫 번째 뉴스의 제목, 설명, 원문 URL, 기사 발행 날짜 등이 잘 불러와진 것을 확인할 수 있습니다. 마찬가지로 OUTPUT 〉 Bundle 2 안에도 두 번째 뉴스 정보들이 잘 불러와졌습니다.

>
>
> 옵션에서 Maximum number of returned items를 5로 지정해 최대 다섯 개의 Bundle이 수집되었을 것입니다. 해당 주제로 발행된 뉴스 개수가 적을 경우, Bundle이 한 개 또는 그 이하로 수집될 수도 있습니다.

그런데 수집된 뉴스 URL을 보면 아래와 같이 다소 복잡한 형태로 되어 있는 것을 확인할 수 있습니다.

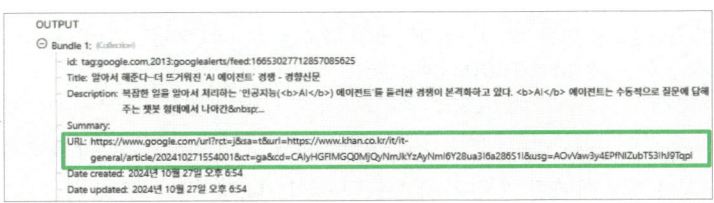

그림 5-23 실행 결과 URL

뭔가 실제 뉴스 링크 외에도 불필요한 정보가 많이 포함되어 있는 것 같죠? 구글을 통해 리다이렉션되는 주소이기 때문입니다. 이러한 형태로는 원하는 웹 페이지 정보를 추출하기 어렵기 때문에 우리는 이 URL을 아래와 같이 깔끔하게 만들어야 합니다.

URL https://zdnet.co.kr/view/?no=20241027093809

이 정리 작업을 위해 정규식을 사용해 만든 세 개의 'URL 정제' 모듈을 차례대로 사용합니다.

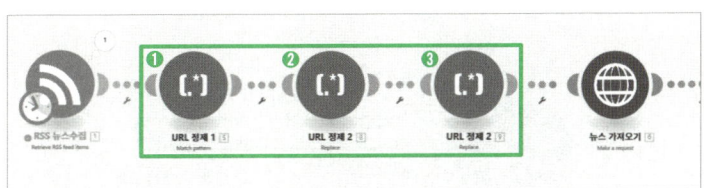

그림 5-24 URL 정제 모듈

❶ 'URL 정제 1' 모듈: 실제 뉴스 URL 추출하기
  정규식이라는 규칙을 활용해 긴 URL에서 'url='와 '&ct' 사이에 오는 진짜 뉴스 주소만 쏙 뽑아내는 역할을 합니다.

❷ 'URL 정제 2' 모듈: '%3D'를 '='로 변환하기
  URL에 있는 '%3D'라는 특수문자 코드를 일반적인 '=' 기호로 바꿔줍니다.
  예 /%3Fno%3D20241027093809 → /%3Fno=20241027093809

❸ 'URL 정제 3' 모듈: '%3F'를 '?'로 변환하기
  URL에 있는 '%3F'라는 특수문자 코드를 일반적인 '?' 기호로 바꿔줍니다.
  예 /%3Fno=20241027093809 → /?no=20241027093809

> **참고**
>
> **정규식**
>
> 특정한 규칙을 가진 문자열을 찾거나 대체하기 위해 사용하는 일종의 규칙입니다. 예를 들면, 정규식으로 'a+'를 적으면 a가 최소 한 번 이상 나오는 경우를 찾아달라는 뜻입니다. 이러한 규칙을 활용해 복잡한 문자열에서 특정 부분만 추출하거나 교체할 수 있습니다.

이렇게 3단계의 정제 과정을 거치면, 각 모듈이 마치 거름망처럼 작동해 복잡하고 지저분했던 URL이 깔끔한 형태로 변환됩니다.

01 실제로 URL이 깔끔하게 변했는지 확인하기 위해 'URL 정제 3' 모듈 위의 흰색 풍선을 눌러봅니다.

02 **Operation 1 > OUTPUT > Bundle 1** 안으로 들어가보니 아래와 같이 깔끔한 형태의 URL이 출력된 것을 확인할 수 있습니다.

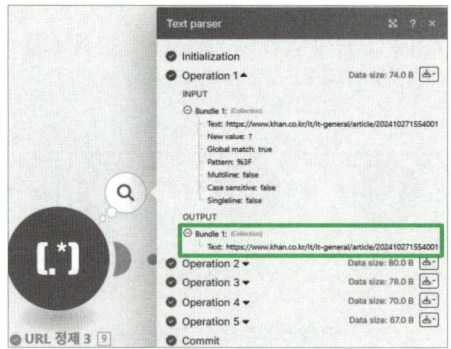

그림 5-25 정제된 URL

이제 이 URL을 이용해 실제 뉴스 내용을 가져오는 '뉴스 가져오기' 모듈을 살펴보겠습니다.

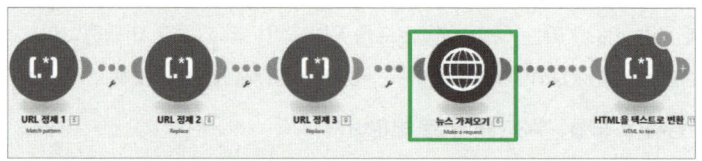

그림 5-26 뉴스 가져오기 모듈

다음 '뉴스 가져오기' 모듈은 URL에 접근해서 해당 뉴스의 HTML 코드를 수집해주는 역할을 합니다. 실제로 HTML이 잘 수집되었는지 확인해보겠습니다.

01 '뉴스 가져오기' 모듈의 흰색 풍선을 클릭, **Operation 1 〉 OUTPUT 〉 Bundle 1 〉 Data**를 눌러, OUTPUT 데이터를 확인해봅니다.

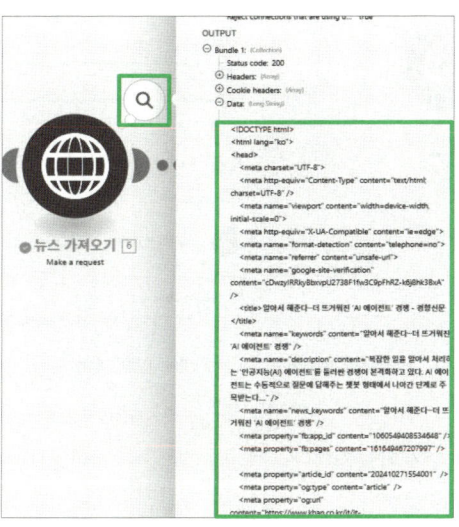

그림 5-27 뉴스 가져오기 모듈 결과

02 뉴스 웹 페이지의 HTML 코드가 전부 수집된 것을 확인할 수 있습니다.

대부분의 사이트는 이 '뉴스 가져오기' 모듈로 데이터를 가져올 수 있지만 가끔 엄격한 보안 기준이 적용된 사이트의 경우, 스크래핑이 막혀 '403 forbidden' 등의 오류가 발생할 수 있습니다. 물론 이런 사이트도 우회하여 스크래핑하는 방법이 있긴 합니다. 하지만 개별 사이트마다 구조를 파악해야 하므로 다소 복잡합니다. 그래서 이번 예시에서는 오류가 발생하는 사이트는 error handler를 통해 스크래핑을 넘어가는 것으로 처리하겠습니다.

01 뉴스 가져오기 모듈에서 [마우스 오른쪽 클릭] 〉 [add error handler]를 누릅니다.

02 팝업 메뉴에서 [ignore]를 선택해 추가해주세요.

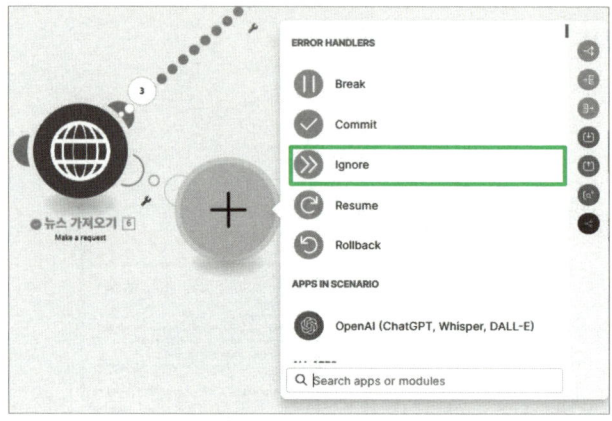

그림 5-28 Error handler 선택 메뉴

03 error handler가 추가되었습니다.

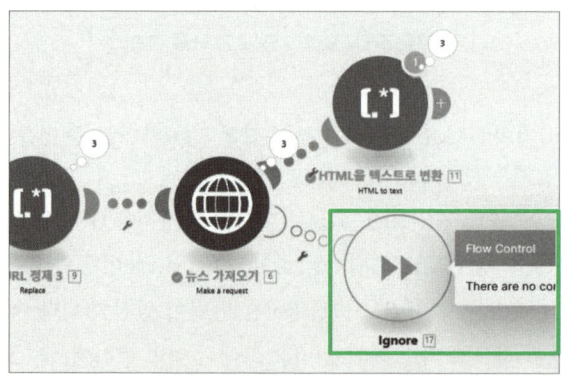

그림 5-29 추가된 'Ignore' error handler

다음으로 'HTML을 텍스트로 변환' 모듈을 이어서 확인해보겠습니다.

이전과 같은 방식으로 'HTML을 텍스트로 변환' 모듈의 흰색 풍선을 클릭한 후 **Operation 1** 밑의 **OUTPUT 〉 Bundle 1 〉 Text**를 확인해보면 HTML이 모두 제거되어 텍스트만 남은 것을 확인할 수 있습니다.

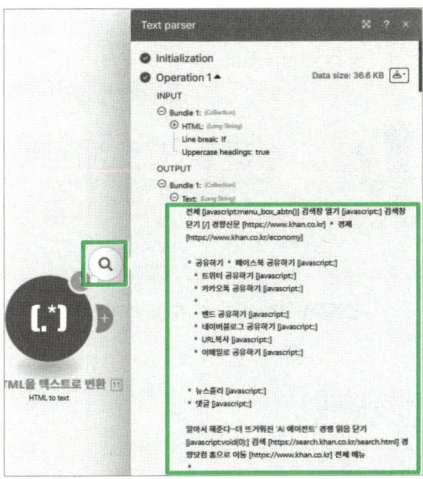

그림 5-30 'HTML을 텍스트로 변환' 모듈

그런데 추출된 텍스트를 자세히 살펴보면 뉴스 본문 외에도 웹 사이트의 메뉴, 댓글, 추천 뉴스 등 불필요한 내용이 모두 포함되어 있는 걸 알 수 있습니다.

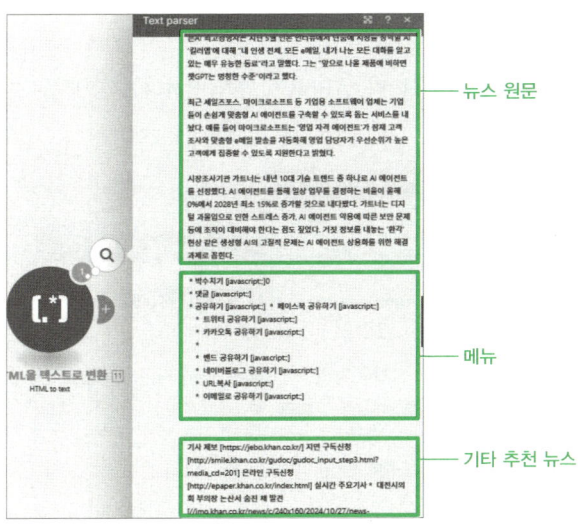

그림 5-31 여러 가지 데이터가 섞인 출력 결과

여기서 우리가 원하는 것은 실제 뉴스의 본문이므로 챗GPT의 도움을 받아 뉴스 본문만 깔끔하게 추출해보겠습니다.

01 'HTML을 텍스트로 변환' 모듈 오른쪽의 [+]를 눌러 새로운 모듈을 추가한 후, **OpenAI 〉 Create a Completion**을 차례로 누릅니다.

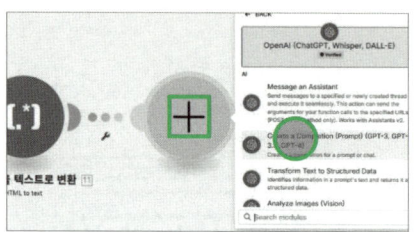

그림 5-32 OpenAI 모듈 추가하기

02 아래와 같은 팝업 창이 뜹니다.

그림 5-33 OpenAI 모듈 연결하기 ①

03 [Create a connection] 누릅니다. API Key를 입력하라는 창이 뜹니다.

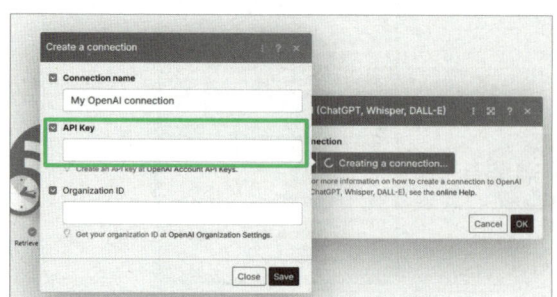

그림 5-34 OpenAI 모듈 연결하기 ②

make.com에서 챗GPT를 사용하기 위해서는 먼저 연결 설정이 필요합니다. 아래 단계를 따라 설정을 완료해주세요.

OpenAI-make 연결하기

01 API 키를 발급받기 위해 OpenAI 플랫폼인 https://platform.openai.com/으로 이동합니다 (로그인 필요).

그림 5-35 OpenAI 플랫폼으로 이동

02 상단의 [Dashboard]를 클릭한 다음, 왼쪽의 [API Keys] 메뉴를 클릭합니다.

03 API를 처음 사용한다면 [Start verification]을 눌러 전화번호 인증을 마쳐야 합니다

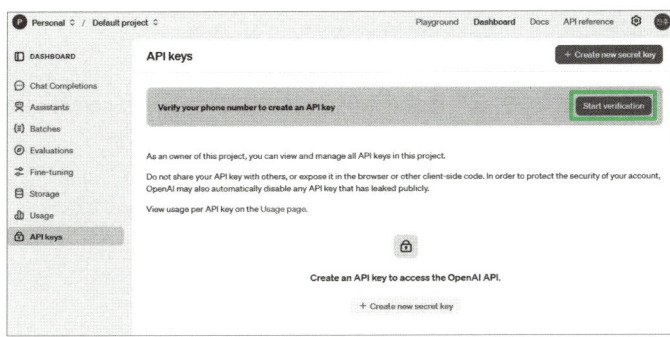

그림 5-36 OpenAI 플랫폼 API 메뉴

04 인증을 마치면 [Create new secret key] 메뉴가 뜹니다.

05 내가 알아 볼 수 있는 이름으로 설정한 뒤, [Create secret key]를 눌러 키를 만들어줍니다.

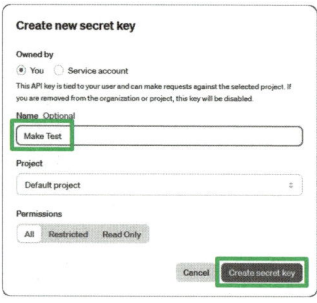

그림 5-37 OpenAI API 키 만들기

06 키 값을 복사할 수 있는 창이 뜹니다. [Copy]를 눌러서 키 값을 복사한 뒤, 메모장 등에 저장해두세요(*API 키를 통해 사용한 용량만큼 크레딧이 차감되므로 자신의 API 키는 절대 외부에 공개하지 마세요).

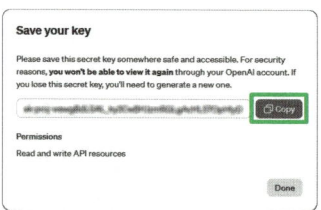

그림 5-38 OpenAI API 키 복사하기

07 API 키를 사용하려면 금액을 충전해야 합니다. platform.openai.com의 Settings > Billing 로 이동하여 금액을 충전해주세요.

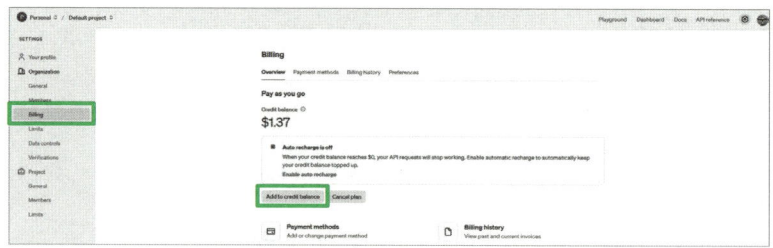

그림 5-39 OpenAI API 비용 충전하기

참고

테스트를 위한 최소 금액 충전

API를 사용할 때에는 최소 5달러만 충전해놓고, 자동 충전 체크를 해제해두면 5달러 내에서만 지출하게 됩니다(부가가치세 별도). Gpt-4o-mini는 API 비용이 저렴한 편이라, 5달러 내에서도 충분히 많이 사용해볼 수 있으므로 테스트 삼아 충전해보기 바랍니다.

OpenAI API 비용

OpenAI는 다양한 챗GPT 모델을 지원하며 gpt-4o-mini 모델 기준으로 1백만 토큰당 0.15달러(입력)와 0.6달러(출력)의 비용이 청구됩니다. 집필 시점을 기준으로 모델에 따라 다르지만, 보통 한글 한 글자당 2.5개의 토큰을 사용한다고 가정하면 A4 용지 한 장(1800자) 분량의 한글 텍스트를 뽑는 데 4원~5원 정도가 소요됩니다. 최소 충전 금액인 5달러만 충전해두면 굉장히 오랫동안 사용할 수 있겠죠?

정확한 요금 정책에 대해서는 https://openai.com/api/pricing/을 참고하세요.

08 충전되었다면 다시 make 시나리오 창으로 돌아와 API Key 입력 창에 복사해두었던 키 값을 붙여넣어 주세요.

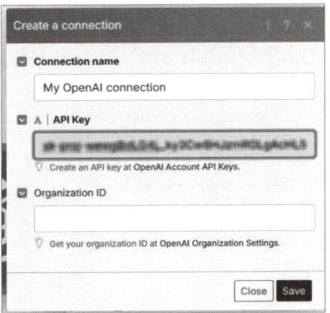

그림 5-40 OpenAI API 키 붙여넣기

09 하단의 Organization ID도 입력해주어야 합니다. https://platform.openai.com/settings/organization/general로 이동해 organization id를 복사합니다.

그림 5-41 OpenAI Organization ID 복사하기

10 복사한 Organization id를 make.com 해당 칸에 붙여넣어줍니다. 입력을 완료했다면 [save]를 눌러주세요.

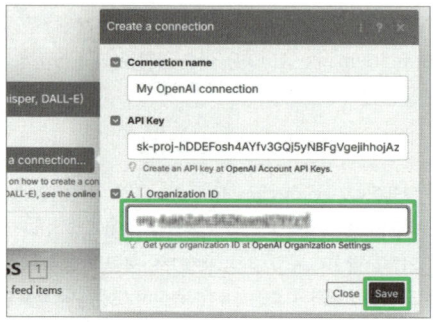

그림 5-42 OpenAI Organization ID 붙여넣기

11 연결이 완료되었습니다.

---

04 정상적으로 연결이 완료되었다면, 이제 옵션을 설정할 차례입니다. 옵션 창에서 [Model]은 'gpt-4o-mini-2024-07-18'을 선택하고 [Messages] 〉 [Message1] 〉 [Role]은 User로 입력합니다.

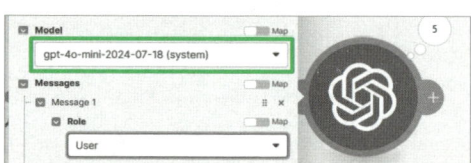

그림 5-43 OpenAI 모델 및 Role 입력하기

05 [Message Content] 창에 마우스를 클릭한 후 아래 내용으로 프롬프트를 입력합니다.[1]

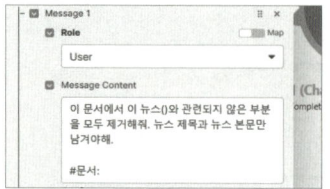

그림 5-44 프롬프트 입력하기

---

[1] 사용된 프롬프트는 모두 노션 자료집 〉 '5.2 뉴스 스크랩 자동화하기'에서 확인할 수 있습니다.

프롬프트:
이 문서에서 이 뉴스( )와 관련되지 않은 부분을 모두 제거해줘. 뉴스 제목과 뉴스 본문만 남겨야 해.

#문서:

06 '**이 뉴스(**' 뒤에 마우스 커서를 둔 뒤, 팝업 창에서 'RSS 뉴스 수집' 모듈의 `1.Title` 아이템을 클릭합니다. 뉴스 제목이 입력됩니다.

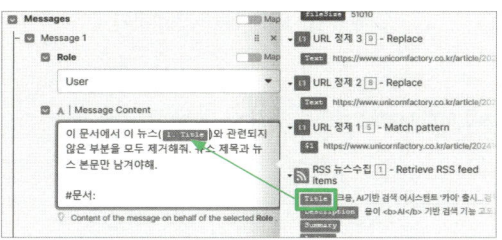

그림 5-45 프롬프트에 Title 삽입하기

07 '**#문서:**' 뒤에 마우스 커서를 둔 뒤, 팝업 창에서 '**HTML을 텍스트로 변환**' 모듈의 `Text` 아이템을 클릭합니다. 챗GPT가 참고할 뉴스 웹 페이지 텍스트가 입력됩니다.

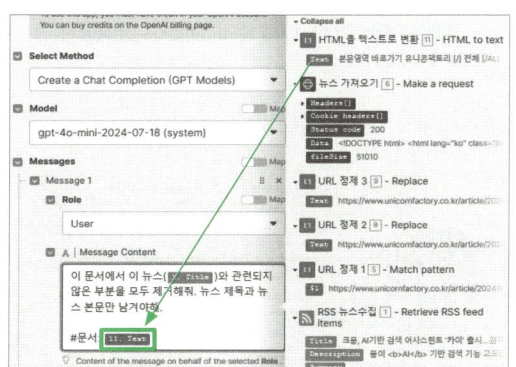

그림 5-46 프롬프트에 Text 삽입하기

08 Max tokens에 0을 입력합니다(출력문 길이에 제한을 두지 않겠다는 뜻입니다).

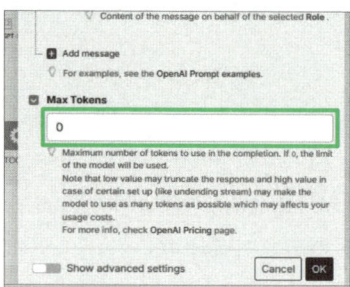

그림 5-47 Max token 입력하기

09 [Show advanced settings]를 눌러 추가 옵션을 켜줍니다.

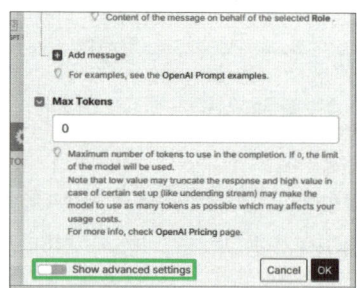

그림 5-48 Show advanced settings 클릭하기

10 Temperature 값을 0.2 정도로 바꿔줍니다.

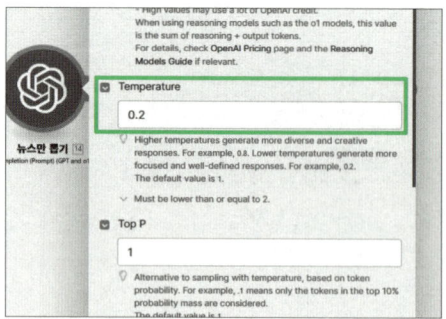

그림 5-49 Temperature 값 수정하기

참고

Temperature 값이 1에 가까울 수록 창의적인 답변을, 0에 가까울수록 일관된 답변을 하게 됩니다. 여기서는 뉴스 본문만 뽑아주면 되기 때문에 0에 가까운 값인 0.2로 입력합니다.

11 [OK]를 눌러 설정을 저장합니다.

12 제대로 동작하는지 확인해보겠습니다. [Run once]를 눌러 시나리오를 실행합니다.

13 시나리오 실행이 완료된 후, OpenAI 모듈 오른쪽 위에 뜬 흰색 풍선을 눌러주세요. RSS 뉴스 개수만큼 Operation이 실행되었습니다.

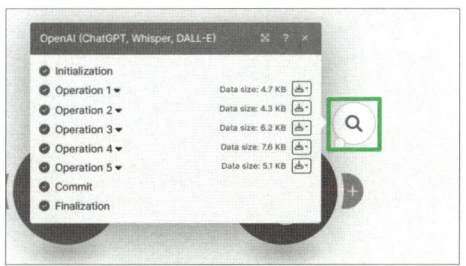

그림 5-50 OpenAI 실행 결과

14 Operation 1로 들어간 다음, OUTPUT 〉 Result를 누릅니다. 불필요한 정보를 제거한 뉴스 본문만 잘 출력된 것을 확인할 수 있습니다.

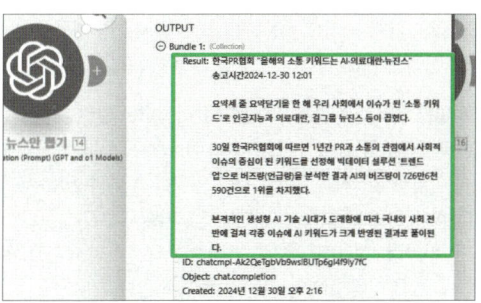

그림 5-51 OpenAI 상세 실행 결과

Operation 2, 3, … 등 다른 Operation을 눌러보면 다른 뉴스들도 모두 본문이 잘 출력된 것을 확인할 수 있습니다.

뉴스 수집이 끝났으니, 이제 챗GPT를 활용해 각 뉴스의 파급력을 평가해보겠습니다.

01 'OpenAI' 모듈 오른쪽의 **[+]**를 눌러 새로운 모듈을 추가한 뒤, 똑같은 **Create a Completion** 모듈을 추가합니다.

02 Model에 **gpt-4o-mini-2024-07-18**로 입력한 뒤, **Messages 〉 Message 1 〉 Role**에, **System**을 **Message Content**에 아래 프롬프트 내용을 입력합니다.

그림 5-52 OpenAI 모듈 프롬프트(뉴스 파급력 평가) ①

프롬프트:
1에서 5까지의 파급력 평가를 사용하여 뉴스 기사를 분석하고 있습니다.
파급력은 AI 산업 전체에 얼마나 영향을 미칠 가능성이 있는지를 참고하여 평가합니다.

1 – 파급력 없음: AI 업계, 기술, 트렌드와 직접적인 관련 없음
2 – 미미한 파급력: 특정 기업, 기능 업데이트 소식 등
3 – 보통의 파급력: 한국 내 시장에서만 영향을 미칠 수 있는 뉴스일 경우
4 – 큰 파급력: 전 세계적으로 유명한 기업, 기술, 학자가 뉴스의 주요 주제인 경우
5 – 매우 큰 파급력: 전 세계적으로 유명한 기업, 기술, 학자가 뉴스의 주요 주제이며, 뉴스 내에 학계, 업계, 대중들의 놀라운 반응이 포함된 경우

이 표준 파급력 평가를 사용하여, 아래 뉴스가 AI 관련 시장에 얼마나 파급력이 있는지 평가해주세요.

03   [Add message]를 눌러 Message란을 하나 더 추가한 다음, 아래와 같이 입력합니다.

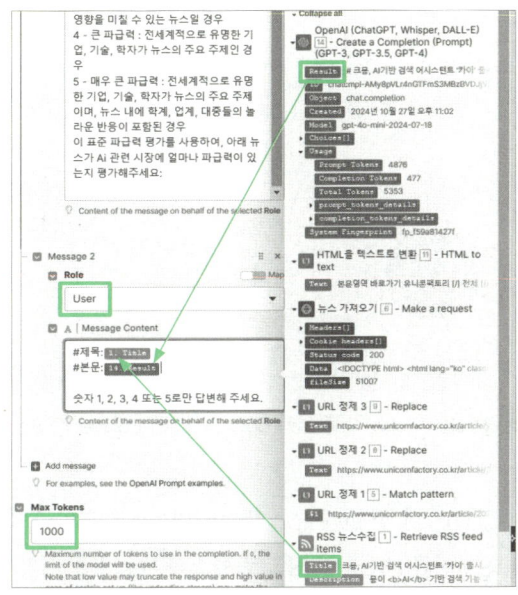

그림 5-53 OpenAI 모듈 프롬프트(뉴스 파급력 평가) ②

프롬프트:
- Role: User
- Message Content:

    #제목: `1.Title`

    #본문: `14. Result` (이미지처럼 팝업 창에서 RSS 모듈의 Title, OpenAI 모듈의 Result 아이템 클릭하여 입력해주세요.)

    숫자 1, 2, 3, 4 또는 5로 답변해주세요.

- Max Tokens: 1000

04   [OK]를 눌러 설정을 저장합니다.

05   현재까지 워크플로우가 정상적으로 실행되는지 확인해보겠습니다. [Run once]를 눌러주세요.

06 OpenAI 모듈 옆의 흰색 원을 누른 후 **Operation 1 > OUTPUT > Bundle 1**을 차례대로 누릅니다.

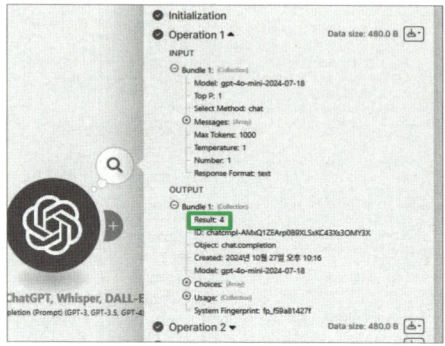

그림 5-54 OpenAI 모듈 실행 결과: Output > Bundle 1 > Result

Reulst 부분에 챗GPT가 첫 번째 뉴스의 파급력을 4로 평가한 것을 확인할 수 있습니다. 뉴스의 Title과 본문 내용을 바탕으로 뉴스의 파급력을 평가하는 모듈이 완성되었습니다.

OpenAI 모듈까지 정상적으로 동작하는 것을 확인했으니 이 결과를 구글 시트에 저장해보겠습니다.

01 먼저 뉴스를 저장할 구글 시트를 만들기 위해 **sheets.google.com**으로 접속해주세요.

02 상단의 '**빈 스프레드시트**'를 누릅니다.

그림 5-55 새 스프레드시트 만들기

03 뉴스의 제목, 원문 등을 분류해 저장할 수 있도록 아래와 같이 열 이름을 적어주세요.

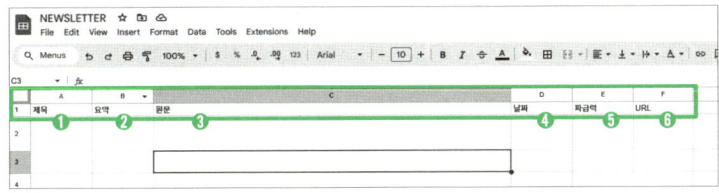

그림 5-56 뉴스 열 제목 기재하기

❶ A1: 제목　❷ B1: 요약　❸ C1: 원문　❹ D1: 날짜　❺ E1: 파급력　❻ F1: URL

04 시트 이름을 'NEWSLETTER'로 바꿔줍니다.

05 make.com으로 돌아가 오른쪽 끝에 [+]를 누르고 Google Sheets 〉 Add a row를 차례대로 클릭하여 모듈을 추가해줍니다. 이어서 [Create a connection]을 눌러주세요.

그림 5-57 구글 시트 모듈 추가하기

06 하단의 [Sign in with google]을 눌러 구글 계정과의 연동을 끝까지 진행해줍니다.

07 팝업 창으로 돌아오면 Search Method는 Search by path, Drive는 My drive로 설정해줍니다.

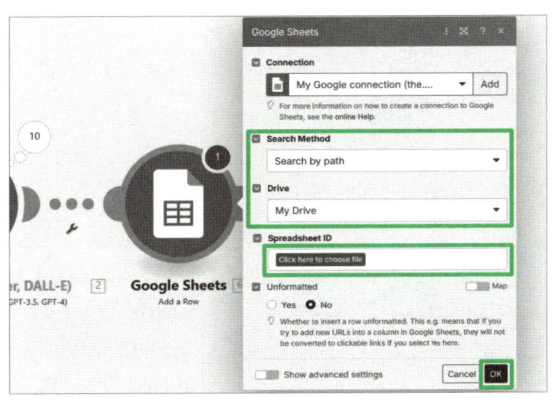

그림 5-58 구글 시트 모듈 옵션 창

08   Spreadsheet ID란의 **Click here to choose file**을 눌러 'NEWSLETTER' 스프레시트를 클릭해줍니다.

09   Sheet Name은 **Sheet1**을 선택해줍니다.

10   Table contains Headers를 **'Yes'**로 선택합니다.

11   Values의 제목란에 Title을, 요약란에 Description을 선택해 입력해줍니다.

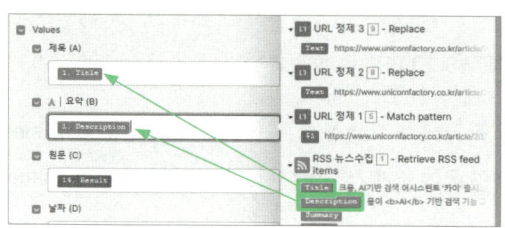

그림 5-59 구글 시트 모듈 Value 옵션

12   나머지 Values는 아래와 같이 입력해줍니다.

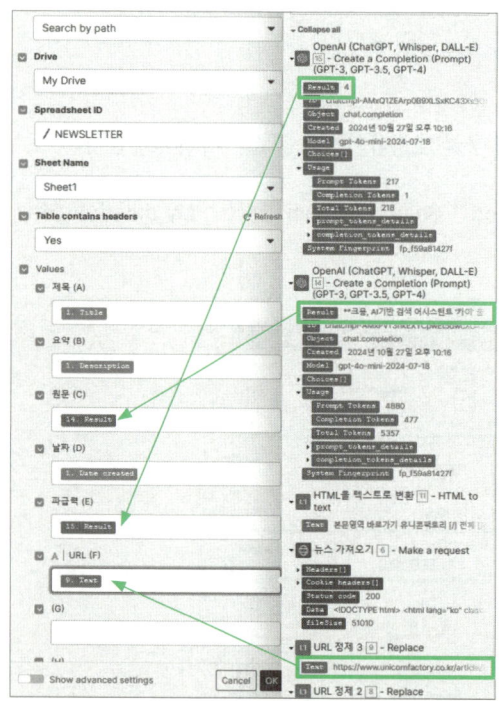

- **원문(C)**: 아래쪽 'OpenAI' 모듈의 'Result' 아이템
- **날짜(D)**: RSS 모듈의 'Date created' 아이템
- **파급력(E)**: 위쪽 'OpenAI' 모듈의 'Result' 아이템
- **URL(F)**: 'URL 정제 3' 모듈의 'URL' 아이템

그림 5-60 구글 시트 모듈 옵션 창(상세)

13 날짜(D)의 경우, 날짜 데이터가 조금더 깔끔하게 들어가도록 함수를 추가하여 수정하겠습니다. 팝업 창에서 캘린더 **아이콘 〉 formatDate**를 눌러 입력해주세요. formatDate는 정해진 형식으로 날짜 표기 형식을 바꿔주는 함수입니다. 예를 들어 formatDate(2016-12-31T15:55:57.536Z;MM/DD/YYYY)를 입력하면 '12/31/2016'과 같은 형식으로 정리해줍니다.

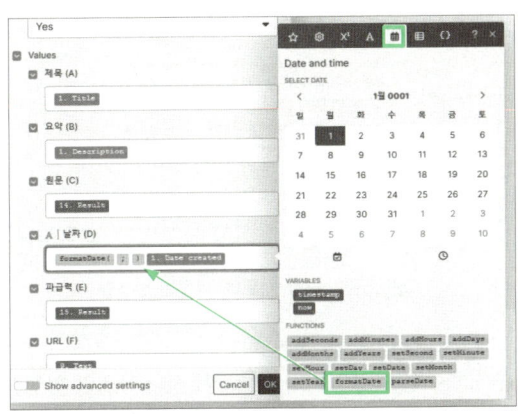

그림 5-61 구글 시트 모듈 옵션 창: 날짜 지정 ①

14 10/22/2024와 같은 형식으로 표시되도록 하기 위해 날짜란의 입력을 아래와 같이 정리해준 다음 [OK]를 눌러 설정을 완료합니다.

그림 5-62 구글 시트 모듈 옵션 창: 날짜 지정 ②

구글 시트에 뉴스를 저장하는 흐름까지 모두 완료되었습니다. 실제로 잘 동작하는지 테스트해보겠습니다.

01 시나리오 왼쪽 하단의 [Run once]를 눌러주세요.

02 오른쪽 하단 log에 'The scenario run was completed.'가 표시될 때까지 기다립니다.

03 실행이 완료된 후, 구글 시트로 이동해보면 아래와 같이 뉴스가 제대로 수집된 것을 확인할 수 있습니다.

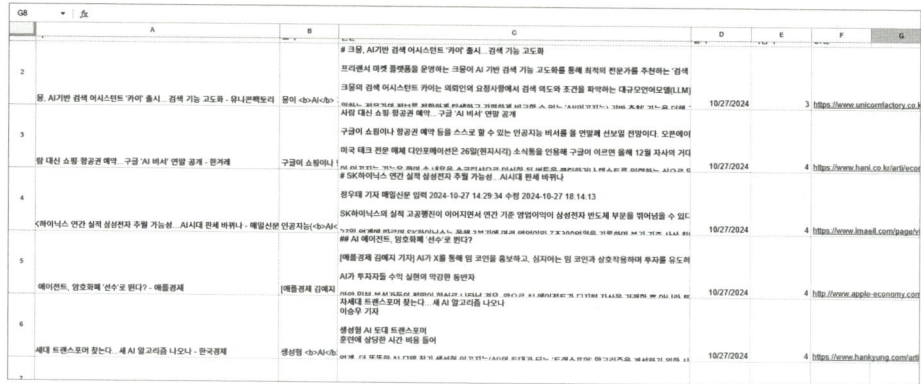

그림 5-63 구글 시트에 저장된 뉴스들

여기서 한 가지만 더 수정해주면 완료입니다. 바로 이 시나리오의 실행 간격입니다.

01 첫 번째 모듈 왼쪽의 시계 아이콘을 클릭해주세요. 여기서 시나리오가 자동으로 실행되는 시간 간격을 설정할 수 있습니다. 기본값은 15분마다 실행되도록 설정되어 있습니다. 하지만 우리는 주간 뉴스레터로 일주일치 뉴스를 수집할 것이므로, 시나리오 실행 간격을 매주 월요일에 한 번씩 실행되도록 변경하겠습니다.

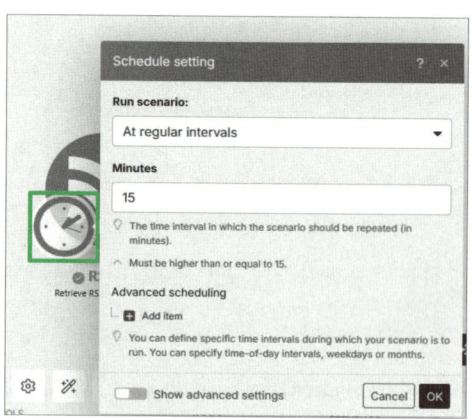

그림 5-64 스케줄 설정 창

02 'Run scenario' 값을 **'Days of the week'**로 설정하고, 'Days'를 **'Monday'**로 바꾼 후 [OK]를 눌러주세요.

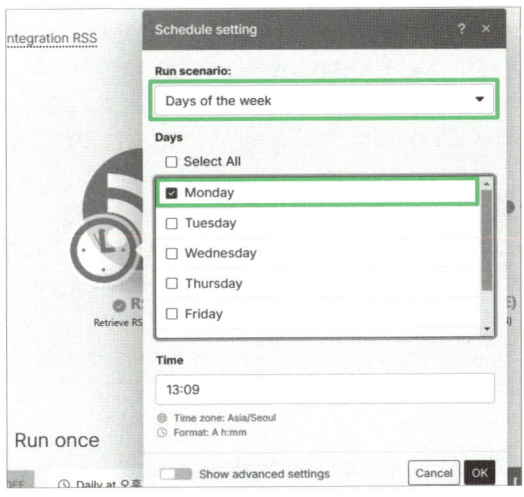

그림 5-65 스케줄 설정 창: 일주일에 한 번으로 변경

실행 간격 조정이 완료되었습니다. 이 상태로 창 아래의 Scheduling을 ON으로 변경하면 매주 월요일에 시나리오가 자동으로 실행됩니다.

> **참고**
>
> 현재 RSS 모듈의 'Maximum number of returned items' 값이 5로 설정되어 있어, 월요일에 수집한 뉴스가 다섯 개를 초과하면 일부 뉴스가 누락될 수 있습니다. 이 경우, 'Maximum number of returned items' 값을 늘려서 한 번에 수집되는 뉴스 개수를 늘려주면 됩니다.
>
> 혹은 뉴스 수집 개수는 그대로 두고, 실행 간격을 일주일에 한 번이 아닌 하루에 한 번으로 변경하여 매일 오늘 기준으로 어제 발행된 뉴스만 수집하도록 설정해주어도 됩니다.

이렇게 뉴스를 수집하고 분류해 구글 시트에 저장하는 첫 번째 시나리오가 완료되었습니다. 뉴스레터에 필요한 뉴스 수집과 분류가 한결 간편해지겠죠?

> **팁** RSS를 활용해 나만의 스크랩북 만들기
>
> 이번 예시에서는 AI 관련 뉴스레터를 만들기 위해 AI 뉴스를 수집했지만, 이 방식을 응용하면 여러분만의 특별한 스크랩북도 만들 수 있습니다. 앞서 설명한 구글 알리미에서 키워드를 관심 있는 주제로 바꿔주기만 하면 되니까요.
>
> 예를 들어, 주식 투자자라면 '나스닥' 'S&P500' '테슬라' 등의 키워드로 실시간 주식 시장 동향을 모니터링할 수 있을테고, 마케터라면 'MZ세대' '소비트렌드' 등의 키워드로 최신 트렌드들을 수집할 수 있겠죠. 업계 동향을 파악하고 싶은 CEO라면, '스타트업' '테크' '투자유치' 등으로 산업 동향을 추적할 수도 있습니다.
>
> 구글 알리미 외에 좀 더 다양한 출처에서 정보를 수집하고 싶다면, RSS 뉴스 수집기 앱 Feedly를 사용해보는 것도 추천합니다. Feedly를 사용하면 뉴스뿐만 아니라 해외 뉴스레터, 유튜브 업데이트 소식 등까지 한 곳에서 받아볼 수 있습니다. make.com과 연동을 하려면 유료 구독(월 6.99달러부터)이 필요하지만, 다양한 소스의 정보를 자동으로 수집하고 싶다면, 충분히 가치있는 투자가 될 수 있습니다.

5.3 뉴스레터 자동화하기

뉴스레터가 최근 큰 인기를 얻고 있습니다. 뉴스레터 관련 업체인 스티비Stibee에서 발표한 보고에 따르면 2022년 기준 연간 이메일 발송량은 16.2억 건으로 2021년 대비 62%나 증가했습니다.[2] 이런 인기의 이유는 뉴스레터기 고객과 기업 모두에게 득이 되기 때문입니다. 뉴스레터를 통해 고객은 짧은 시간 안에 유용한 정보를 쉽게 얻을 수 있고, 기업은 고객과 직접 소통하고 관계를 형성할 수 있죠.

그러나 실제로 기업 입장에서 뉴스레터를 운영하려면 많은 부담이 따르는 게 사실입니다. 예를 들어, 주간 뉴스레터를 운영할 경우, 매주 5시간만 투자해도 한 달이면 총 20시간을 뉴스레터 제작에만 투자해야 하는 셈이니까요. 다행히도 최근에는 이러한 번거로운 콘텐츠 제작 과정을 덜어줄 수 있는 자동화 도구가 많이 등장했습니다. make.com이 그 대표적인 예입니다.

---

[2] 출처: https://report.stibee.com/2023/

make.com을 활용하면 뉴스 수집부터 정리, 발행까지 모든 반복 작업을 자동으로 처리할 수 있습니다. 잘 설계된 자동화 시스템을 구축하면, 매주 5시간 이상 걸렸던 뉴스레터 작성시간을 단 10분 내외로 줄일 수도 있습니다.

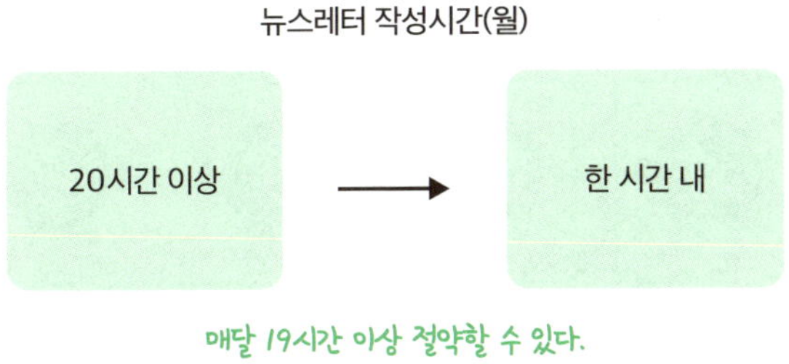

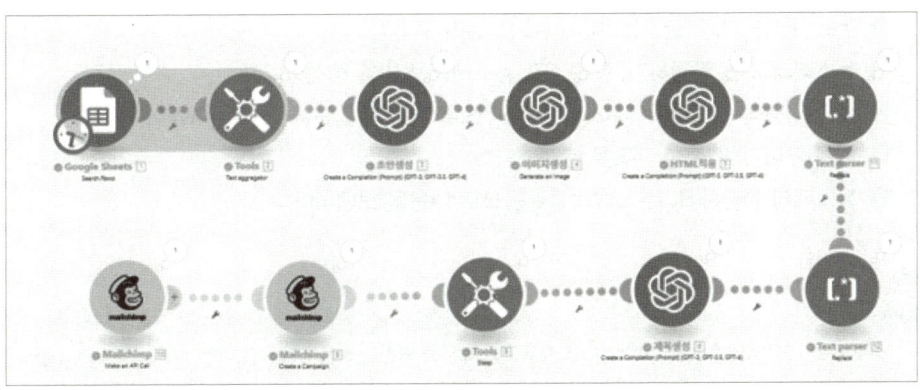

그림 5-66 뉴스레터 자동화로 절약할 수 있는 시간

그렇다면 이러한 자동화는 어떻게 가능할까요? 이번 절에서 소개할 뉴스레터 자동화 프로세스는 아래와 같은 시나리오로 구성됩니다.

그림 5-67 뉴스레터 발행 시나리오

여러 가지 모듈이 연결되어 복잡해 보이지만, 다음처럼 크게 3단계로 구성되어 있다고 보면 됩니다.

1. 구글 시트에 저장된 뉴스를 불러오는 단계
2. 불러온 뉴스를 바탕으로 AI가 초안을 작성하는 단계
3. 그 내용을 뉴스레터로 자동 발행해주는 단계

이번 예시에서는 '주간 AI 뉴스레터'를 만든다고 가정하고 뉴스레터 자동화 시나리오를 하나하나 만들어보겠습니다.

먼저 완성본을 보며 시나리오가 각각 어떤 모듈로 이루어졌는지 보겠습니다.

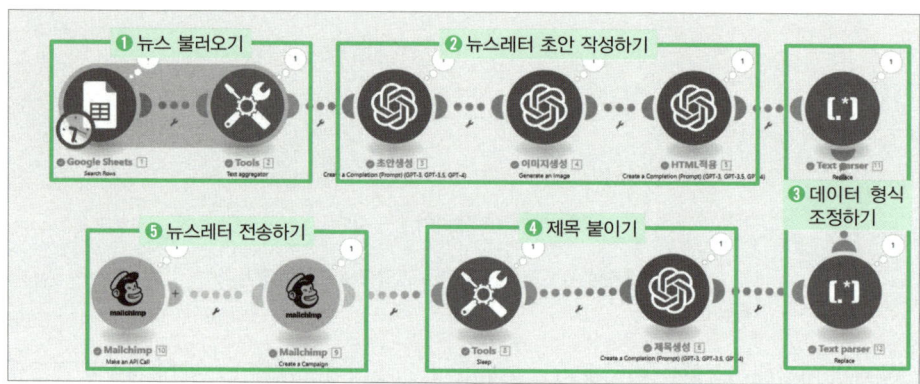

그림 5-68 뉴스레터 작성 및 발행 시나리오

❶ **뉴스 불러오기:** 구글 시트에서 뉴스를 불러옵니다.
❷ **뉴스레터 초안 작성하기:** 챗GPT로 뉴스레터 초안을 생성합니다.
❸ **데이터 형식 조정하기:** 데이터 전송 시 오류가 나지 않도록 형식을 다듬어 줍니다.
❹ **제목 붙이기:** 적절한 제목을 붙여줍니다.
❺ **뉴스레터 전송하기:** 뉴스레터 플랫폼으로 내용을 보냅니다.

> **참고**
>
> 이 자동화 과정에서는 OpenAI의 API를 활용하기 때문에 약간의 비용이 발생합니다. 하지만 뉴스레터 한 개를 만드는데 드는 비용은 기껏해야 약 몇 백 원 정도로, 매달 19시간 이상의 작업시간을 절약할 수 있다는 점을 고려하면 매우 경제적이라 할 수 있습니다.

먼저 1번, 수집한 뉴스를 불러오는 부분부터 진행해보겠습니다.

01 로그인 한 후 대시보드의 왼쪽 메뉴의 [Scenarios]를 클릭한 후 [Create a new scenario]를 눌러 새 시나리오를 만들어줍니다.

그림 5-69 새 시나리오 만들기

02 Google Sheets 〉 Search rows 모듈을 검색해 추가해줍니다. 이 모듈은 구글 시트에서 특정 행을 찾아서 해당 행의 값을 출력해주는 모듈입니다.

03 다음과 같이 모듈 옵션을 설정해줍니다.

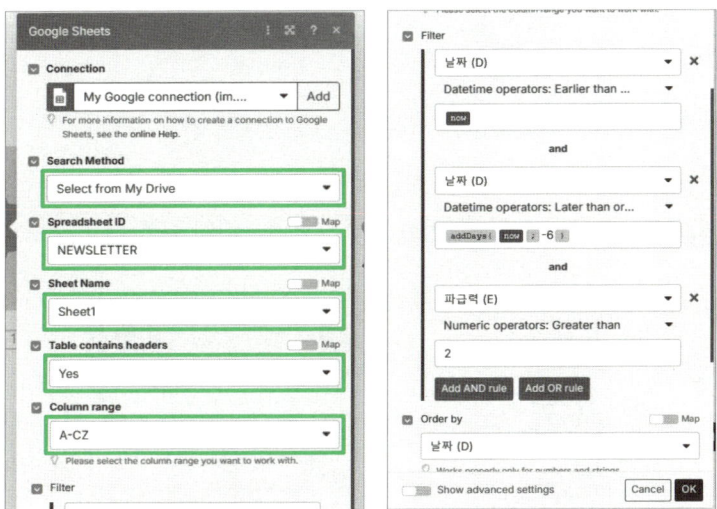

그림 5-70 구글 시트: Search rows 모듈 옵션 설정하기

- **Search Method(검색 방법):** Select from MY Drive(내 드라이브에서 선택합니다.)
- **Spreadsheet ID(스프레드시트 id):** 뉴스 데이터가 들어 있는 시트 이름
- **Sheet Name(시트 이름):** Sheet1
- **Table contains headers(테이블의 헤더 포함 여부):** Yes(네)
- **Filter(필터):**
  날짜 (D): Earlier than or equal to `now`
  (팝업 창의 Date and Time 메뉴에서 variables 〉 now를 클릭합니다.)
  날짜(D): later than and equal to `addDays( now ; -6 )`
  (팝업 창의 Date and Time 메뉴에서 function 〉 addDays, variables 〉 now를 클릭합니다.)
  파급력(E) Numeric operators: Greater than 2

Filter에서 날짜를 6일 전부터 현재까지로 설정했으므로 최근 일주일 간의 뉴스를 불러옵니다. 또한 파급력이 2보다 높아야 한다고 설정했으므로, 중요도가 낮은 뉴스는 제외하고 불러오게 될 것입니다. 그 외, 나머지 옵션은 기본값으로 두고 **[OK]**를 눌러주세요.

04 불러온 데이터를 하나로 합치기 위해 'Text Aggregator' 모듈을 활용하겠습니다. 구글 시트 모듈 오른쪽을 눌러 **Add another module**을 클릭합니다. 그리고 **Text aggregator**를 검색한 후 **Text aggregator** 모듈을 추가해주세요.

그림 5-71 Text Aggregator 모듈 추가

05 모듈을 클릭한 뒤 Text 영역에 다음과 같이 값을 추가해줍니다.

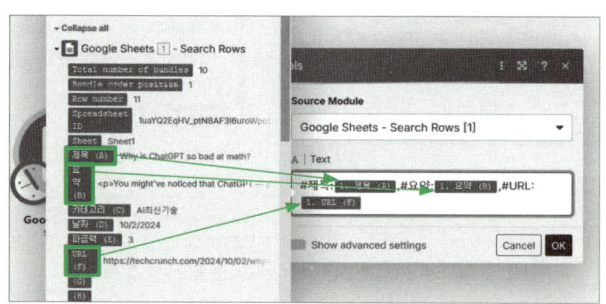

그림 5-72 Text Aggregator 모듈 옵션 설정하기

- Source Module: Google Sheets - Search Rows
- Text: #제목: `1. 제목 (A)`, #요약 `1. 요약 (B)`, #URL: `1. URL (F)`

06 **[OK]**를 누릅니다.

07 뉴스들이 하나로 합쳐졌는지 확인하기 위해 [Run once]를 눌러 실행하겠습니다(경고 메시지가 뜨면 [Run anyway]를 눌러 진행해주세요).

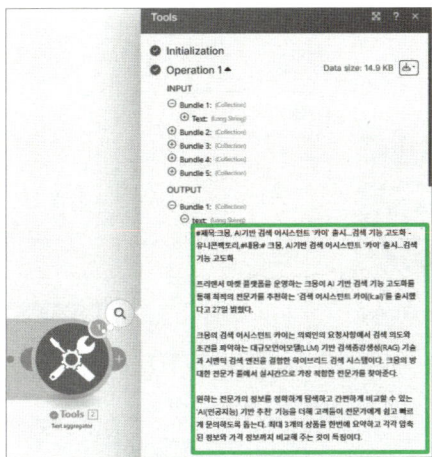

그림 5-73 시나리오 실행 결과

실행 결과 OUTPUT 〉 Bundle 안에 뉴스의 제목, 원문, URL이 합쳐져서 잘 들어간 것을 확인할 수 있습니다. 이어서 이 뉴스들을 기반으로 뉴스레터 초안을 만들어보겠습니다.

01 [add another module]을 누른 뒤 chat completion을 검색합니다. 그리고 Create a Completion(Prompt)(GPT-3, GPT-3.5, GPT-4) 모듈을 추가해줍니다.

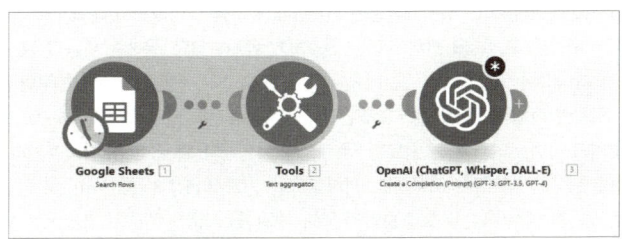

그림 5-74 OpenAI 모듈 추가하기

02 모듈을 클릭해 아래와 같이 옵션 값을 설정해줍니다.

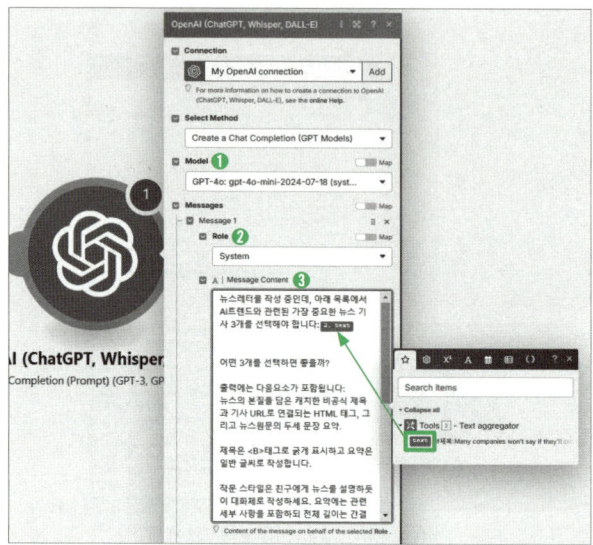

그림 5-75 OpenAI 모듈 옵션 창

❶ **Model:** GPT-4o:gpt-4o-mini-2024-07-18(system)
❷ **Role:** system
❸ **Message content:** 뉴스레터를 작성 중인데, 아래 목록에서 AI 트렌드와 관련된 가장 중요한 뉴스 기사 세 개를 선택해야 합니다: 2.text (이미지처럼 팝업 창에서 text 선택) 어떤 세 개를 선택하면 좋을까? 출력에는 다음 요소가 포함됩니다: 뉴스의 본질을 담은 캐치한 비공식 제목과 기사 URL로 연결되는 HTML 태그, 그리고 뉴스 원문의 두세 문장 요약. 제목은 〈B〉 태그로 굵게 표시하고 요약은 일반 글씨로 작성합니다. 작문 스타일은 친구에게 뉴스를 설명하듯이 대화체로 작성하세요. 요약에는 관련 세부 사항을 포함하되 전체 길이는 간결하게 유지하세요. 글에는 다음과 같은 표현과 어구를 포함해도 좋습니다: ""...합니다."" ""...네요"" ""...인데요"" ""...전망입니다"" 친구와 흥미로운 소식을 공유하는 것처럼 전체적으로 친근하고 약간 들뜬 톤을 유지하는 것을 잊지 마세요. 출력은 기사와 요약만 포함해야 하며, "여기 가장 중요한 세 개의 기사입니다"와 같은 문구는 추가하지 마세요. 각 기사는 리스트 형식의 항목으로 작성하고, 전체 출력은 반드시 HTML 형식 코드로 작성하세요. 해당 코드를 바로 사용할 예정이니, 예쁘게 보이기 위해 백틱(')을 사용해 감싸지 마세요.
❹ **Max tokens:** 0

03 **Show advanced settings**를 클릭하여 고급 설정을 아래와 같이 설정합니다.

❶ **Temperature:** 0.2
❷ **Top P:** 1
❸ **Number:** 1(나머지 설정은 기본값 그대로 둡니다)

04 설정을 완료하고 [OK]를 눌러줍니다. 이렇게 하면 챗GPT가 불러온 뉴스 중 세 개의 뉴스를 선택하고 그 뉴스를 바탕으로 뉴스레터 초안을 만들게 됩니다.

>
>
> **추가 옵션 설명**
>
> ❶ **Temperature:** 모델의 창의성과 무작위성을 제어하는 값으로, 값이 낮을수록(예 0.2) 모델은 더 예측 가능한 응답을 생성하고, 값이 높을수록(예 1.0~) 모델의 응답이 더 다양하고 창의적이게 됩니다.
> ❷ **Number:** 모델이 한 번에 생성할 응답의 수를 의미합니다.
> ❸ **Top p:** 확률 기반의 필터링 방식으로 출력 확률이 특정 비율을 넘는 단어들만 선택해 응답을 생성하게 합니다. 예를 들어, top_p=0.9로 설정하면, 모델이 생성할 단어 후보 중 상위 90%의 누적 확률을 차지하는 단어들만 선택합니다.
>
> 일반적으로는 Number와 Top_p는 기본값 그대로 사용하고 Temperature만 원하는 정도에 따라 조정해 주면 충분히 좋은 결과를 얻을 수 있습니다.

05 헷갈리지 않도록 OpenAI 모듈에서 **마우스 오른쪽을 클릭 〉 Rename**을 눌러 이름을 '**초안생성**'으로 바꿔주겠습니다.

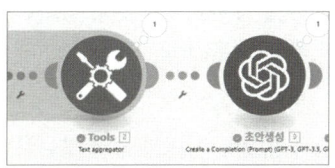

그림 5-76 이름이 변경된 OpenAI 모듈

5장 콘텐츠 마케팅 자동화로 1일 1포스팅하기 **181**

06 이어서 뉴스레터에 함께 들어갈 이미지도 넣어주겠습니다. **Add another module 클릭 > OpenAI > Generate an image** 모듈을 선택해줍니다. 그런 후 아래와 같이 모듈 옵션을 설정합니다.

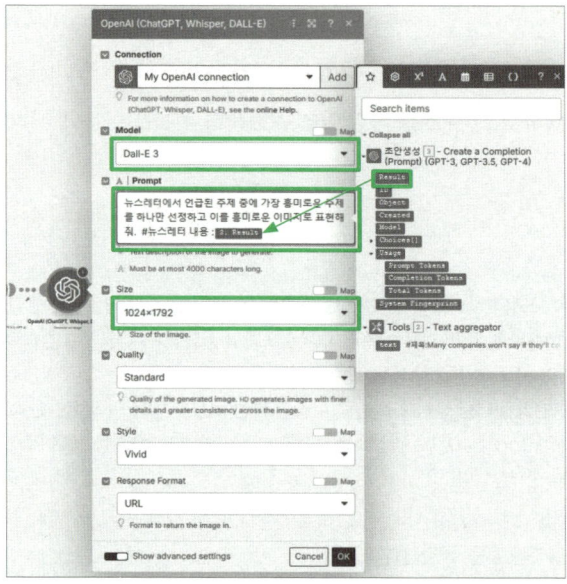

그림 5-77 OpenAI: Generate an Image 모듈 옵션 값

❶ Model: DALL-E 3
❷ Prompt: 뉴스레터에서 언급된 주제 중에 가장 흥미로운 주제를 하나만 선정하고 이를 흥미로운 이미지로 표현해줘. #뉴스레터 내용: 3.Result (팝업 창에서 'Result'를 선택합니다.)
❸ (show advanced settings을 활성화 한 후) Size: (원하는 크기로 입력하세요.)
(Quality와 Style도 각자 원하는 설정값으로 바꿔주세요.)

07 입력 완료 후 [OK]를 눌러줍니다. 이미지 생성 모듈이 완성되었습니다. 이 모듈 역시 헷갈리지 않게 이름을 바꿔주겠습니다. 모듈 위에서 **마우스 오른쪽 클릭 > Rename**을 눌러 **'이미지생성'**으로 바꿔주세요.

08 이어서 생성한 초안을 HTML 코드로 바꿔주는 모듈을 추가하겠습니다. **Add another module > OpenAI 클릭 > Create a Completion 모듈**을 선택해줍니다.

09 모듈의 옵션 값을 아래와 같이 설정해줍니다.

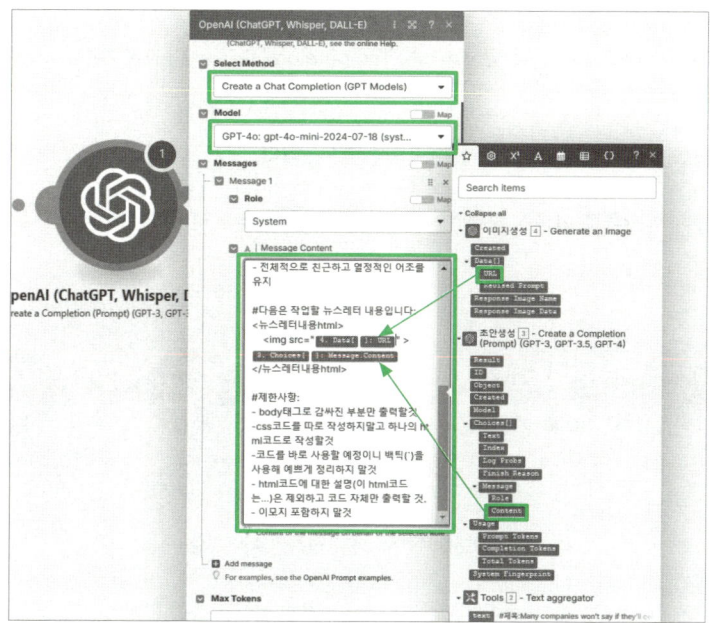

그림 5-78 OpenAI: Create a Completion 옵션 창

❶ Model: gpt-4o-mini-2024-07-18(system)
❷ Role: System
❸ Message Content: 당신은 제공된 뉴스레터 내용을 바탕으로 매력적인 뉴스레터 html 코드를 디자인하는 임무를 맡았습니다. 목표는 리스트 형식으로 작성된 뉴스레터 내용 html 코드(이미지 포함)에 아래 내용을 보완하여 독자들이 전체 뉴스레터를 읽고 싶어지도록 하는 소개글을 만드는 것입니다.

#보완할 내용:
- 간결한 소개글과 마무리글
- 적절한 태그를 활용하여 문장을 읽기 좋게 줄 바꿈
- 최대 넓이 630px의 반응형 디자인(예쁜 중앙 정렬) 적용(이미지 역시 중앙 정렬을 적용할 것)
- 전체적으로 친근하고 열정적인 어조를 유지

#다음은 작업할 뉴스레터 내용입니다.
〈뉴스레터내용 html〉
〈img src="`4.data[].url`"〉 `3.choices[].message.content`
(위 이미지처럼 팝업 창에서 선택하여 삽입하세요.)
〈/뉴스레터내용 html〉

#제한사항:
- body 태그로 감싸진 부분만 출력할 것
- CSS 코드를 따로 작성하지 말고 하나의 html 코드로 작성할 것
- 코드를 바로 사용할 예정이니 백틱(`)을 사용해 예쁘게 정리하지 말 것
- html 코드에 대한 설명(이 html 코드는…)은 제외하고 코드 자체만 출력할 것
- 이모지 포함하지 말것

❹ **Max tokens**: 3000(원하는 값을 삽입합니다.)
❺ (Advanced settings을 활성화한 후) **Temperature**: 0.2(나머지 값은 기본값 그대로 사용합니다.)

10 값을 모두 설정했다면 **[OK]**를 눌러 적용해줍니다.

11 모듈에서 **오른쪽 마우스 클릭 〉 rename 〉 HTML 적용**으로 이름을 바꾸어 줍니다.

그림 5-79 HTML까지 적용된 시나리오

12 제대로 작동하는지 확인하기 위해 **[Run once]**를 누릅니다.

13 'HTML 적용' 모듈의 하얀색 원을 눌러 출력 결과를 확인해봅니다. **Operation 1〉 OUTPUT 〉 Bundle 1 〉 Choices 〉 Message 〉 Content**를 순서대로 눌러봅니다.

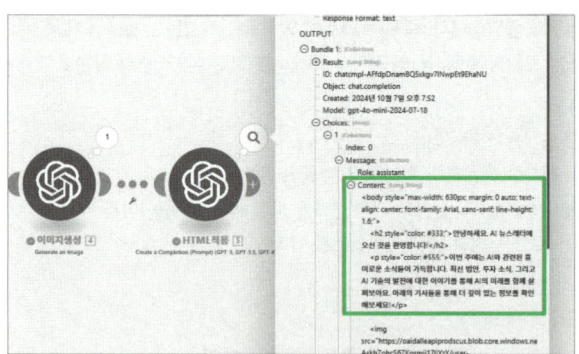

그림 5-80 시나리오 실행 결과

그러면 html 코드가 적용된 뉴스레터 본문이 제대로 생성된 것을 확인할 수 있습니다.

이어서 뉴스레터 제목을 생성해보겠습니다. 똑같이 OpenAI 〉 Create a completionOpenAI 〉 Create a completion 모듈을 추가합니다.

01 아래와 같이 옵션 값을 설정합니다.

그림 5-81 OpenAI: Create a completion 옵션 창

❶ **Model:** gpt-4o-mini-2024-07-18
❷ **Role:** System
❸ **Message Content:** 뉴스레터에 언급된 주요 주제를 바탕으로 뉴스레터를 읽고 싶게 만드는 흥미롭고 궁금증을 불러일으키는 제목을 20~30자 내외로 지어주세요. 이모지를 하나 정도 포함시켜도 좋습니다.
   #뉴스레터 내용: `3.Result` (팝업 창에서 '초안생성' 모듈의 Result를 선택하여 입력합니다.)
❹ **Max tokens:** 500

02 설정을 완료한 후 [OK]를 눌러 적용합니다.

03   모듈에서 **마우스 오른쪽 클릭 > Rename**을 눌러 이름을 '**제목생성**'으로 바꿔줍니다.

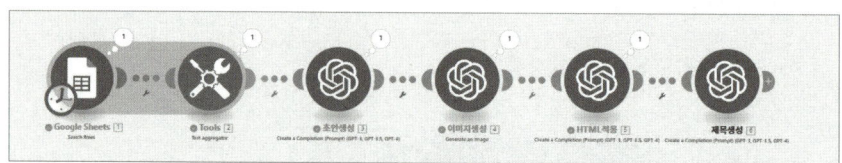

그림 5-82 제목생성까지 추가된 시나리오

뉴스레터에 들어갈 내용이 다 준비되었습니다. 이제 뉴스레터를 발행해 볼 단계입니다. 이 단계에서는 메일침프Mailchimp라는 플랫폼을 활용할 것입니다. 메일침프는 한국의 뉴스레터 플랫폼인 〈스티비〉나 〈메일리〉처럼 뉴스레터 발행을 도와주는 플랫폼으로, 해외에서 가장 많이 사용되는 뉴스레터 플랫폼 중 하나입니다. 일정량 이하로는 무료로 사용할 수 있고, make.com에서도 쉽게 연동이 가능하기 때문에 메일침프를 활용해 뉴스레터를 발행해보겠습니다.

01   https://login.mailchimp.com/signup/으로 접속합니다.

02   이름, 이메일 주소 등을 입력하고 [Next]를 클릭한 후 기타 정보를 입력해 가입을 진행해주세요.

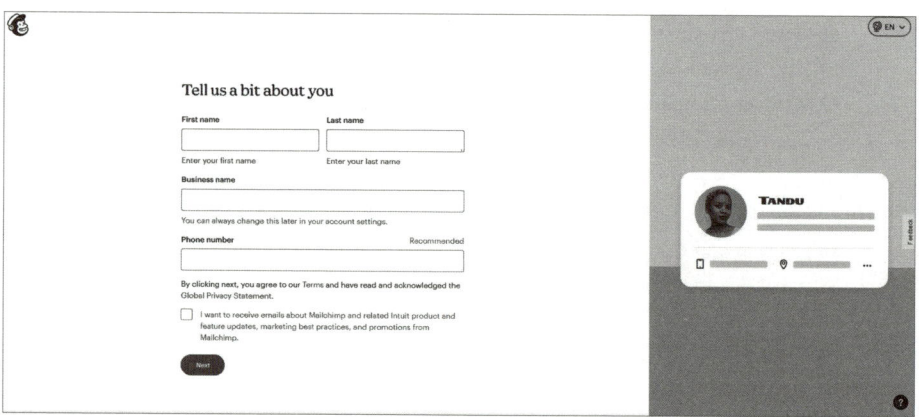

그림 5-83 메일침프 가입 창 ①

03 추가 정보를 입력하는 창이 뜹니다.

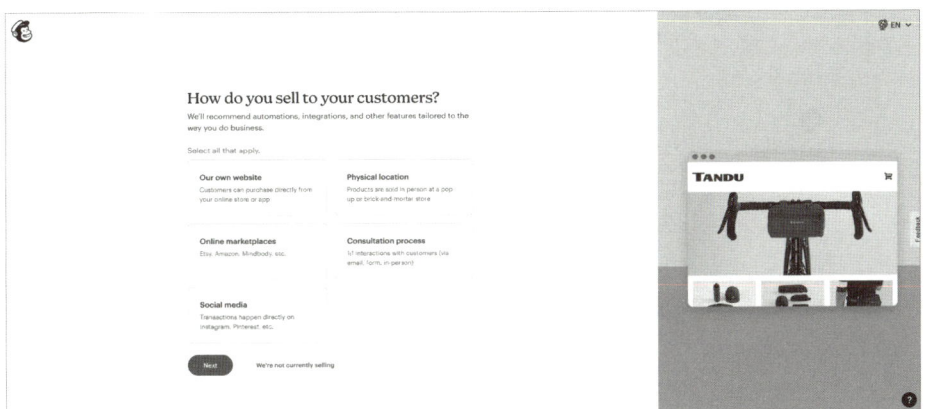

그림 5-84 메일침프 가입 창 ②

04 추가 정보는 중요한 메뉴는 아니니 적당하게 메뉴를 선택해 진행해주세요. [Next]를 계속 눌러 가입을 끝까지 완료합니다.

05 아래와 같은 창이 떴다면 가입이 완료된 것입니다.

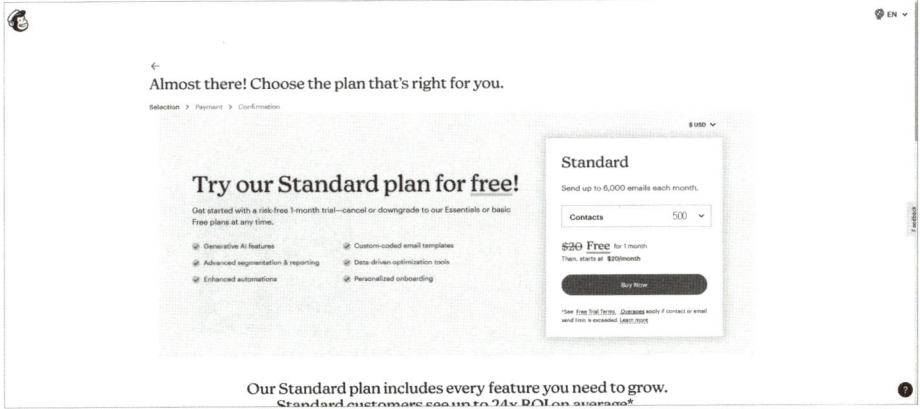

그림 5-85 메일침프 가입 완료 화면

06 스크롤을 조금 내려 맨 오른쪽의 [Continue Free]를 눌러주세요

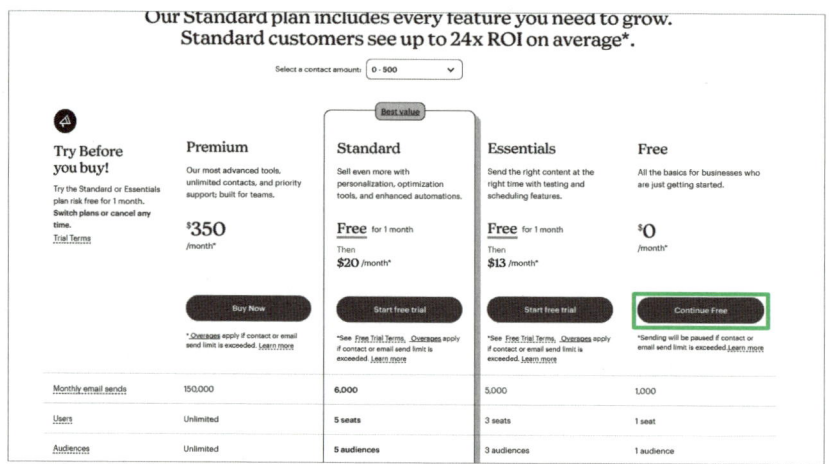

그림 5-86 메일침프 가격 선택 창

07 대시보드로 리디렉팅되고, 아래와 같은 창이 뜨면, 무료 요금제로 설정이 완료된 것입니다.

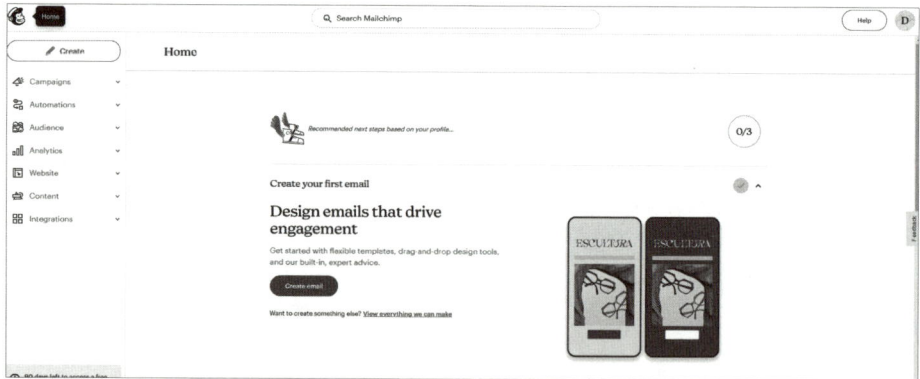

그림 5-87 메일침프 대시보드

다음으로 make.com의 시나리오 화면으로 돌아와 메일침프와의 연결을 설정하겠습니다. 먼저 만들어 준 OpenAI 모듈이 결괏값을 모두 제대로 받을 때까지 기다리기 위해 Sleep module을 하나 추가하겠습니다.

Sleep 모듈은 다음 단계로 넘어가기 전에 일정 시간 동안 대기하도록 설정해주는 역할을 합니다.

01 '**제목생성**' 모듈 뒤에 [+]를 누른 다음 Sleep을 검색해 Sleep 모듈을 하나 추가합니다.

02 Delay 값을 **30**으로 설정하고 [**OK**]를 누릅니다(만약 실행 시 오류가 난다면 delay 값을 조금 더 늘려주세요).

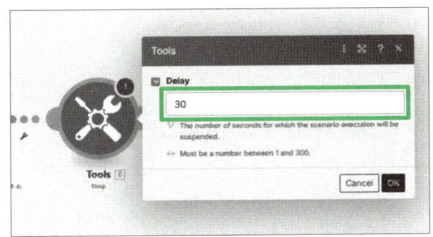

그림 5-88 Tools 〉 Sleep 모듈 설정

03 Sleep module 뒤에 [+]를 눌러 **mailchimp 〉 create a campaign** 모듈을 하나 추가합니다.

04 팝업 창 상단에 **create a connection**을 눌러 새 연결을 만든 후, [**save**]를 눌러줍니다.

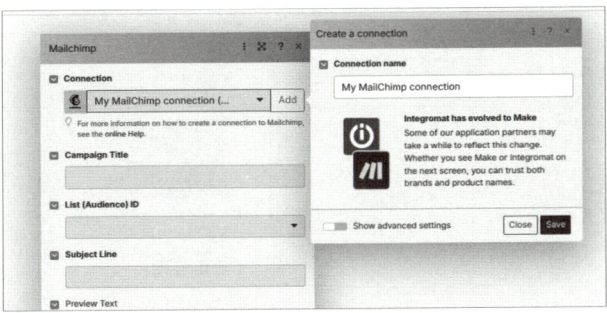

그림 5-89 메일침프 연결하기

05　메일침프와의 연결 창이 뜹니다. 이메일과 비밀번호를 입력하고 [Log in]을 클릭하고 [Allow]를 눌러 연결을 완료해주세요.

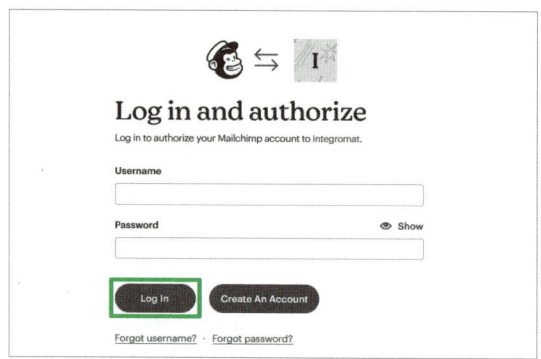

그림 5-90　메일침프 로그인(연동) 창

06　연결이 완료되었다면 아래와 같이 옵션 값을 설정해주세요.

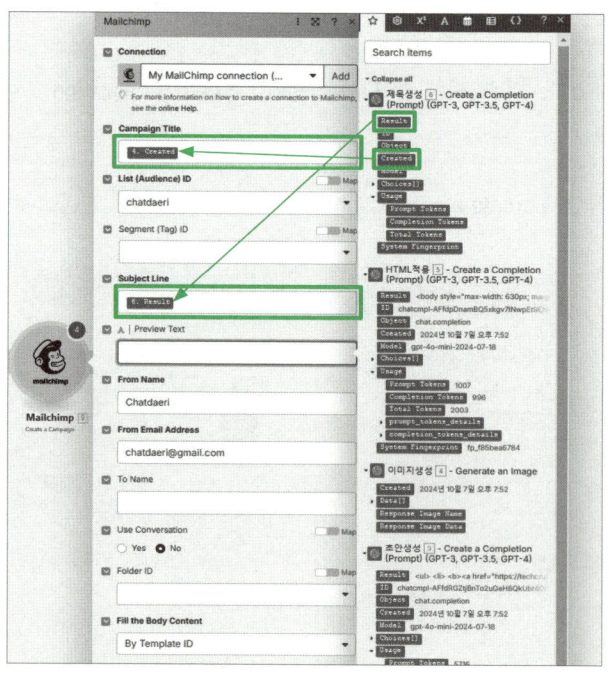

그림 5-91　메일침프 > Create a Campaign 모듈 옵션 창

❶ **Campaign title:** 메일침프에 저장될 캠페인 이름입니다(외부로 공개되지는 않습니다). 원하는 대로 지정해주세요. 여기서는 '제목생성' 모듈의 'created'를 눌러 뉴스레터가 생성된 날짜로 지정해주겠습니다.
❷ **List ID:** 뉴스레터가 보내질 이메일 리스트입니다. 처음 만들었다면 아이디와 동일한 이름의 리스트가 만들어져 있을 것이며, 이 리스트에는 내 이메일 하나만 들어있는 상태입니다. 이메일을 더 추가하길 원한다면 메일침프 대시보드 > Audience 메뉴에서 추가할 수 있습니다.
❸ **Subject Line:** 뉴스레터 제목입니다. '제목생성' 모듈의 'Result' 아이템을 적용해주세요.
❹ **From Name:** 보내는 사람 이름입니다. 여러분의 이름을 적어주세요
❺ **From Email Adress:** 보내는 사람 메일 주소입니다. 여러분의 메일 주소를 적으면 됩니다.

07   나머지는 기본 설정 값으로 두고 [OK]를 눌러주세요.

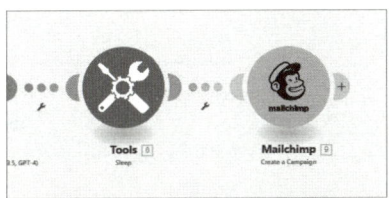

그림 5-92 메일침프 > Create a Campaign 추가 완료된 화면

08   이어서 모듈 오른쪽에 [+]를 누른 다음 **mailchimp > make an api call**을 차례로 선택합니다. 메일침프로 뉴스레터 원고 데이터를 보내는 모듈입니다.

09   아래와 같이 옵션 값을 설정해줍니다.

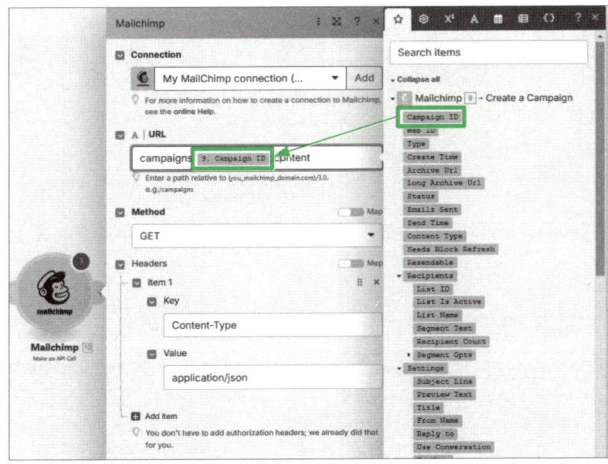

그림 5-93 메일침프 > make an API call 옵션 설정 창

❶ URL: campaigns/ `9. Campaign ID` /content(campaign ID는 팝업 창에서 mailchimp 이전 모듈의 'campaign id'를 눌러 입력합니다.)

❷ Method: GET

그 외 값은 기본값으로 둡니다.

옵션 창 아래쪽을 보면 'Body' 영역이 보입니다. 여기에 우리가 만든 뉴스레터 내용을 넣어야 합니다. 다만, 이 부분의 데이터 형식은 반드시 JSON 형식이어야 오류 없이 전송되므로, 이제까지 작성한 뉴스레터 내용을 먼저, JSON 형식으로 변환하겠습니다.

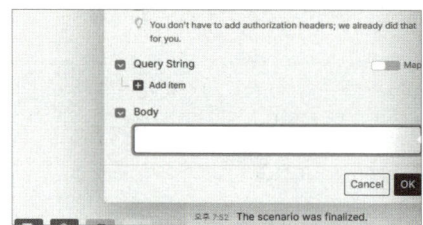

그림 5-94 메일침프 〉 Body 옵션

10. Body 영역은 우선 빈 채로 두고 현재까지의 설정을 저장하기 위해 [OK]를 누릅니다.

11. 'HTML적용' 모듈과 '제목생성' 모듈 사이의 선 위에 마우스를 놓고 **오른쪽 클릭 〉 add a module**을 눌러줍니다.

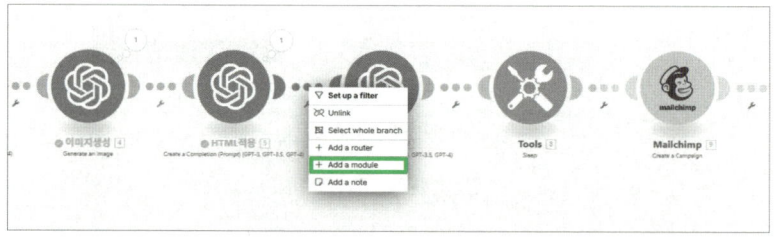

그림 5-95 'html 적용' 모듈과 '제목생성' 모듈 사이에서 마우스 오른쪽 클릭

12. Replace 모듈을 검색해서 추가합니다. 뉴스레터 원고에서 json 오류가 날 수 있는 부분들을 모두 Replace 모듈을 통해 오류 없는 구문으로 바꿔줄 것입니다.

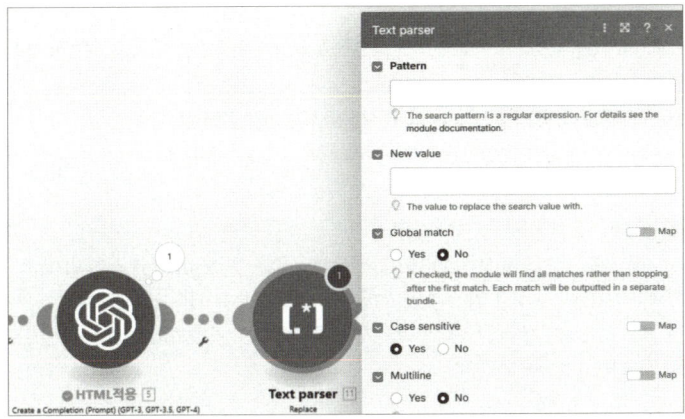

그림 5-96 Text Parser 〉 Replace 모듈 추가하기

13 옵션 값을 다음과 같이 설정해주세요.

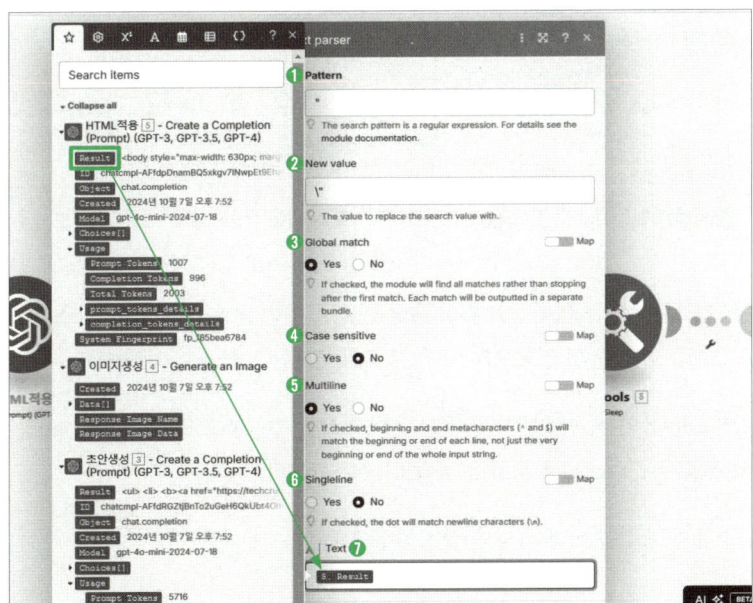

그림 5-97 Text Parser 옵션 설정 창

❶ Pattern: "
❷ New Value: \"
❸ Global match: Yes(Yes로 두면 텍스트를 처음부터 끝까지 검색하여 패턴과 겹치는 모든 값을 New value로 교체합니다.)

5장 콘텐츠 마케팅 자동화로 1일 1포스팅하기 **193**

④ Case sensitive: no
⑤ Multiline: Yes(뉴스레터 원고가 여러 행으로 이루어져 있으므로 'Yes'를 체크합니다.)
⑥ Singleline: No
⑦ Text: 5.Result (이미지처럼 'html 적용' 모듈의 result를 선택합니다.)

> Replace 모듈은 입력값에서 특정 Pattern과 일치하는 부분을 New value로 바꿔줍니다. 우리는 Pattern에 "(쌍따옴표)를 입력하고, New Value에 \"(역슬래시 따옴표)를 입력했으므로 뉴스레터 원고에 있는 "를 모두 \"로 교체하게 됩니다. JSON 데이터에 "가 들어있으면 오류가 발생할 수 있으므로 모두 \"로 변경해 준 것입니다.

14 [OK]를 눌러 설정을 적용합니다.

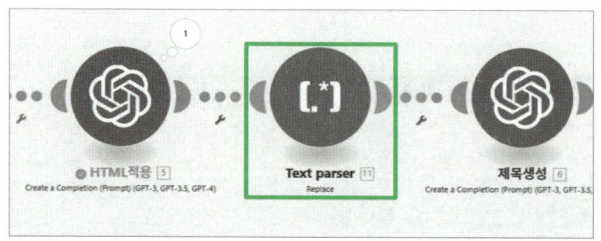

그림 5-98 'HTML 적용' 모듈과 '제목생성' 모듈 사이에 Text Parser가 추가된 모습

문제가 될 수 있는 쌍따옴표를 교체하는 모듈 추가를 완료했습니다. 추가로 \n 표시도 오류를 발생할 수 있으므로 이 역시 교체해주는 모듈을 추가해주겠습니다.

15 Text Parser와 제목생성 사이의 선에 마우스를 올려놓고 **오른쪽 클릭 > add a module > text parser > replace** 모듈을 하나 더 추가합니다.

16 모듈의 옵션 값을 아래와 같이 설정해주세요.

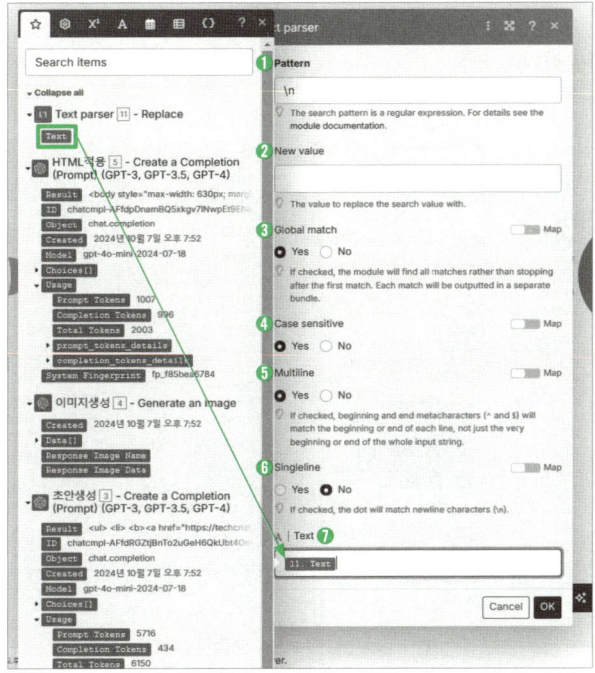

그림 5-99 추가 Text Parser의 옵션 창

❶ Pattern: \n
❷ New value: (빈 칸으로 두지 말고, 스페이스바를 한번 눌러 공백을 입력해주세요.)
❸ Global match: Yes
❹ Case sensitive: Yes
❺ Multiline: Yes
❻ Singleline: no
❼ Text: text (이전 'Text parser' 모듈의 결과 값인 'text'를 입력합니다.)

17 [OK]를 눌러 설정을 적용합니다.

18   맨 마지막 mailchimp 모듈 > make an API call로 돌아가서 body 영역에 아래와 같이 입력합니다.

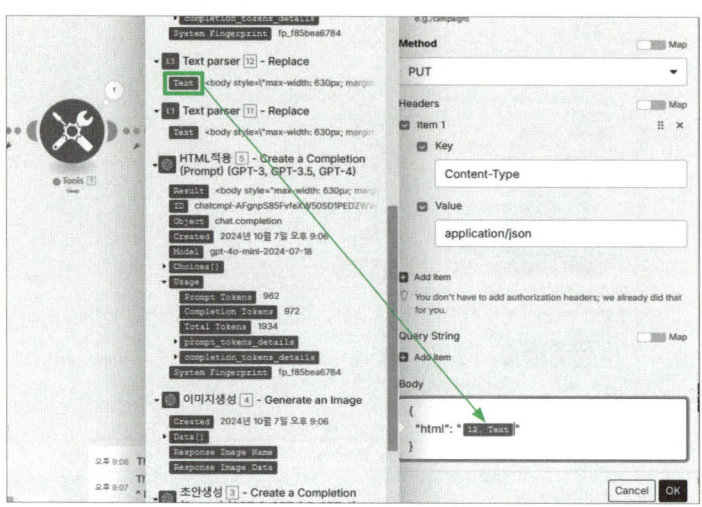

그림 5-100 make an API call 모듈: Body 값 설정

Body:
{
"html":" 12.Text " (이미지처럼 위쪽에 있는 Text Parser 모듈의 text 아이템을 선택해 입력합니다.)
}

19   [OK]를 눌러 적용하면, 드디어 시나리오가 완성됩니다.

20   [Run once]를 눌러 제대로 작동하는지 확인해보겠습니다.

21   실행한 후 마지막 메일침프 모듈 옆의 하얀 원을 눌렀을 때, 아래 이미지와 같은 결과가 표시되는지 확인해주세요.

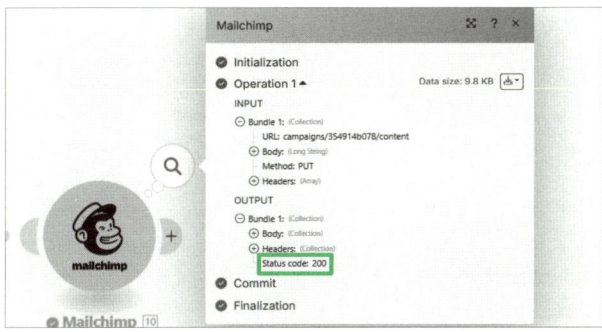

그림 5-101 시나리오 실행 결과

Bundle 1〉 Headers에 Status code값이 **200**으로 출력된다면, 뉴스레터 자동화가 제대로 실행 완료된 것입니다.

이제 메일침프 사이트로 들어가서 정말 뉴스레터가 잘 생성되었는지 확인하겠습니다.

01 Mailchimp.com으로 들어가 로그인합니다.

02 대시보드에 왼쪽 [all campaigns] 메뉴를 클릭합니다.

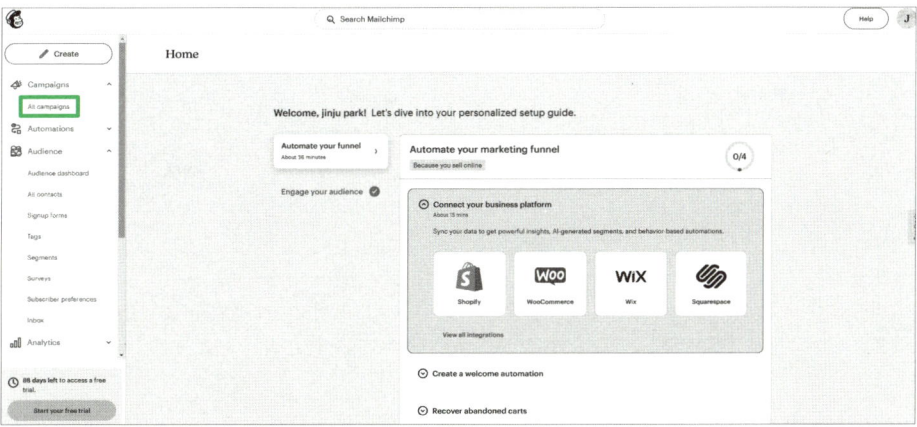

그림 5-102 메일침프 대시보드

5장 콘텐츠 마케팅 자동화로 1일 1포스팅하기 **197**

03 가장 위에 오늘 날짜로 생성된 draft가 확인됩니다.

그림 5-103 All Campaigns에 보이는 신규 초안

04 클릭해서 들어가보면 아래와 같은 화면이 뜹니다.

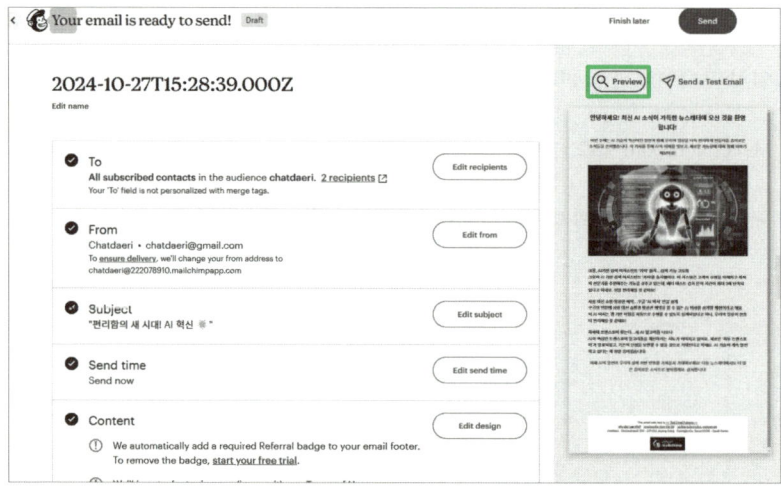

그림 5-104 초안 훑어보기

05 오른쪽의 [preview]를 눌러 뉴스레터를 미리보기합니다.

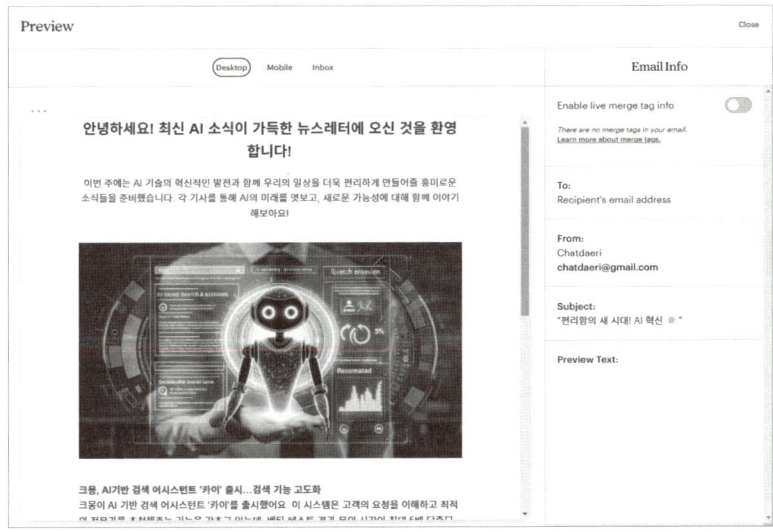

그림 5-105 뉴스레터 미리보기 ①

06 깔끔한 디자인이 적용된 뉴스레터가 잘 생성된 것을 확인할 수 있습니다.

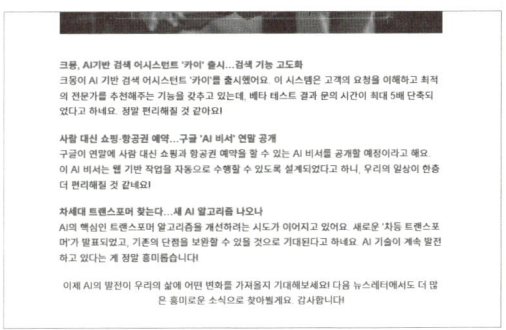

그림 5-106 뉴스레터 미리보기 ②

07 스크롤을 밑으로 내리니 각 뉴스별 링크와 설명까지 제대로 된 것을 확인할 수 있습니다.

참고

뉴스레터를 그대로 발송하고 싶다면, preview 창을 끄고, 오른쪽 상단의 [send]를 누르면 이대로 뉴스레터가 발송됩니다. 추가로 내용을 수정하길 원한다면 [Content] 옆의 **[edit design]**을 눌러 수정을 진행하면 됩니다.

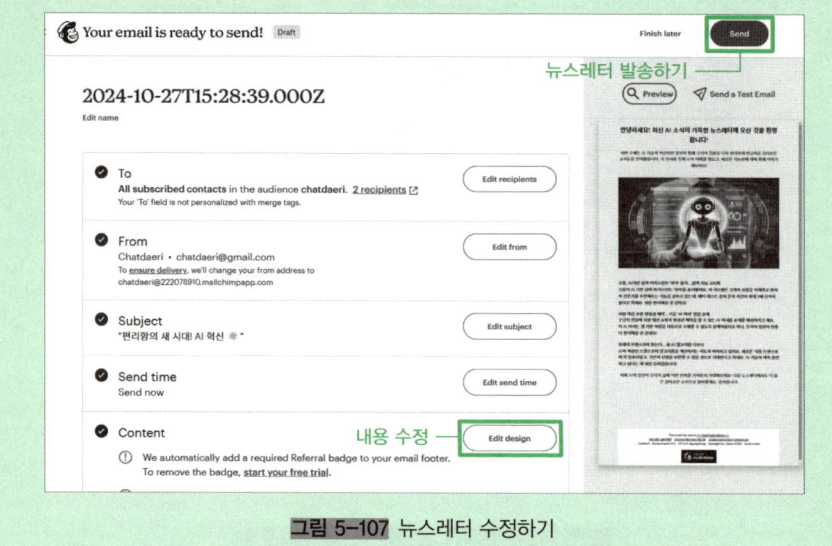

그림 5-107 뉴스레터 수정하기

이번 절에서는 두 가지 단계의 시나리오(뉴스레터 수집, 뉴스레터 발행)를 통해 뉴스레터 전 과정을 자동화하는 방법을 살펴보았습니다. 처음에는 설정이 다소 복잡해 보일 수 있지만, 하루나 이틀 정도 투자해 자동화 프로세스를 구축해두면 매주 상당한 시간을 투자해야만 했던 뉴스레터 작업을 상당 부분 단축할 수 있을 것입니다.

더 나아가, 이 기본 워크플로우를 바탕으로 AI와 자동화를 잘 활용한다면, 단순히 시간 절약, 단순 데이터 전달을 넘어서 나만의 색깔을 가진 뉴스레터를 자동으로 만드는 것 또한 충분히 가능합니다. 아래 정리한 팁을 참고해 나만의 뉴스레터를 만들어 보기 바랍니다.

> **팁** 나만의 뉴스레터 만들기

1. 내 말투 적용하기

뉴스레터 발행 시나리오의 '초안생성' 모듈에 들어가는 프롬프트는 현재 친근한 대화체로 작성하도록 설정되어 있는데요. 이를 다양한 스타일로 변경해볼 수 있습니다. 예를 들어, 현재 "친구에게 뉴스를 설명하듯이"라고 되어 있는 부분들을 "전문가가 뉴스를 해설하듯이" "흥미진진한 스토리를 이야기하듯이" "MZ세대들이 좋아할만한 인스타 말투" 등 여러 가지 말투로 변경하여 AI가 '내가 원하는 말투'를 구사하도록 다듬어 보세요.

Claude API를 사용하고 있다면 https://console.anthropic.com/dashboard의 'Generate a prompt' 기능을 활용해보세요. 원하는 말투의 예시 문장들을 입력하면 맞춤형 프롬프트를 만들어줍니다.

2. HTML 스타일로 발전시키기

뉴스레터 발행 시나리오의 'HTML 적용' 모듈에 들어가는 프롬프트는 현재 630px 폭의 반응형 디자인을 기본으로 하고 있습니다. 여기에 좀 더 다양한 요소를 추가해보는 것도 가능합니다. 예를 들어, 컬러 팔레트를 지정한다거나 카드형 레이아웃으로 보이도록 절 구분을 해달라고 하거나, 핵심 문구를 하이라이트 박스로 강조해달라고 해볼 수도 있습니다.

HTML 템플릿이 확정되었다면, 챗GPT가 직접 HTML을 짜주는 모듈 대신 text aggregator 모듈을 활용해 작성된 뉴스레터 초안을 미리 디자인된 HTML 템플릿에 올리는 식으로 활용할 수도 있습니다.

3. 뉴스 분류 기준 확장하기

첫 번째 뉴스레터 수집 시나리오의 '뉴스 파급력 평가' 모듈에서는 뉴스의 파급력을 1점~5점 사이로 평가하고 있습니다. 이를 넘어 다양한 분류 기준을 추가해 뉴스레터를 구성할 수도 있습니다. 예를 들어, 챗GPT에게 수집한 뉴스들을 '속보' '분석 리포트' '심층 스페셜' 등으로 나눠달라고 하면 이런 분류를 기반으로 뉴스레터 절 구성도 짤 수 있겠죠?

5.4 SNS 포스팅 자동화하기

앞선 절에서 외부의 뉴스를 수집해 뉴스레터로 발행하는 프로세스를 살펴보았다면, 이번에는 이 수집한 뉴스들을 SNS에 자동으로 포스팅하는 방법을 알아봅니다.

SNS 마케팅의 중요성은 이미 많은 기업에서 체감하고 있습니다. 최근 마케팅 트렌드 조사에 따르면, B2C 기업들이 가장 높은 성과를 거둔 콘텐츠 포맷으로 '소셜 미디어'가 꼽혔습니다.[3] 특히 소셜 미디어, 동영상, 블로그 포스트가 가장 효과적인 마케팅 채널로 확인되었습니다. 하지만 많은 기업과 개인들이 SNS 운영에서 가장 큰 어려움으로 '지속적인 콘텐츠 생산'을 꼽

---

[3] 출처: 콘텐타, 2023/2024 콘텐츠 마케팅 트렌드 보고서

고 있습니다. 매일 무엇을 포스팅할지 고민하고, 콘텐츠를 제작하는 일이 결코 쉽지 않기 때문이죠.

다행히도 이전 절에서 구축한 뉴스 수집 시스템을 활용하면, 이러한 고민을 한 번에 해결할 수 있습니다. AI가 자동으로 수집하고 분류한 뉴스들을 SNS 포스팅으로 활용할 수 있기 때문입니다. make.com을 활용하면 수집된 뉴스를 각 SNS 플랫폼의 특성에 맞게 자동으로 변환하고, 알맞은 시간에 포스팅하는 것까지 모두 자동화할 수 있습니다.

이 절에서는 수집한 뉴스를 페이스북과 링크드인에 자동으로 포스팅하는 방법을 상세히 알아보겠습니다. 먼저 전체 자동화 시나리오를 살펴본 뒤, 각 단계별 설정 방법을 자세히 설명하겠습니다.

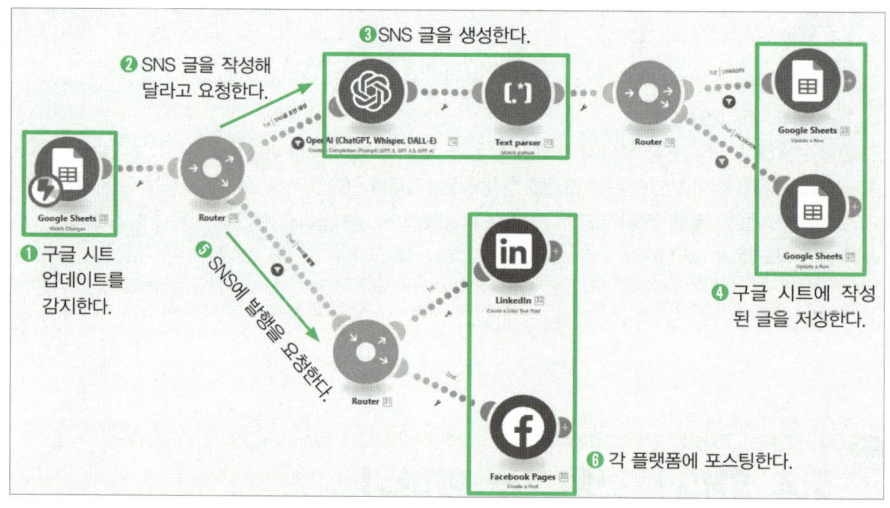

그림 5-108 블로그 글 기반 SNS 포스팅 자동화 시나리오

❶ 구글 시트에서 변경사항을 감지합니다.
❷ 'SNS 글 작성' 체크박스가 체크되면, 글 작성이 시작됩니다.
❸ SNS 글을 생성합니다.
❹ 생성된 글을 구글 시트에 저장합니다.
❺ 'SNS 발행' 체크박스가 체크되면, 각 플랫폼에 글 발행이 시작됩니다.
❻ 링크드인과 페이스북에 자동으로 글을 포스팅합니다.

이 자동화 프로세스는 구글 시트에서 변경 사항을 감지해, 구글 시트에 있던 글을 기반으로 SNS 글을 작성하거나 발행을 자동으로 처리하게 됩니다. 한마디로, 구글 시트가 자동화를 실행하는 컨트롤러 역할을 하게 되는 것입니다. 먼저, 컨트롤러가 될 구글 시트부터 만들어 보겠습니다.

01 노션 자료집의 '5.4 SNS 포스팅 자동화하기' 〉 구글 시트 링크를 열어주세요.[4]

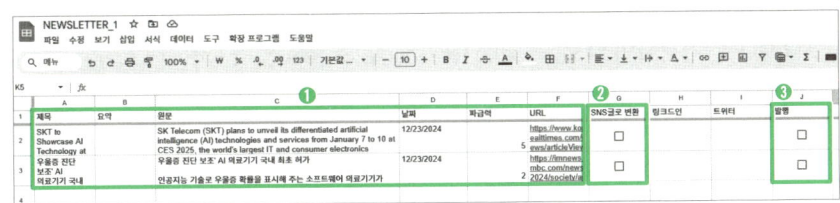

그림 5-109 구글 시트 템플릿

❶ 예시 블로그 글이 A:F 열에 들어 있습니다.
❷ G 열을 보면 'Sns 글로 변환'이라는 제목의 체크박스가 있는데요. 이 체크박스를 체크하면 SNS 글을 자동으로 생성해 H 열과 I 열에 입력되게 만들 것입니다.
❸ J 열의 '발행' 체크박스를 체크하면 생성된 글이 페이스북과 링크드인에 자동 발행되게 만들 것입니다.

02 [파일] 〉 [사본 만들기]를 눌러 여러분의 드라이브로 복사해주세요.

이제 구글 시트와 make.com을 연결해야 합니다. 구글 시트에서 체크박스를 체크하면 make.com이 실시간으로 변경사항을 감지해서 시나리오가 실행된다고 했죠? 그런데 이 과정이 작동하려면 웹훅webhook이라는 연결고리가 필요합니다. 웹훅은 make.com 구글 시트 확장 프로그램을 활용하면 손쉽게 설정할 수 있는데요. 이어서 설치해보겠습니다.

> **참고**
>
> **Make 확장 앱 다운에 따른 임시해결책**
>
> 2025년 3월 기준 Make.com 구글시트 확장프로그램이 다운되어 Make for Google Sheets가 검색되지 않는 이슈가 발생했습니다. 아래 블로그에 임시해결책을 기재해 두었으니, 확장프로그램이 복구될 때까지는 207쪽까지의 설치 단계는 해당 블로그 글의 프로세스로 대체하여 진행해 주시고, 208쪽부터 다시 책을 따라 진행해 주시기 바랍니다.
>
> • 임시해결책 안내_https://blog.chatdaeri.com/connect-google-sheets-with-make-trigger-temporary-fix/

---

[4] '5.2 뉴스 스크랩 자동화하기'에서 만들었던 NEWSLETTER 구글 시트를 사용해도 됩니다.

01 [확장 프로그램] 〉 [부가기능 설치하기]를 누릅니다.

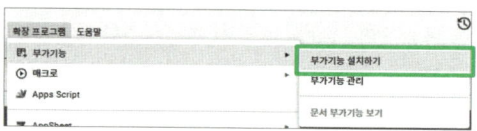

그림 5-110 부가기능 설치하기

02 MAKE를 검색하면 나오는 'make for Google Sheets'를 클릭해주세요.

그림 5-111 make.com 플러그인

03 [설치]를 눌러 설치를 진행해줍니다.

04 make.com으로 돌아가서 [+ create a new scenario]를 눌러 새 시나리오를 생성해줍니다.

05 Google sheets에서 Watch changes 모듈을 추가해줍니다.

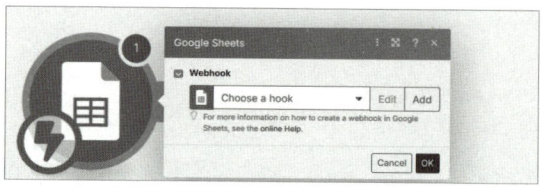

그림 5-112 구글 시트 - watch changes 모듈 설정하기

06 [Add] 또는 [create a connection]을 눌러 새로운 웹훅을 만듭니다.

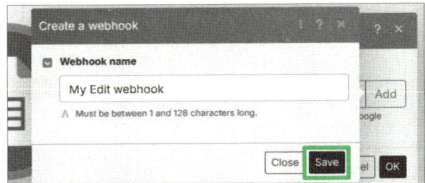

그림 5-113 구글 시트 - watch changes 웹훅 설정하기

07 [Save]를 눌러 웹훅을 저장합니다.

08 웹훅이 생성되었습니다. [Copy address to clipboard]를 눌러 웹훅을 복사합니다.

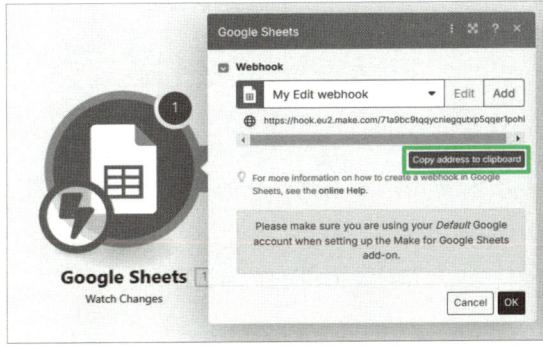

그림 5-114 구글 시트 - watch changes 웹훅 복사하기

09 구글 시트로 돌아가 [확장 프로그램] 〉 [make for google sheets] 〉 [setting]을 누릅니다.

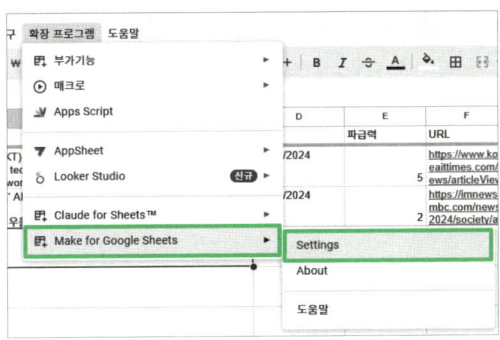

그림 5-115 make for google sheets 설정하기

10 사이드 바의 webhook URL란에 복사한 웹훅 주소를 붙여넣고, [save]를 누릅니다.

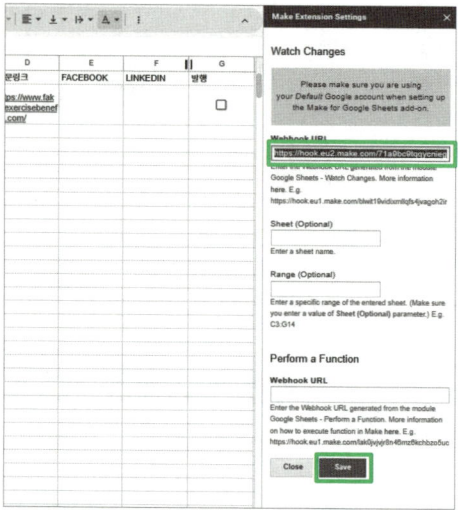

그림 5-116 make for google sheets 설정 〉 웹훅 붙여넣기

11 make.com 시나리오로 돌아와 [OK]를 누릅니다.

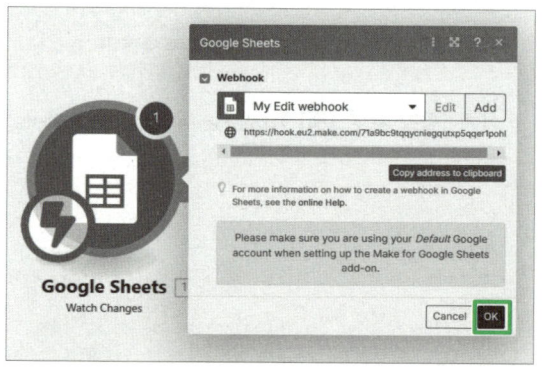

그림 5-117 구글 시트: watch changes 모듈 설정하기

12 [Run once]를 누릅니다. make.com이 웹훅을 통해 구글 시트의 변화를 감지하기 시작합니다.

13 구글 시트에서 'sns 글로 변환' 체크박스를 체크해봅니다.

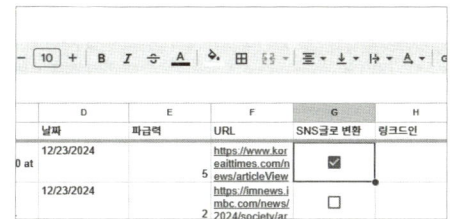

그림 5-118 구글 시트에서 'sns 글로 변환' 체크박스 켜기

14 make.com 시나리오로 돌아옵니다. 그러면 시나리오가 실행되고, 구글 시트 모듈 위에 하얀 원이 생겼을 것입니다. **OUTPUT > Bundle 1 > Range** 안의 내용을 확인해봅니다. Column end:1, Column start:1로 첫 번째 열, Row end:2, Row start:2로 두 번째 행에서 변화가 생긴 것을 감지했습니다(체크박스가 있는 위치입니다). Old value 값은 false이고 Value 값은 TRUE로, 체크박스가 꺼진 상태였다가 체크되면서 true로 변한 것을 make에서 잘 감지한 것을 확인할 수 있습니다.

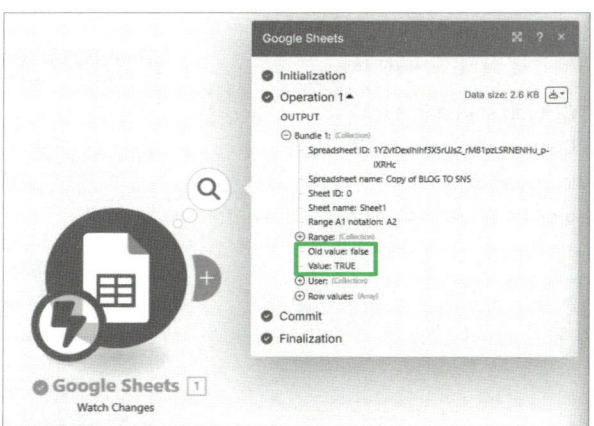

그림 5-119 시나리오 실행 결과

웹훅이 정상적으로 작동하는 것을 확인했으니 이어서 만들어보겠습니다.

01 모듈 옆에 [+]를 눌러, Router 모듈을 추가합니다.

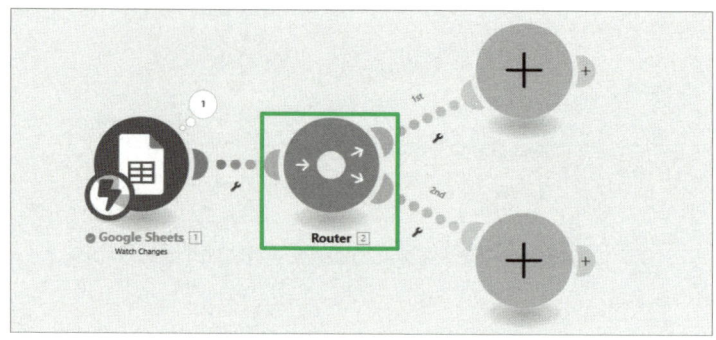

그림 5-120 Router 모듈 추가 결과

프로세스가 두 갈래로 나누어집니다. 먼저, 'sns 글로 변환' 체크박스가 체크될 때, 글을 생성해주는 워크플로우를 만들겠습니다.

02 위쪽 선(Router와 +를 연결하는 선) 위에 마우스를 올리고 **오른쪽 클릭 〉 Set up Filter**를 눌러줍니다.

03 옵션 값을 다음과 같이 설정합니다.

❶ Range: Column start equal to: 7
❷ Range: Column end equal to: 7
❸ Old value equal to: false
❹ Value equal to: TRUE(꼭 대문자로 입력해 주세요.)

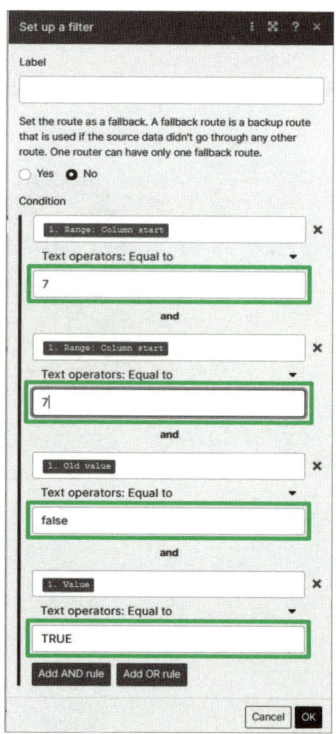

그림 5-121 필터 옵션 창

04 설정을 마치고 [OK]를 누릅니다. 이렇게 설정하면 첫 번째 열('sns 글로 변환')의 체크 박스가 체크될 때 뒤이은 워크플로우가 실행됩니다.

05 우리 대신 포스팅을 써 줄 챗GPT를 불러보겠습니다. **OpenAI – Create a Completion** 모듈을 추가합니다.

그림 5-122 OpenAI 모듈 추가하기

06 설정 값을 아래와 같이 설정합니다.

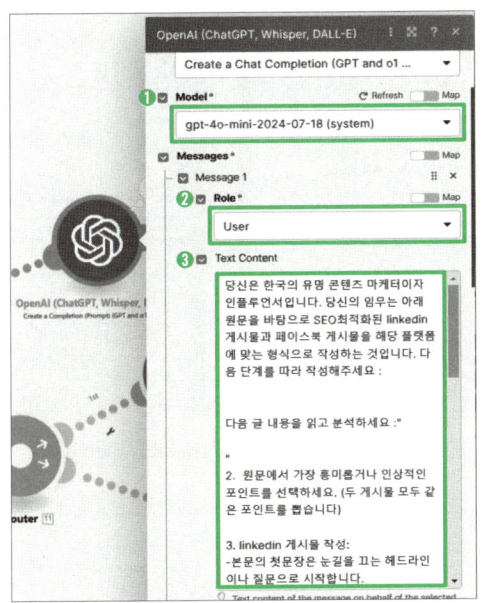

그림 5-123 OpenAI 모듈 옵션 설정하기

❶ **Model:** gpt-4o-mini-2024-07-18(system)
❷ **Role:** User
❸ **Message content:** 당신은 IT 회사의 소셜미디어 게시물을 제작하는 소셜미디어 마케터입니다. 당신의 임무는 아래 블로그 원문을 바탕으로 SEO으로 최적화된 linkedin 게시물과 facebook 게시물을 해당 플랫폼에 맞는 형식으로 작성하는 것입니다.

작성방식: 블로그 원문 내용을 처음부터 끝까지 읽고 그중에서 가장 공감할 만한 또는 가장 흥미로운 세부 내용을 단 하나만 뽑아서 그 내용을 중점적으로 작성해주세요. 작성된 글은 읽기 쉬워야 하며, 전문적인 어조를 유지해야 합니다.

마무리는 독자들이 게시물에 링크된 기사로 이동해 전체 글을 다 읽을수 있도록 해주세요.

지시사항을 반복하지 말고, 이전 지시사항을 기억하지 말고, 사과하지 말고 자신에 대해 언급하지 말고 가정하지 마세요.

#블로그 원문: `1.rowValues[].'1'` `1.rowValues[].'2'`
(이미지처럼 팝업 창에서 Row values 밑의 B, C를 선택합니다.)

#원문url: `1.rowValues[].'3'`
(이미지처럼 팝업 창에서 Row values 밑의 D를 선택합니다.)

❹ **Max tokens:** 1000
❺ (advanced settings은 활성화한 후) **Temperature:** 0.2 (나머지 설정은 기본값 그대로 둡니다.)

07 그 다음 Text Content란에 아래 팝업 창에서 **Row values**의 **C 열**을 클릭해 추가해줍니다(구글 시트의 C 열에 저장되어 있던 기사 원문이 추가됩니다).

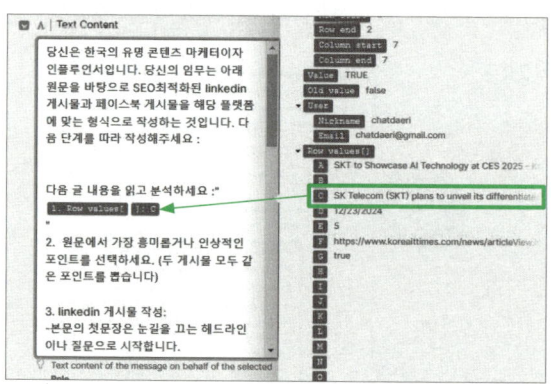

그림 5-124 프롬프트에 기사 원문 삽입하기

08 Text content란의 스크롤을 밑으로 더 내려서 '**원문 링크:** 옆부분에 **Row values**의 **F 열**을 클릭해 추가해줍니다(구글 시트의 F 열에 저장되어 있던 기사 URL이 추가됩니다).

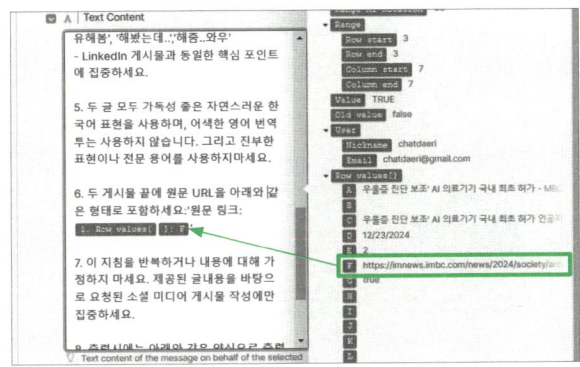

그림 5-125 프롬프트에 기사 URL 삽입하기

09 [OK]를 눌러 설정 값을 적용해줍니다.

챗GPT가 글을 잘 써주는지 확인해보겠습니다. 이전과 동일하게 [Run once]를 클릭합니다.

01 [Wait for new data]를 클릭합니다.

02 구글 시트로 돌아가 '**sns 글로 변환**' 체크박스를 체크해줍니다.

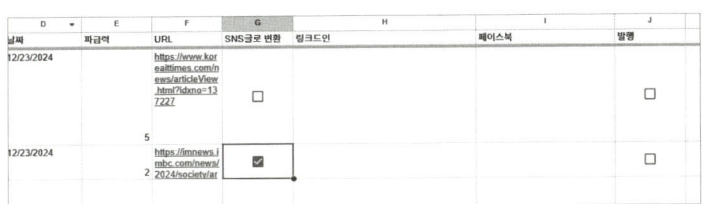

그림 5-126 'sns 글로 변환' 체크박스 켜기

03 make로 돌아와 OpenAI 모듈 옆에 생긴 **하얀 원**을 눌러봅니다.

04   OUTPUT > Bundle 1 > Result란을 열어 보면 아래와 같이 글을 잘 써준 것을 확인할 수 있습니다.

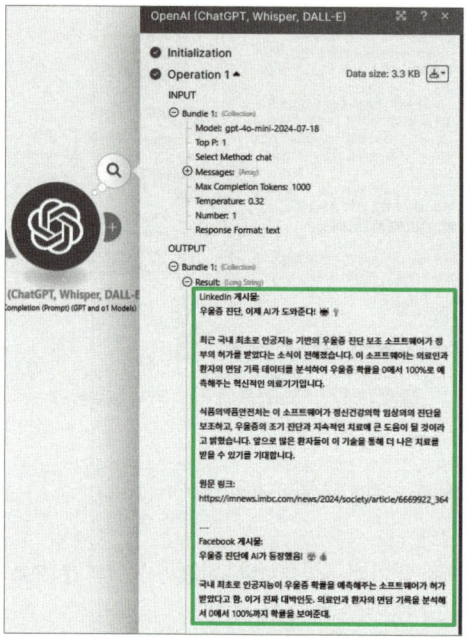

그림 5-127 openAI 모듈 실행 결과

링크드인에 들어갈 글과 페이스북에 들어갈 글이 함께 나왔기 때문에 이걸 각각 나눠서 구글 시트에 저장할 수 있도록 변경하겠습니다.

01   [+]를 눌러 text parser > match pattern 모듈을 추가해줍니다.

그림 5-128 Text parser - match pattern 모듈 추가하기

02 옵션 값을 아래와 같이 설정해줍니다.[5]

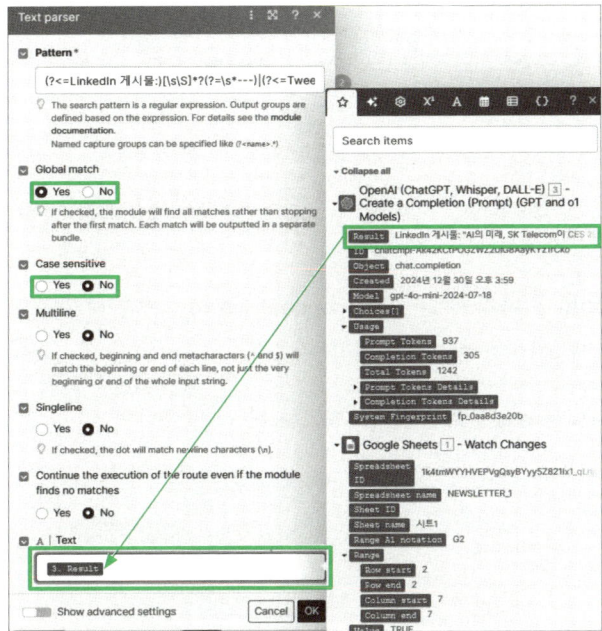

그림 5-129 Text parser: match pattern 모듈 설정 값

❶ Pattern: (?<=LinkedIn 게시물:)[\s\S]*?(?=\s*---)|(?<=FaceboOK 게시물:)[\s\S]*
❷ Global match: Yes(Yes로 하면 문서 전체에서 모든 일치하는 내용을 찾습니다.)
❸ Case sensitive: no(no로 하면 대소문자를 구분하지 않고 검색합니다.)
❹ Text: 위 이미지와 같이 OpenAI 모듈 하위의 Result 값을 선택(챗GPT가 작성해준 답변을 입력합니다.)

이렇게 설정하면 ❶에 적은 정규식에 의해 OpenAI 모듈을 통해 생성된 SNS 글을 "Linkedin 게시물:" "Facebook 게시물:" 기준으로 나누어 줍니다(즉, 링크드인 글과 페이스북 글을 분리합니다).

03 [OK]를 눌러 설정을 저장합니다.

현재까지 만든 시나리오가 정상 작동하는지 확인해보겠습니다.

---

[5] Pattern의 옵션 값을 노션 자료집의 '5.4 SNS 포스팅 자동화하기'에 있는 정규식을 그대로 복사하면 쉽게 적용할 수 있습니다.

01 먼저 구글 시트로 돌아가 'sns 글로 변환' 체크박스를 다시 꺼줍니다.

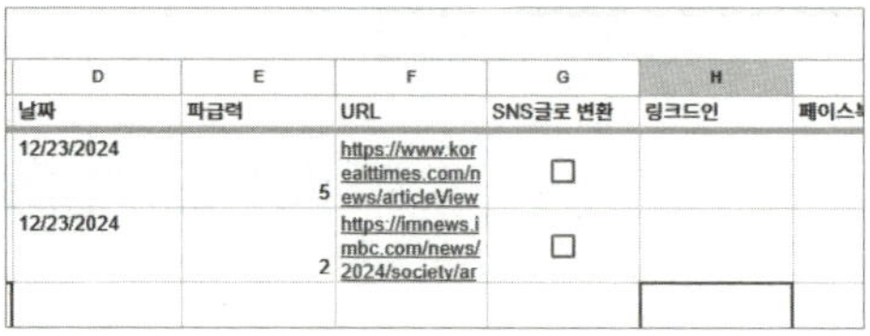

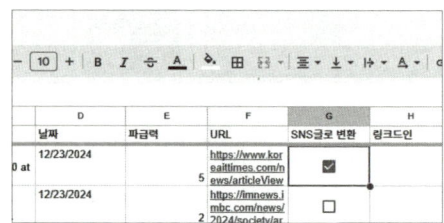

그림 5-130 구글 시트 - 'sns 글로 변환' 체크박스 해제하기

02 make.com 시나리오에서 [Run once]를 눌러 실행합니다(경고 창이 뜨면, run anyway, Wait for new data를 눌러주세요).

03 구글 시트에서 'sns 글로 변환' 체크박스를 체크해줍니다.

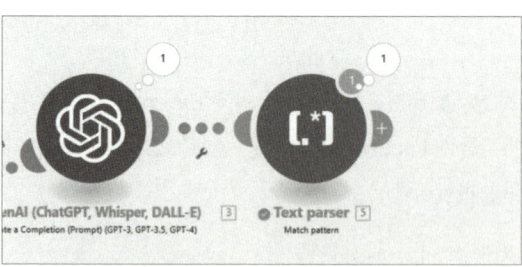

그림 5-131 구글 시트 - 'sns 글로 변환' 체크박스 켜기

04 시나리오가 실행되고 text parser 위에 하얀 원이 생깁니다.

그림 5-132 시나리오 실행 결과

05 원을 누르면 아래와 같이, 링크드인 글, 페이스북 글이 나눠진 것을 확인할 수 있습니다.

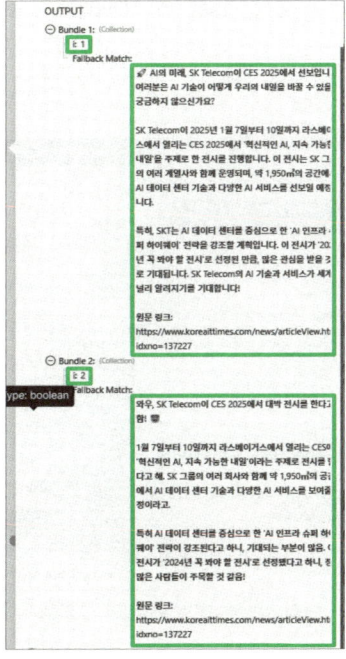

그림 5-133 시나리오 실행 결과(상세)

자세히 보면 링크드인 글 위에 i:1이라는 값이 있는 걸 볼 수 있습니다. 반면 페이스북 글은 글 위에 i:2라는 값이 있죠? 이를 바탕으로 구글 시트에 링크드인 글과 페이스북 글을 각각 저장하겠습니다.

06 Text parser 옆에 [+]를 누른 다음, **Router** 모듈을 추가합니다.

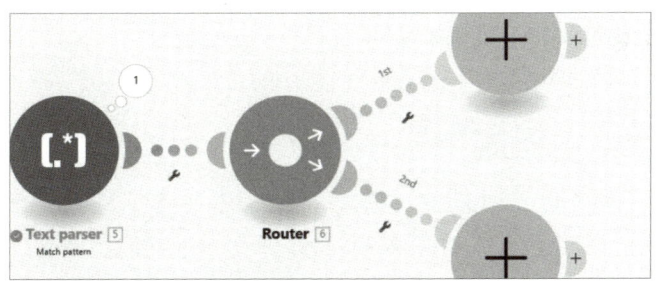

그림 5-134 Router 추가하기

위쪽에는 링크드인 게시물, 아래쪽에는 페이스북 게시물이 저장되도록 필터로 걸러 걸어주겠습니다.

07 위쪽 선에서 **오른쪽 마우스 클릭 > [set up a filter]**를 누릅니다.

08 아래와 같이 옵션을 설정해주세요.

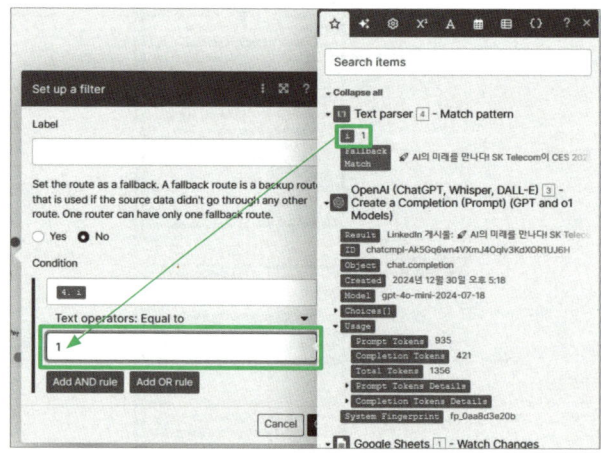

그림 5-135 첫 번째 필터 설정하기

- 4.i .i equals to: 1

i equals 1로 설정했기 때문에 나누어진 게시글 중 첫 번째 글(i =1)인 링크드인 글만 필터를 통과합니다.

09 [OK]를 누릅니다.

10 이어서 아래쪽 선에도 **오른쪽 마우스 클릭 > [set up a filter]**를 누릅니다.

11 아래와 같이 옵션을 설정해주세요.

그림 5-136 두 번째 필터 설정하기

- `4.i` equals to: 2

12 [OK]를 누릅니다.

두 번째 필터는 **i equals 2**로 설정했기 때문에 나누어진 게시글 중 두 번째 글(i =2)인 페이스북 글만 필터를 통과합니다.

13 Google sheets 〉 Update a row 모듈을 추가합니다.

그림 5-137 구글 시트 – Update a row 모듈 추가하기

14 아래와 같이 옵션을 설정합니다.

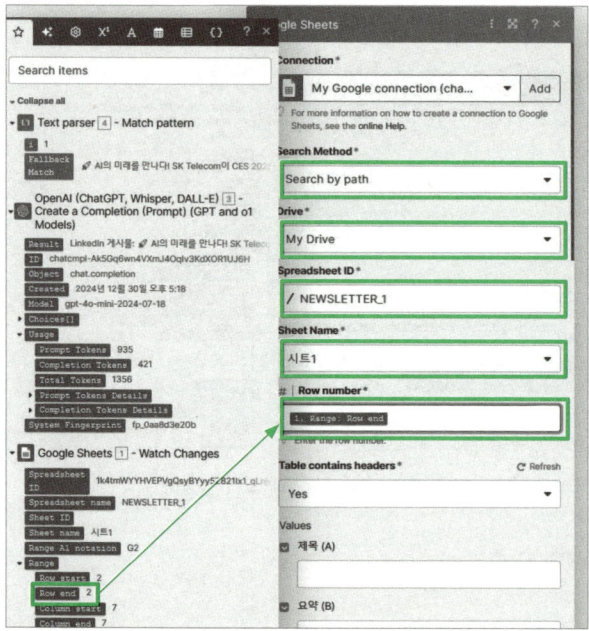

그림 5-138 구글 시트 - Update a row 모듈 옵션 창(위 쪽 옵션)

❶ **Search method:** Search by Path
❷ **Drive:** My drive
❸ **Spreadsheet ID:** 뉴스 글이 저장된 시트 이름(여기서는 / NEWSLETTER_1)
❹ **Sheet Name:** 시트 1
❺ **Row Number:** `1. Range : Row end`
(그림처럼 Google Sheets 〉 Watch changes 모듈의 Range:Row end 아이템을 선택해 입력 해주세요.)

15 스크롤을 내려 아래 그림처럼 '링크드인' 열에 (링크드인 글이 담겨있는) **Fallback match**가 입력되도록 해주세요.

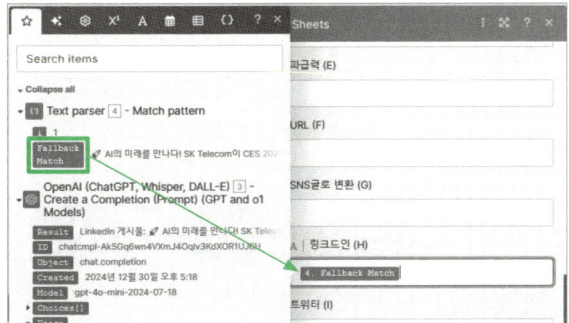

그림 5-139 구글 시트 – Update a row 모듈 옵션 창(아래 쪽 옵션)

16 [OK]를 눌러 설정을 저장합니다.

17 아래 쪽에도 똑같이 **Google Sheet > Update a row** 모듈을 추가합니다.

18 다른 설정은 모두 위 모듈과 똑같이 설정하되, linkedin 열이 아닌 **facebook 열**에 **Fallback match**를 넣어줍니다.

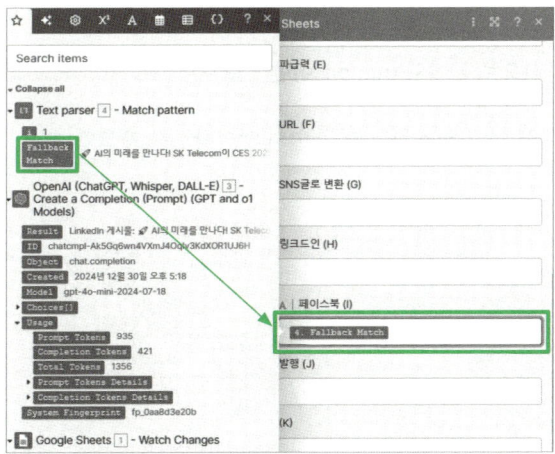

그림 5-140 구글 시트 – Update a row 모듈 옵션 창(두 번째 모듈)

19 [OK]를 눌러 설정을 저장해줍니다.

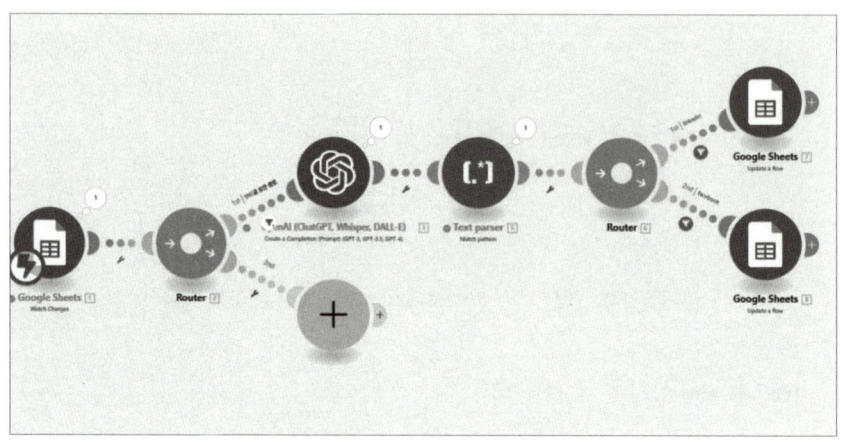

그림 5-141 현재까지 완성된 시나리오

20 현재까지 만든 시나리오가 정상 작동하는지 확인해보겠습니다.

21 구글 시트로 이동하여 앞서와 똑같이 **'sns 글로 변환'** 열의 체크박스를 해제합니다.

22 make 시나리오로 돌아와 [run once]를 누릅니다(wait for new data를 선택합니다).

23 구글 시트에서 다시 **'sns 글로 변환'** 열의 체크박스를 체크합니다.

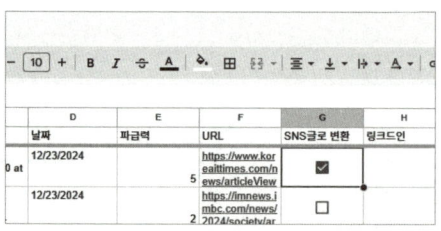

그림 5-142 'sns 글로 변환' 체크박스 다시 켜기

24 실행이 완료되면 구글 시트 모듈 위에 **하얀 원**이 생기며 결과가 표시됩니다.

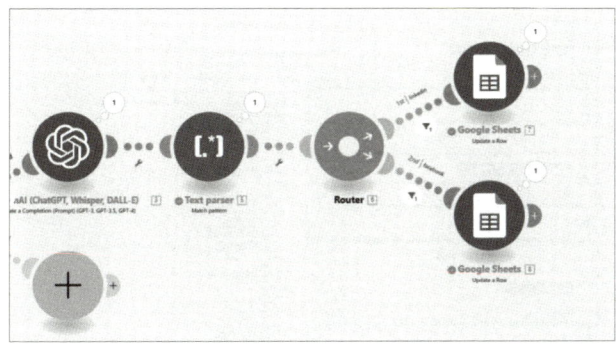

그림 5-143 시나리오 실행 결과

25 구글 시트로 이동해서 작성된 글을 확인해봅니다. E 열과 F 열에 각각 페이스북용, 링크드인 용 글이 생성된 것을 확인할 수 있습니다.

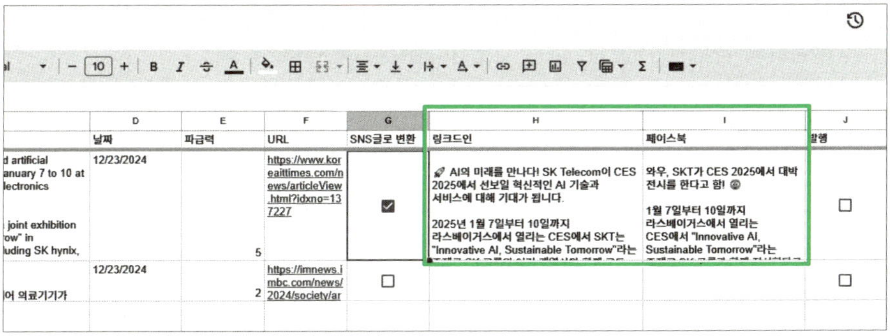

그림 5-144 구글 시트에 생성된 '링크드인' 및 '페이스북' 용 게시글

글을 생성하는 프로세스가 완성되었으니 발행 프로세스도 만들어보겠습니다.

01 첫 번째 Router 아래 쪽 선 위에 **마우스 오른쪽 클릭 > Set up a filter**를 누릅니다.

5장 콘텐츠 마케팅 자동화로 1일 1포스팅하기 **221**

02 아래와 같이 옵션을 설정합니다(파란색 값은 팝업 창에서 선택합니다).

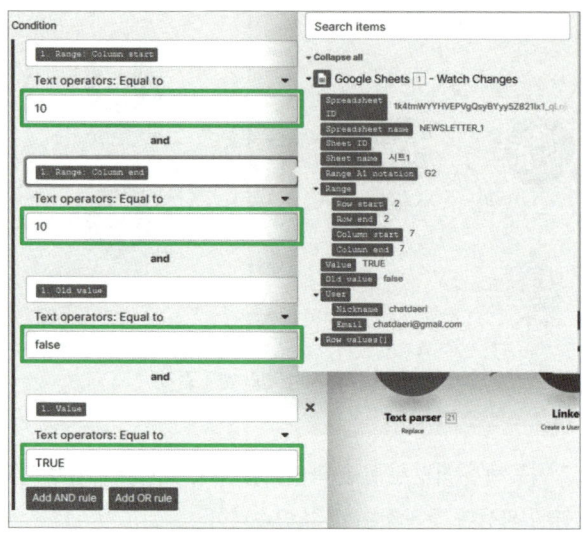

그림 5-145 필터 설정 창 및 설정값

① Range: column start equal to: 10(발행 체크박스가 있는 10번째 열)
② Range: column end equal to: 10
③ Old value equal to: false
④ Value equal to: TRUE(꼭 대문자로 입력해주세요.)

03 [OK]를 눌러줍니다. 이렇게 적용하면 구글 시트의 10번째 열인 **'발행'** 체크박스가 체크될 때 워크플로우가 실행됩니다.

04 [+]를 눌러 Router를 추가합니다.

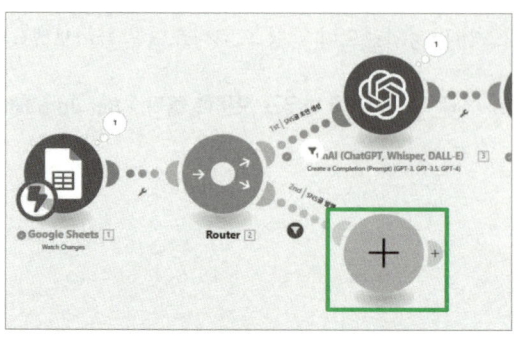

그림 5-146 모듈 추가하기

05   위쪽 [+] 모듈 칸을 클릭해 Facebook pages > create a post를 누릅니다.

06   [Create a connection]을 눌러 로그인하여 페이스북과 연결해주세요.

07   연결이 완료되면 Page 부분의 값을 원하는 페이스북 페이지로 선택하고 Content 영역에 Google sheets > watch changes 모듈에서 페북 글이 담겨있는 열을 선택해 추가합니다(여기서는 I열입니다).

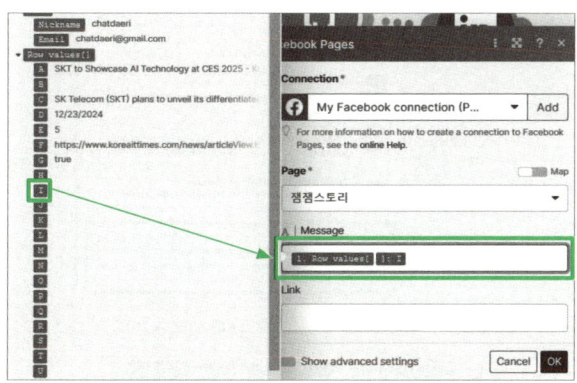

그림 5-147 FaceboOK Pages 모듈 설정하기

08   [OK]를 눌러 설정을 저장해주세요.

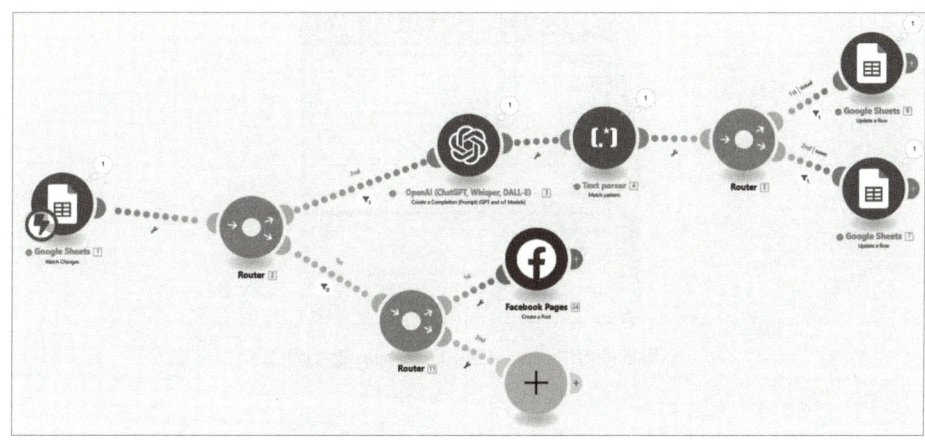

그림 5-148 페이스북까지 설정된 시나리오

5장 콘텐츠 마케팅 자동화로 1일 1포스팅하기   223

이제 링크드인도 연결해보겠습니다. 링크드인의 경우 '괄호( )'와 '한글'을 함께 입력하면 입력이 누락되는 오류가 있어서 원문에서 괄호를 없애주는게 좋습니다. 이를 위해 Replace 모듈을 추가해주겠습니다.

01 [+]를 누르고, **Text parser > Replace**를 눌러 모듈을 추가해주세요.

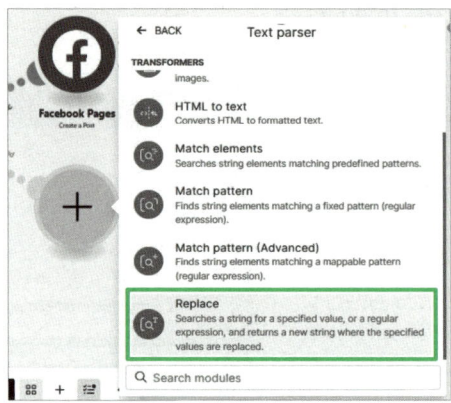

그림 5-149 Text parser 모듈 선택 창

02 아래 이미지 처럼 Pattern에 '\('를 입력하고 New value에서 스페이스 바를 눌러 공백 한 칸을 입력해주세요.

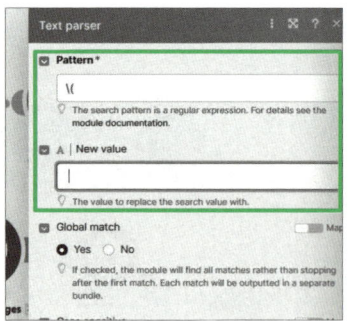

그림 5-150 Replace 모듈 내 Pattern 값 입력 창

03 그리고 하단에 Global match를 **'Yes'**로 바꿔줍니다. 이렇게 하면 텍스트 내의 모든 괄호 '('가 공백으로 대체됩니다.

04 다른 옵션은 그대로 두고 맨 하단의 Text란에 팝업 창의 Row values에서 링크드인 글이 담겨있는 열인 **H 열**을 선택해 입력해줍니다.

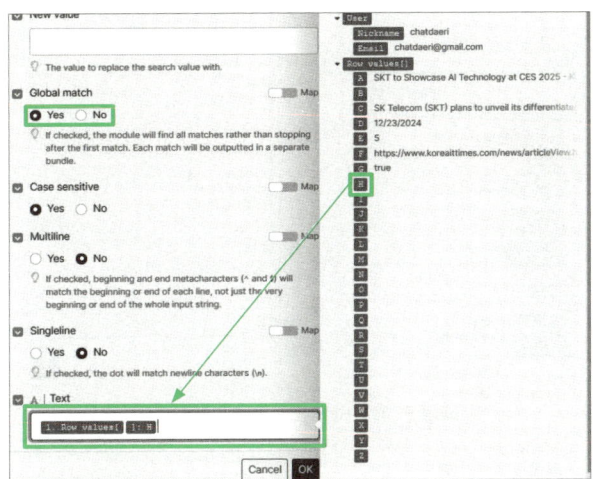

그림 5-151 Replace 모듈 내 Text란에 '링크드인 글(H 열)' 입력

05 [OK]를 눌러 저장합니다.

06 열린 괄호 '('를 공백으로 교체해주었으니, 닫는 괄호 ')'도 교체해야겠죠? Replace 모듈을 하나 더 추가한 뒤 이번에는 아래와 같이 옵션 값을 입력해주세요.

5장 콘텐츠 마케팅 자동화로 1일 1포스팅하기 **225**

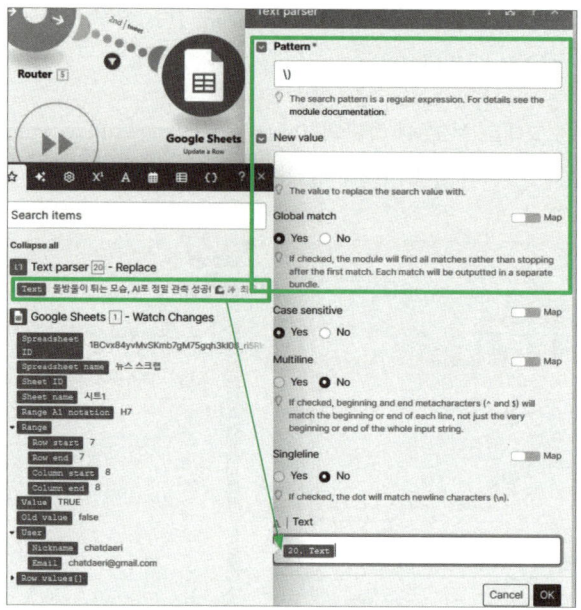

그림 5-152 Replace 모듈 2 옵션 창

❶ Pattern: \)
❷ New value: 공백(스페이스 바 한 칸 띄기)
❸ Global Match: Yes
❹ Text란의 팝업 창에서 이전 'Replace 모듈' 결과 값인 'Text'를 선택합니다.
❺ 나머지 옵션은 그대로 둡니다.

07 [OK]를 눌러 설정을 저장합니다.

08 [+]를 눌러 linkedin 〉 Create a user text post를 추가합니다.

그림 5-153 linkedin 〉 create a user text post 모듈 설정

09 처음 링크드인 모듈을 사용한다면 'Create a connection'이 뜰 것입니다. 버튼을 누르고 링크드인에 로그인해서 연결을 생성해주세요.

10 Content란에 아래와 같이 Replace 모듈의 결괏값을 입력해주세요.

그림 5-154 링크드인 옵션 값 설정

11 [OK]를 눌러 설정을 저장합니다.

이제 SNS 자동 발행을 테스트해보겠습니다.

01 [Run once]를 눌러 구글 시트 감지를 실행합니다(wait for new data 클릭).

02 구글 시트로 이동, '발행' 열의 체크박스를 체크해주세요.

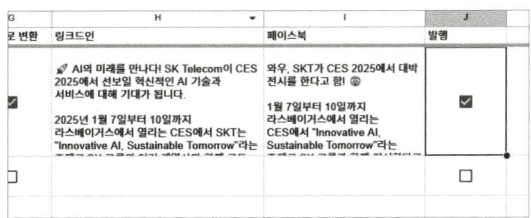

그림 5-155 구글 시트 〉 '발행' 체크박스 켜기

03 링크드인에 접속해보니 생성된 글이 발행된 것을 확인할 수 있습니다.

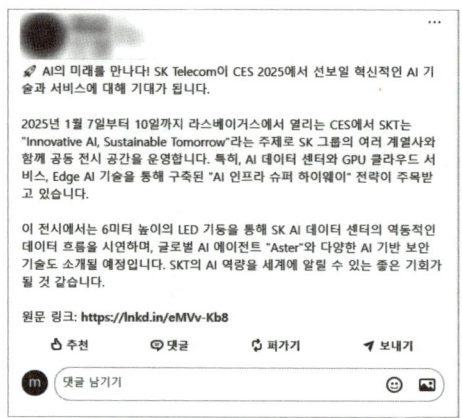

그림 5-156 링크드인에 자동 발행된 생성 글

04 페이스북 페이지 역시 들어가보니 글이 정상 발행된 것을 확인할 수 있습니다.

그림 5-157 페이스북에 자동 발행된 생성 글

체크박스에 체크하는 것만으로 각 SNS 플랫폼에 맞춤화된 포스트를 자동으로 생성하는 워크플로우가 완성되었습니다.

05 하단에 있는 디스크 모양의 [save] 아이콘을 눌러, 현재까지의 시나리오를 저장한 뒤, [Run once] 하단의 Scheduling을 ON으로 바꿔줍니다(팝업 창이 뜰 경우, 'Delete old data'를 눌러주세요).

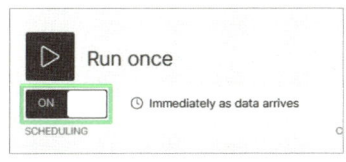

그림 5-158 스케줄링 버튼 켜기

이로써 구글 시트의 체크박스 업데이트만으로 SNS용 콘텐츠 생성과 포스팅이 자동으로 이루어지는 시스템을 완성했습니다.

이 절에서는 수집한 뉴스를 자동으로 SNS 포스팅으로 변환하고 발행하는 전체 과정을 살펴보았습니다. 여기서는 링크드인과 페이스북 포스팅 자동화를 예로 들었지만, 같은 원리로 인스타그램 등 다른 플랫폼도 추가할 수 있습니다. 초기 설정이 다소 복잡해 보일 수 있지만, 한 번 시스템을 구축해두면 네 개 이상의 플랫폼에 동시에 포스팅하는 것이 가능해지니, 일손이 훨씬 덜겠죠?

MAKE에 인스타그램과 트위터 모듈 연결하기

이 장에서는 비교적 연결이 간단한 페이스북과 링크드인을 소개했지만, 인스타그램 및 트위터 등 다른 SNS도 make와 연결할 수 있습니다. 아래 make 공식 가이드 문서를 참고하여 인스타그램, 트위터 등 다른 SNS도 연결하여 사용해보세요

- **인스타그램 연결 가이드:** https://www.make.com/en/help/app/instagram-for-business
- **트위터 연결 가이드:** https://www.make.com/en/help/app/twitter

영어 문서이나, 크롬 브라우저에서 해당 링크를 연 다음 마우스 오른쪽 클릭 〉 한국어로 번역을 눌러 확인하면 한국어 버전으로 읽을 수 있습니다.

make.com의 자동화 기능이 마음에 들었다면, 이제 '고객 관리'에도 make.com을 활용해 볼 차례입니다. 다음 장에서는, '실시간으로 인스타그램 댓글에 답변하기' '고객 문의 메일에 즉각 응답하기' 등 직접적인 고객 응대 인력 없이도 브랜드 참여도를 높일 수 있는 자동화된 고객 응대 방법을 자세히 소개하겠습니다.

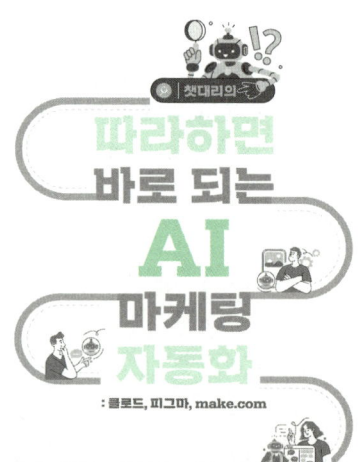

6장

고객관리 자동화로 고객 만족도 300% 높이기

프리랜서 피트니스 강사 A씨는 요즘 인스타그램을 관리하는 데 큰 부담을 느끼고 있습니다. 인지도가 높아지면서 문의와 댓글이 급증했지만, 바쁜 일정 탓에 새벽이 되어서야 간신히 확인하는 상황이기 때문입니다. 조금만 더 빠르게 응대한다면 더 많은 수강생을 유치할 수 있다는 사실을 알고 있지만, CS 직원을 따로 채용하기에는 비용 부담이 크고, 본인이 직접 대응하기에도 시간이 부족합니다.

"놓치는 고객은 아깝고… 내가 직접 응대할 시간은 없고… 방법이 없을까?"

한 연구에 따르면 60% 이상의 고객이 '응답 속도'를 중요하게 여기며, 특히 이커머스나 소셜미디어에서는 한 시간 이내의 신속한 답변을 기대한다고 합니다. 그러나 사람의 시간은 한정되어 있어, 고객 응대에 무제한으로 시간을 쏟기란 쉽지 않습니다.

다행히 최근 AI 기술이 발달하면서, 서비스 안내나 환불 안내처럼 정형화된 문의를 자동으로 처리할 수 있게 되었습니다. 이를 활용하면 늦은 고객 응대로 인해 고객을 놓치는 일을 줄이고, 밤늦은 시각에도 자동화된 시스템이 실시간으로 댓글을 달아주어 업무 부담을 한층 덜 수 있습니다.

이번 6장에서는 이전 5장에서 소개했던 make.com과 오픈AI 어시스턴트 기능을 활용해, 어떻게 즉각적인 댓글 응대와 1:1 문의 대응으로 고객 만족도를 극적으로 높이는 방법을 알아보겠습니다.

이 장에서 사용하는 AI 도구
make.com, 오픈AI 어시스턴트

6.1 AI 도구 소개: 오픈AI 어시스턴트

6장에서 활용할 주된 AI 도구는 make.com과 오픈AI의 어시스턴트Assistant 기능입니다. 여기서는 본격적으로 고객 관리 자동화 과정에 대해 설명하기 전에 오픈AI의 기능, '어시스턴트'에 대해 먼저 소개하겠습니다.

make.com에 대한 사전 지식이 없다면 141쪽의 make.com에 대한 설명을 참고해주세요.

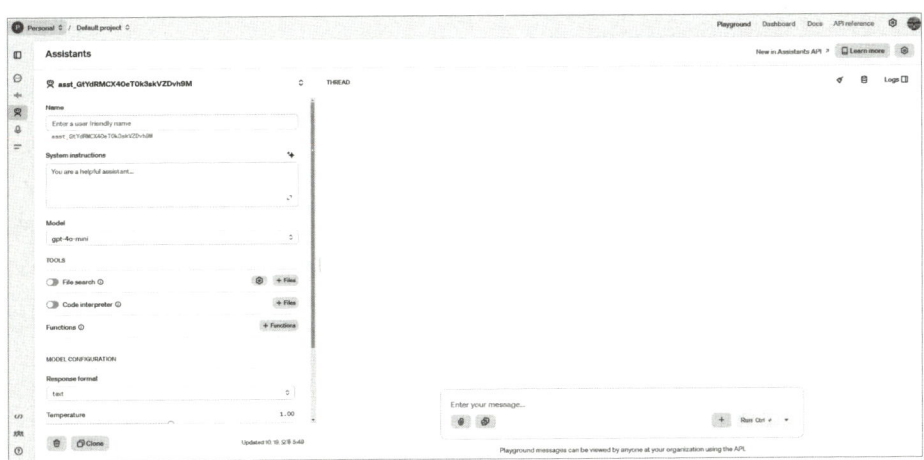

그림 6-1 오픈AI 플랫폼의 어시스턴트 설정 화면

오픈AI의 어시스턴트 기능은 챗GPT를 기반으로 '챗봇'을 만들 수 있게 해주는 기능입니다.

우리가 평상 시 접하는 일반적인 챗GPT랑 뭐가 다른지 의아할 수도 있는데요. 평상 시에 활용하는 챗GPT 채팅 창이 챗GPT 로봇이 앉아 있는 가게에 우리가 손님으로 찾아가서 대화를 하는 거라면, 오픈AI의 어시스턴트는 이 챗GPT 로봇을 우리 가게로 데려와서 아르바이트를 시킬 수 있는 서비스라고 생각하면 쉽습니다.

어시스턴트 기능을 활용하면, CS 담당자, 여행 계획 도우미, 식단 도우미 등 다양한 분야와 역할에 맞춰 커스텀 챗봇을 만들 수 있는데요. 6장에서는 이 어시스턴트 기능을 활용해 '인스타그램 답글 답변봇'과 '메일 응답 챗봇'을 만들어 봅니다. 그리고 이 챗봇들을 make.com이라는 자동화 플랫폼과 연결해, 챗봇이 메일쓰기를 완료하면 자동으로 발송하거나 인스타그램 답글을 업데이트하는 등의 전체 프로세스까지 완성해 볼 것입니다.

make.com이나 어시스턴트 기능을 처음 접하면 다소 어렵게 느껴질 수 있습니다. 하지만 직접 실습하며 원리를 익히다 보면, SNS 자동화부터 고객 응대 자동화까지 다양한 자동화 기능을 만들 수 있게 됩니다.

진행 중 어려움이 있다면, 노션 자료집을 통해 제공하는 '블루프린트 시나리오 파일'을 통해 완성된 시나리오를 바로 가져와 활용해보세요.

6.2 고객 메일에 자동으로 답변 보내기

고객 문의를 처리하다 보면, 대부분이 이미 FAQ나 공지사항에 안내된 내용을 다시 묻는 경우가 많다는 것을 알 수 있습니다. 이러한 반복적인 질문에 대해 챗GPT가 FAQ를 학습하고 자동으로 답변해 준다면 어떨까요? 고객도 빠르게 원하는 답변을 받을 수 있으니 좋고, CS 담당자도 답변해야 할 메일 수가 줄어드니 업무 효율성이 훨씬 높아질 겁니다.

이 절에서는 **피트니스 강의 서비스를 예로 들어, '고객 메일'에 대해 자동으로 답신을 보내는 메일 시스템**을 만들어 보겠습니다.

프로세스는 아래 순서로 진행됩니다.

1. FAQ 문서를 기반으로 '고객 메일에 응답해주는 챗봇' 만들기
2. make.com으로 고객 메일이 수신되면, 바로 챗봇 답변이 발송되는 시스템 만들기

> **참고**
> 이번 실습에는 챗GPT의 API를 사용하므로 소량의 API 비용이 발생할 수 있습니다. API 비용은 5달러부터 충전할 수 있습니다.

STEP 1. 메일 응답 챗봇 만들기

먼저, 오픈AI 어시스턴트 기능을 활용해 FAQ 문서를 학습한 후 고객문의에 답변해 줄 챗봇을 만들어보겠습니다.

01 https://platform.openai.com/playground/으로 이동해주세요(로그인이 필요합니다).

02 오픈AI의 어시스턴트 기능을 사용하려면 API 비용을 충전해야 합니다. 아직 비용 충전이 되지 않았다면, 오른쪽 맨 위의 톱니바퀴 모양을 클릭한 후, 왼쪽 메뉴 중 '**Billing**' 〉 [Add Payment details]를 눌러 비용을 충전해주세요.

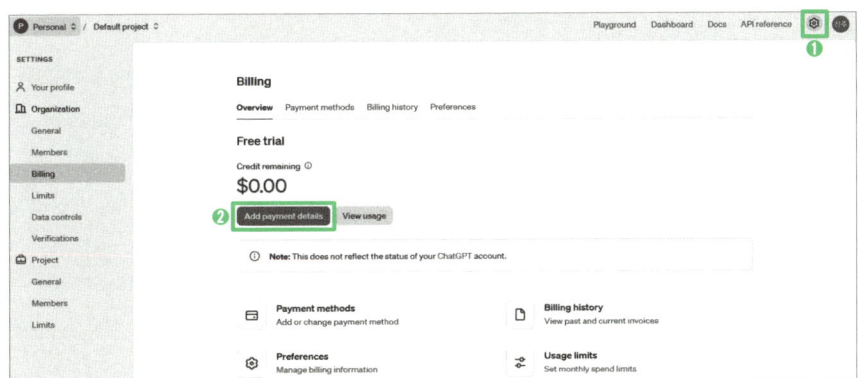

그림 6-2 오픈AI API 비용 충전 화면

03 충전이 되었다면, https://platform.openai.com/playground/로 다시 돌아옵니다.

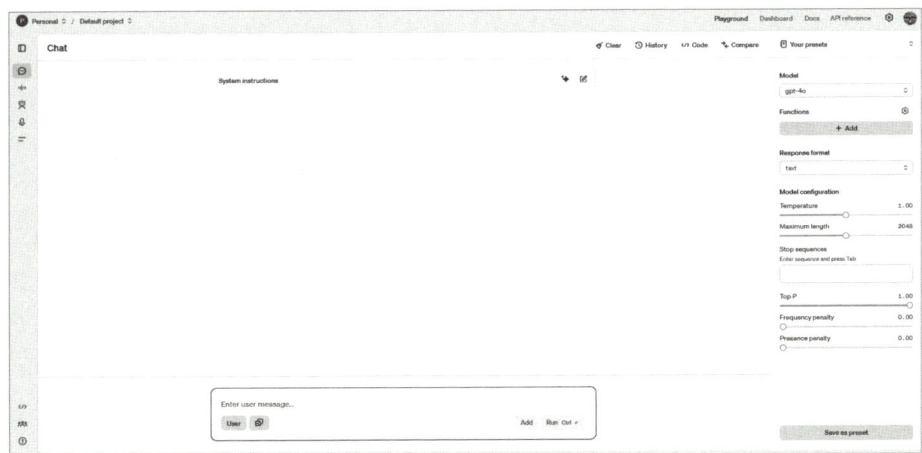

그림 6-3 오픈AI 플레이그라운드 화면

04 왼쪽 메뉴 중 [Assistants]를 눌러주세요.

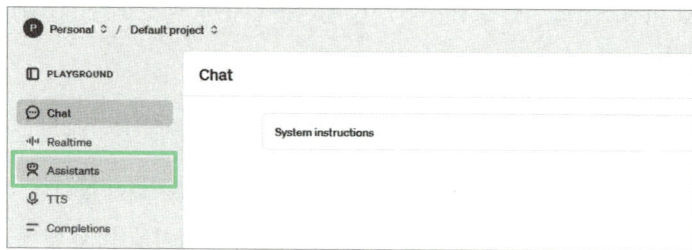

그림 6-4 [Assistants] 메뉴 선택하기

05 [+ create]를 누릅니다.

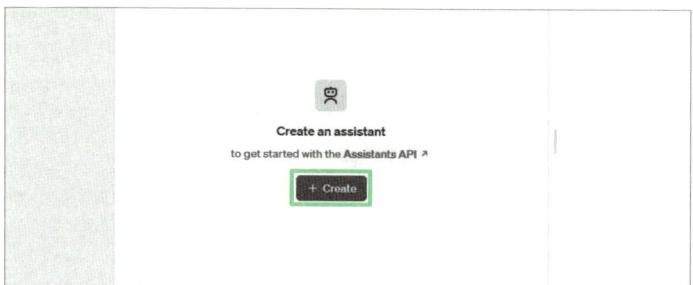

그림 6-5 어시스턴트 만들기

06 Name란에 어시스턴트 이름을 지어줍니다. 여기는 'Email Respond GPT'라고 지어주 겠습니다.

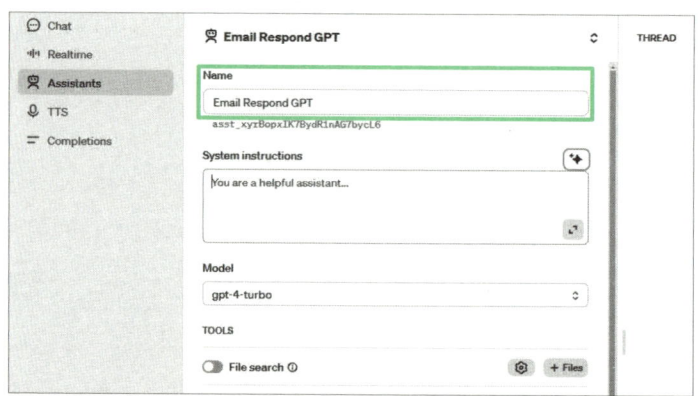

그림 6-6 어시스턴트 이름 짓기

07 System Instruction란에 아래와 같이 적어줍니다.[1]

너는 회사 고객들에게 답장을 쓰는 것을 도와주는 AI 조수야. 받은 이메일에 대한 답장을 써줘야 해.

받은 이메일에 답변하는 데 도움이 되도록 관련된 정보가 담긴 자료를 제공했어. 답변을 작성하기 전에 자료를 모두 읽어봐.

받은 이메일을 주의 깊게 읽도록 해. 그런 다음 자료를 검색해서 이메일에 효과적으로 답변하는 데 도움이 되는 가장 관련성 높은 정보를 찾아줘.

그 다음, 이메일에 예의 바르고 명료하며, 고객에게 도움이 되는 답변을 작성해줘. 자료에서 확인한 관련 정보를 답변에 포함해줘. 원래 이메일의 모든 핵심 사항과 질문을 다루도록 해.

자료에 제공된 정보를 바탕으로 최선을 다해 이메일에 답변해줘. 자료에 이메일에 충분히 답변할 수 있는 정보가 없는 경우에는 가지고 있는 정보를 바탕으로 도움이 되는 답변을 제공하되, 자료에서 제공하지 않는 정보를 지어내거나 확답하지마.

이메일 본문만 작성하고 제목은 작성하지마.

##이메일 형식
- 이메일 본문만 작성
- ⟨br⟩, ⟨b⟩, ⟨p⟩, ⟨li⟩, ⟨ul⟩ 등과 같은 적절한 html 태그를 활용하여 출력을 단정하게 정리할 것
- 바로 사용할 예정이니 꺽쇠(')를 넣어서 출력을 꾸미지 말것.

08 Model은 원하는 모델로 선택하면 됩니다. 여기서는 '**gpt-4o-mini**'를 선택하겠습니다.

그림 6-7 모델 선택하기

---

1 프롬프트 전문은 노션 자료집의 '6.2 고객 메일에 자동 답변 보내기'에서도 확인할 수 있습니다.

09 **File Search** 옵션을 켭니다. 이는 어시스턴트가 업로드한 파일 기반으로 답변할 수 있도록 해주는 옵션입니다.

그림 6-8 어시스턴트 - File Search 옵션

10 **Code interpreter** 옵션도 켜줍니다. 이는 코드를 작성할 수 있게 해주는 옵션입니다. 메일에 html 코드를 삽입할 것이므로 켜 줍니다.

그림 6-9 어시스턴트 - Code interpreter 옵션

11 **Temperature**는 높은 값일수록 랜덤한 답변이 출력되며, 낮은 값일수록 일관된 답변이 출력됩니다. 고객 문의 답변은 창의적인 답변보다는 일관된 답변이 필요하므로 0.2 정도로 설정하겠습니다.

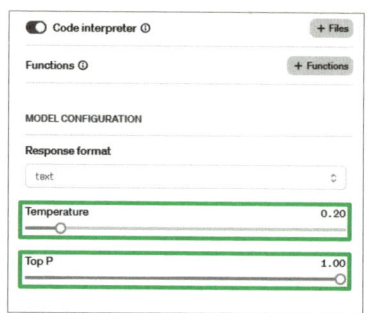

그림 6-10 어시스턴트 - Temperature 옵션

12　**Top p**는 선택 확률 값이 높은 토큰을 순서대로 나열한 후 설정한 누적 확률 값에 포함되지 않는 토큰을 제거할 때 사용하는 기준 값입니다. 특별한 경우가 아니라면 기본 설정 값인 1을 그대로 놔두면 됩니다.

이제 이 챗봇에게 학습시킬 FAQ 문서를 올려주겠습니다.

01　상단 메뉴의 [Dashboard]를 클릭한 뒤, 왼쪽의 [storage] 메뉴를 클릭합니다.

그림 6-11 Dashboard 〉 Storage 메뉴

02　상단 탭에 [Vector stores]를 클릭합니다. 파일이나 텍스트를 챗GPT가 이해할 수 있는 형태로 저장하는 공간입니다.

그림 6-12 Storage 〉 vector stores 탭

03　[Untitle Store] 부분을 눌러, 이름을 fitness_faq로 변경합니다.

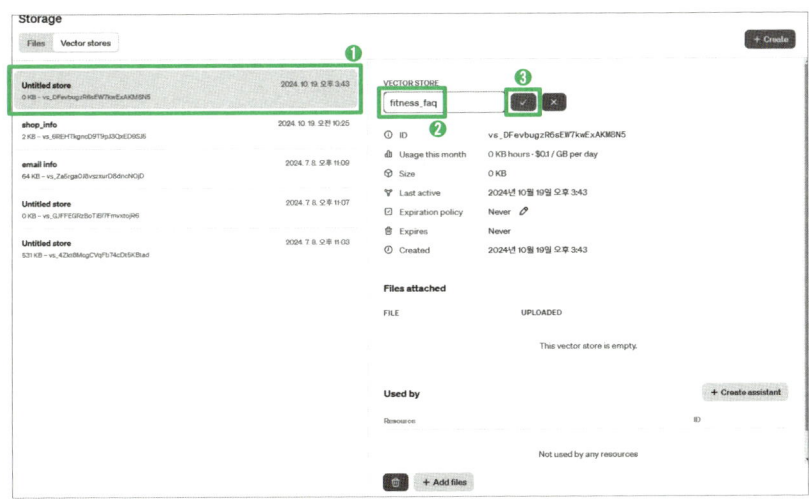

그림 6-13 Storage 〉 vector store 이름 변경하기

6장　고객관리 자동화로 고객 만족도 300% 높이기　**239**

03 체크를 눌러 변경된 이름을 저장합니다.

04 하단의 [Add files]를 누릅니다.

그림 6-14 vector store에 파일을 추가하는 옵션

05 파일 업로드 창이 뜹니다. 챗봇이 참고할 FAQ 문서를 업로드합니다.[2]

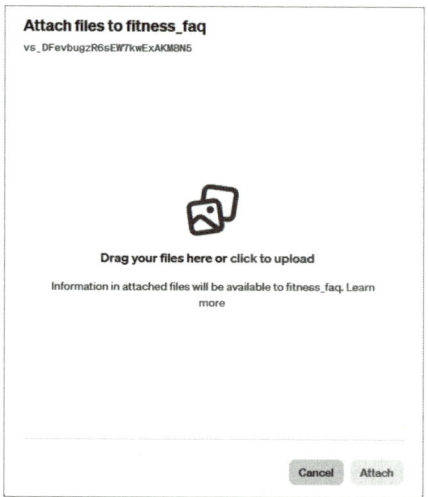

그림 6-15 파일 추가 팝업 창

06 [Attach] 버튼을 눌러 저장합니다.

그림 6-16 파일 추가하기

---

2 예시를 따라하고 싶다면, '노션 자료집' 6.2의 fitness_faq.txt를 업로드해주세요.

07 vector store의 ID를 클릭해서 복사합니다.

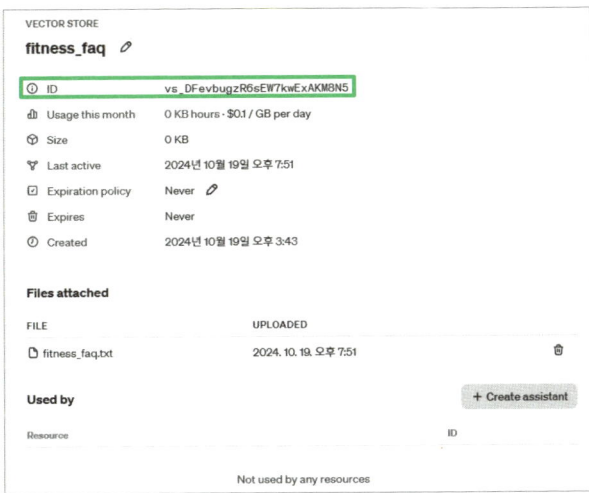

그림 6-17 vector store ID 복사하기

08 다시 [Assistants] 메뉴로 돌아와 앞서 만들어둔 Email Respond GPT를 엽니다.

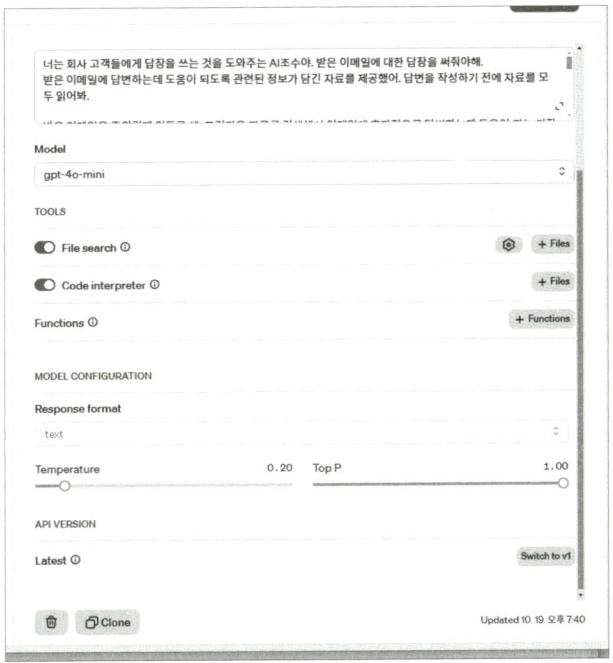

그림 6-18 Email Respond GPT

6장 고객관리 자동화로 고객 만족도 300% 높이기 **241**

09 [File search] 오른쪽 옆에 있는 [+Files]를 클릭합니다.

그림 6-19 Email Respond GPT 〉 + Files

10 왼쪽 하단의 [Select vector store]를 누릅니다.

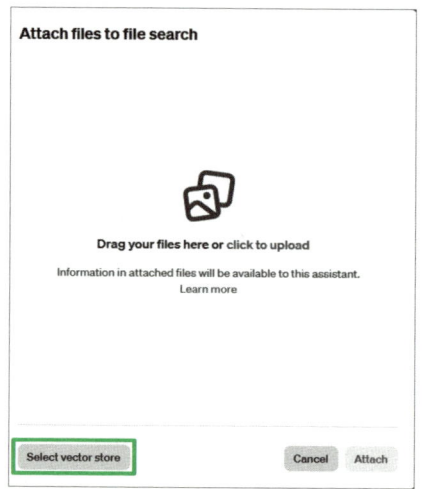

그림 6-20 Email Respond GPT에 vector store 연결하기

11 앞서 복사한 vector store id를 붙여넣은 뒤 [select]를 누릅니다.

그림 6-21 fitness_faq vector store 선택하기

12 FAQ 문서가 아래와 같이 추가되었는지 확인해주세요.

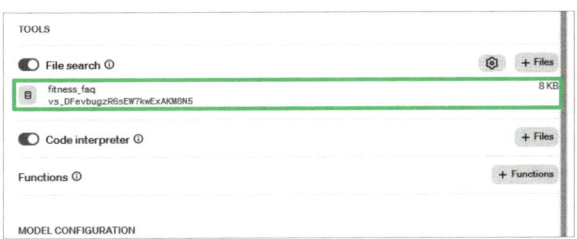

그림 6-22 Email Respond GPT에 fitness_faq가 추가된 모습

13 FAQ 문서를 학습한 AI 상담 어시스턴트가 만들어졌습니다.

완성된 어시스턴트 봇이 잘 대답하는지 확인해보겠습니다.

01 [Playground] > [Assistants] 메뉴로 들어갑니다.

02 Email Respond GPT를 클릭합니다.

03 채팅 창에 질문을 해봅니다.

그림 6-23 Email Respond GPT에 환불 관련 질문을 한 결과

환불 여부에 대해 물어보니, FAQ에 있던 환불 규정에 따라 잘 답변해주는 것을 확인할 수 있습니다. 이로써 우리는 24시간 고객 문의에 답변해주는 디지털 상담원을 확보했습니다.

하지만 상담원이 있다고 해서 상담 센터가 바로 운영되지는 않습니다. 실제 콜센터를 차릴 때 전화기와 통신망이 필요하듯이, 우리의 AI 상담원도 고객과 소통할 수 있는 인프라가 필요합니다.

다음 단계에서는 make.com을 활용해 AI 상담원과 고객을 연결하는 상담 시스템을 구축하겠습니다.

STEP 2. make.com으로 메일 자동 답변 시스템 만들기

AI 상담원이 실제로 메일 응답을 처리하도록 콜센터를 지어보겠습니다. 실제 상담원이 문의를 처리하는 과정을 생각해보면 다음과 같은 단계가 필요한 것을 알 수 있습니다.

1. 새로운 고객 문의 메일 확인하기
2. 메일 내용 읽어들이기
3. AI가 답변 초안 작성하기
4. 답변 내용 검수 및 정제하기
5. 처리 완료된 문의는 별도 보관함으로 이동하기
6. 최종 답변 메일 발송하기

이 과정을 make.com을 활용해 자동화된 시나리오로 구성하면, 아래 그림과 같은 형태가 됩니다.

그림 6-24 메일 자동 답변 시스템 시나리오

위 그림이 우리가 만들 최종 시나리오의 전체 흐름입니다. 예시에서는 지메일Gmail을 사용할 예정이므로 지메일 계정이 없다면 먼저 새로 생성해 주세요.

make.com에 접속하여 자동화 시나리오를 구성하는 과정을 진행해보겠습니다.

01 make.com에 접속합니다.

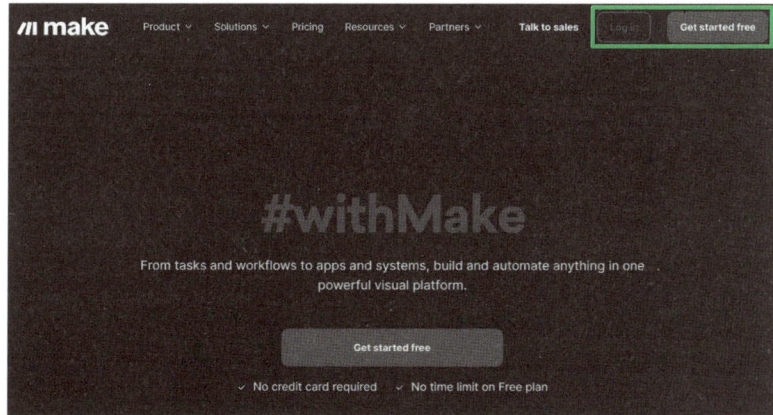

그림 6-25 make.com 메인 화면

02 make.com에 가입되어 있다면 [log in]을, 처음이라면 [Get started free]를 눌러 가입합니다.

03 로그인한 후 오른쪽 상단의 [+ Create a new scenario]를 누릅니다.

그림 6-26 make.com 대시보드 > + Create a new scenario

04 [+]가 담긴 원 > Gmail > Watch Emails 순서로 클릭합니다.

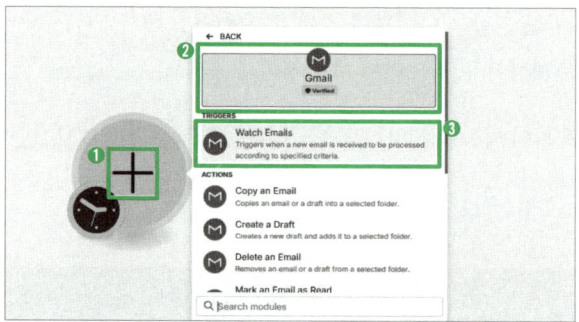

그림 6-27 시나리오에 Gmail > Watch Emails 추가

05 그러면 아래와 같은 창이 뜹니다.

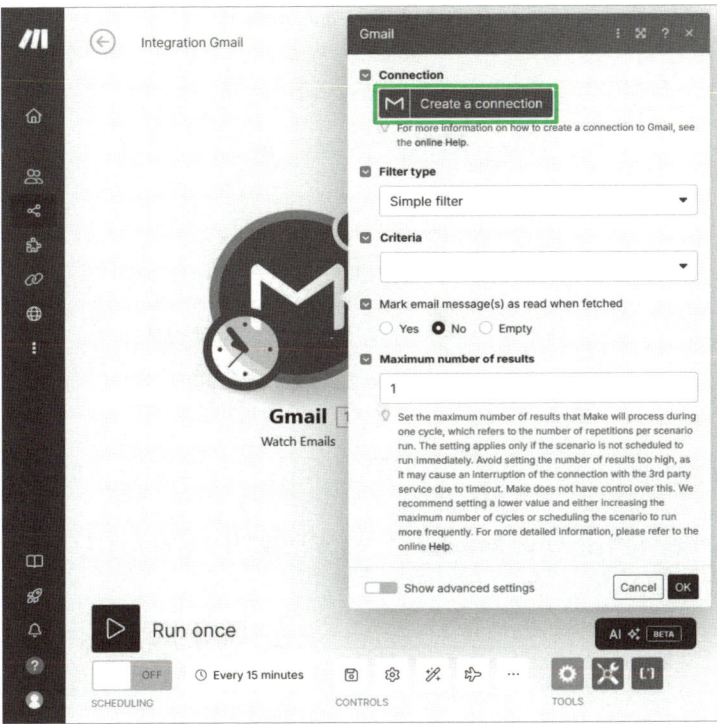

그림 6-28 Watch Emails 모듈

여기서 [Create a connection]을 눌러서 지메일을 연결하려고 하면 오류가 발생할 겁니다. 지메일의 경우는 Google Cloud Console에서 먼저 권한을 설정해줘야 외부 앱 연동이 가능하기 때문인데요. 일종의 보안 절차라고 생각하면 됩니다. 이 보안 절차를 통과하기 위해 Google Cloud Console로 이동해 설정을 해주겠습니다.

01 웹 브라우저에서 **Google Cloud Console**을 검색하여 들어갑니다.

02 Google Cloud Console을 처음 사용한다면, '약관에 동의하라'는 창이 뜰 수 있습니다. [확인]을 눌러 진행합니다.

03 대시보드에서 검색 창 바로 왼쪽의 [My First Project]를 클릭합니다.

그림 6-29 Google Cloud console 화면

04 [새 프로젝트]를 클릭합니다.

05 [프로젝트 이름]을 'Email Respond'로 지은 후 [만들기]를 눌러줍니다.

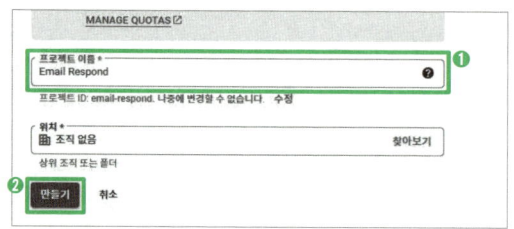

그림 6-30 Google Cloud console에서 새 프로젝트 만들기

06 대시보드의 상단 옵션 [My first Project]를 눌러, 프로젝트를 우리가 새로 만든 프로젝트인 'Email Respond'로 전환합니다.

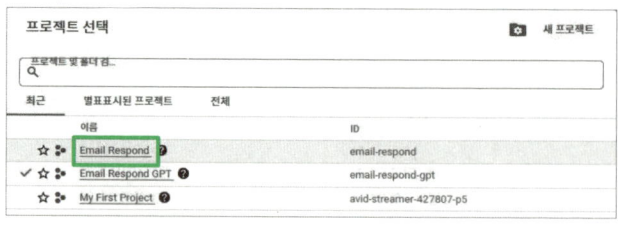

그림 6-31 Google Cloud console에서 프로젝트 선택하기

07 그러면 아래와 같이 화면으로 전환됩니다.

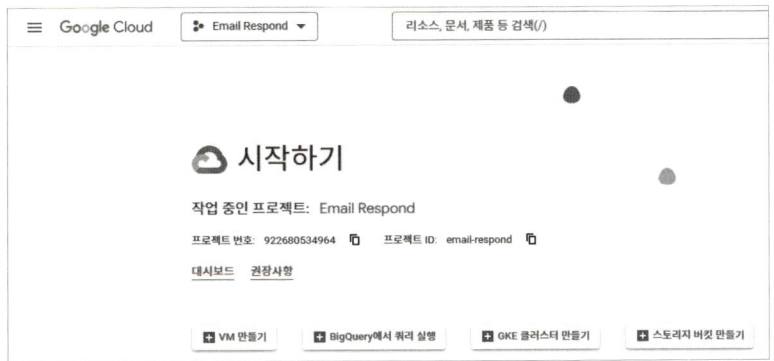

그림 6-32 Google Cloud console 프로젝트 선택 완료

08 중앙 하단에 있는 [빠른 액세스] 〉 [API 및 서비스]를 누릅니다.

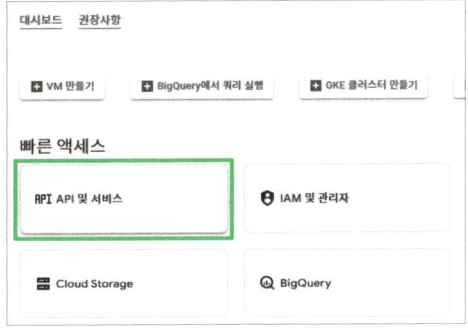

그림 6-33 'API 및 서비스' 클릭하기

09 왼쪽 메뉴 중 [라이브러리]를 클릭합니다.

그림 6-34 API 및 서비스 〉 라이브러리 메뉴 선택하기

10 검색 창에서 **'gmail api'**를 검색합니다.

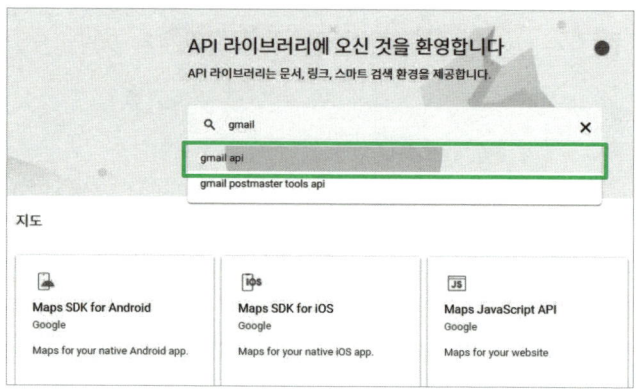

그림 6-35 API 및 서비스 > gmail 검색하기

11 Gmail API를 클릭한 뒤, [**사용**]을 누릅니다. 그러면 Gmail API 사용 설정이 완료됩니다.

그림 6-36 Gmail API 사용 설정

12 다음으로 왼쪽 메뉴 중 [**OAuth 동의 화면**]을 누릅니다.

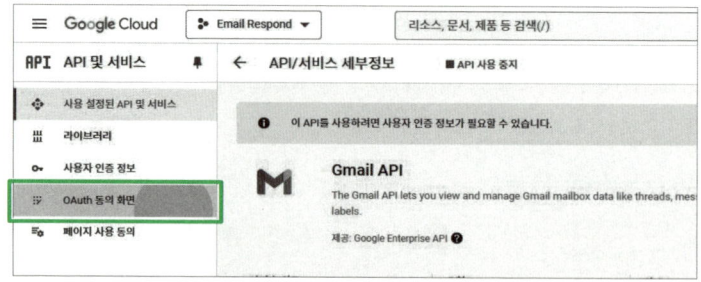

그림 6-37 oAuth 동의 화면 메뉴

13 User Type에서 '외부'를 클릭한 뒤, [만들기]를 누릅니다.

그림 6-38 oAuth 동의 화면 〉 User Type 선택

14 앱 이름을 원하는 대로 지정해주고, [사용자 지원 이메일]에는 여러분이 사용하는 이메일 주소를 적어줍니다.

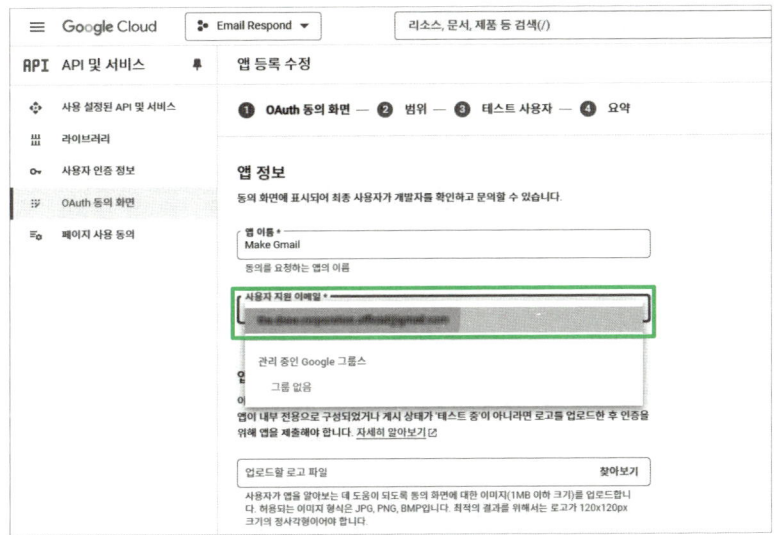

그림 6-39 oAuth 동의 화면 〉 앱 정보 작성 ①

15 [승인된 도메인]에 'make.com'과 'integromat.com'을 입력합니다. [개발자 연락처 정보]에 자신의 이메일 주소를 적어준 후 [저장 후 계속]을 누릅니다.

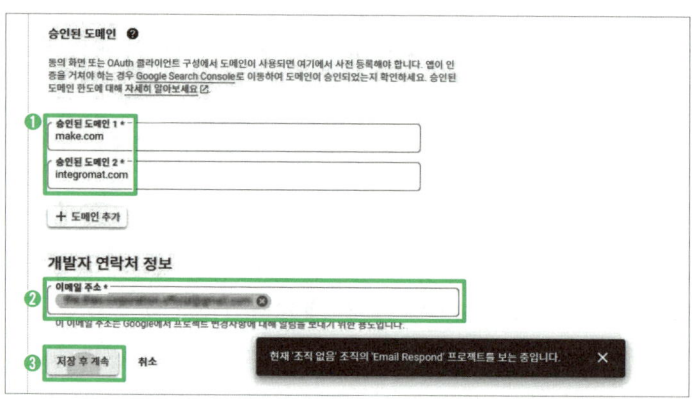

그림 6-40 oAuth 동의 화면 〉 앱 정보 작성 ②

16 다음 화면에서 [범위 추가 또는 삭제]를 누릅니다.

그림 6-41 oAuth 동의 화면 〉 범위 추가

17 API 중 'Gmail API 범위: https://mail.google.com'을 찾아서 체크한 뒤, [업데이트]를 누릅니다.

그림 6-42 oAuth 동의 화면 > 범위 선택(mail.google.com)

18 아래와 같이 [제한된 범위] 아래 'Gmail 범위'가 추가됩니다. [저장 후 계속]을 누릅니다.

그림 6-43 oAuth 동의 화면 > 제한된 범위(mail.google.com)

19 [+ ADD USERS]를 누른 후, 자신의 지메일 주소를 적고 [추가]를 누릅니다.

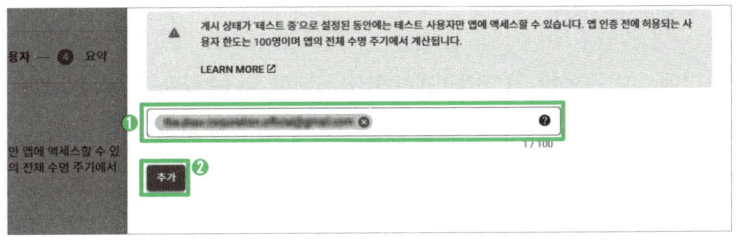

그림 6-44 oAuth 동의 화면 > User 추가하기

20 [저장 후 계속] > [대시보드로 돌아가기] > 왼쪽 메뉴 중 [사용자 인증 정보]를 순서대로 클릭합니다.

그림 6-45 사용자 인증 정보 메뉴

21 [+ 사용자 인증 정보 만들기] > [OAuth 클라이언트 ID]를 순서대로 클릭합니다.

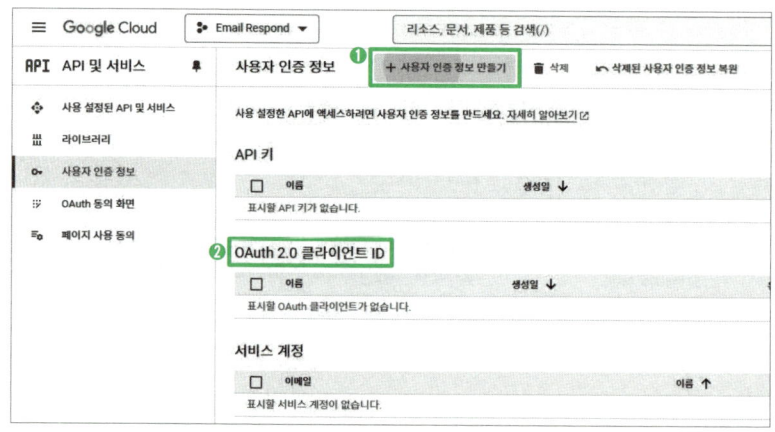

그림 6-46 사용자 인증 정보 > 사용자 인증 정보 만들기

22 애플리케이션 유형에 '웹 애플리케이션'을 선택한 뒤 [승인된 리디렉션 URI]에 'https://www.integromat.com/oauth/cb/google-restricted'를 추가합니다.

그림 6-47 사용자 인증 정보 〉 승인된 리디렉션 URI 추가

23 [만들기]를 누릅니다. 생성된 '**클라이언트 ID**'와 '**클라이언트 보안 비밀번호**'를 복사해 저장해둡니다. make.com에서 지메일과 연결하기 위해 필요한 정보입니다. 그리고 [**확인**]을 누릅니다.

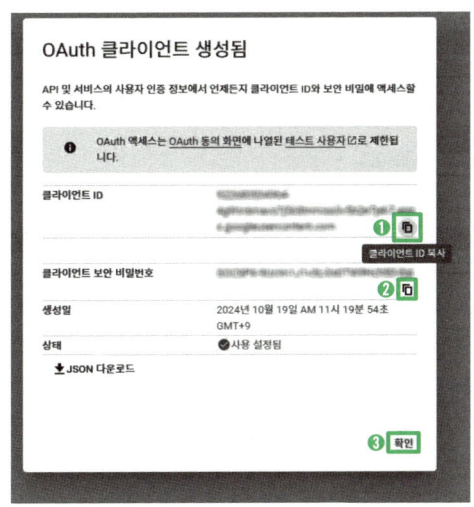

그림 6-48 클라이언트 ID 및 비밀번호 확인

24 왼쪽 메뉴 중 [OAuth 동의 화면]으로 다시 돌아가, [테스트] > [앱 게시]를 눌러줍니다.

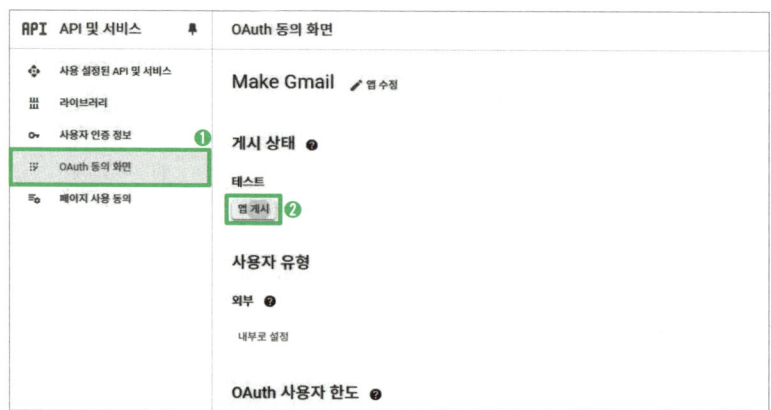

그림 6-49 OAuth 동의 화면 > 게시 상태 변경

25 추가 확인 창이 뜨면 [확인]을 눌러주세요. 게시 상태가 '프로덕션'이 되면 완료된 것입니다(확인 상태가 '인증 필요'라고 하더라도 추가로 진행해주어야 하는 단계는 없습니다).

> **참고**
>
> **게시 상태를 '프로덕션' 상태로 바꿔줘야 하는 이유**
>
> '테스트' 상태에서도 make와 지메일을 연결할 수는 있지만 매주 재승인이 필요합니다. 그러나 게시 상태를 '프로덕션' 단계로 바꾸면 매주 make와 지메일 간의 연결을 재승인할 필요가 없어 좀 더 편리합니다.
>
> 다만, 구글에서 make.com 연결을 보증해주는 것은 아니므로, 연결이 해지되었을 경우에는 make.com의 공식문서(https://www.make.com/en/help/connections/connecting-to-google-services-using-a-custom-oauth-client)를 활용해 문제를 해결하길 권합니다.

이제 구글 클라우드 콘솔 설정이 완료되었습니다. 다시 make.com 시나리오로 돌아가주세요.

01 앞서 만들어 두었던 Gmail 모듈의 [Ceate a connection]을 누른 후 복사해두었던 클라이언트 ID와 보안 비밀번호를 입력합니다.

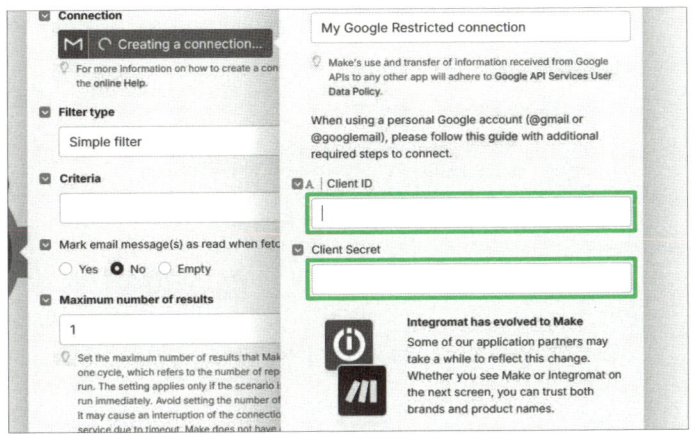

그림 6-50 make.com - Gmail 연결 설정하기(클라이언트 ID, 비밀번호 입력)

02 하단의 [sign in with google]을 누릅니다.

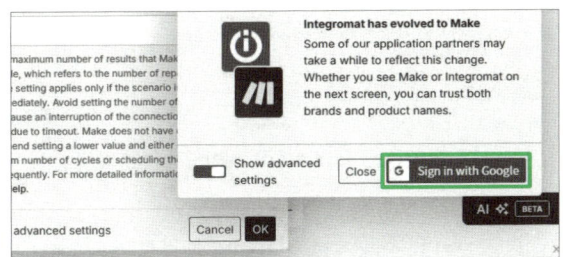

그림 6-51 make.com - Gmail 연결 설정하기 > 구글 로그인하기

03 내 계정을 선택해 로그인합니다. 'Google에서 확인하지 않은 앱'이라는 창이 뜨면 [안전한 환경으로 돌아가기를 누르지 말고 왼쪽의 **[고급]**을 클릭하세요.

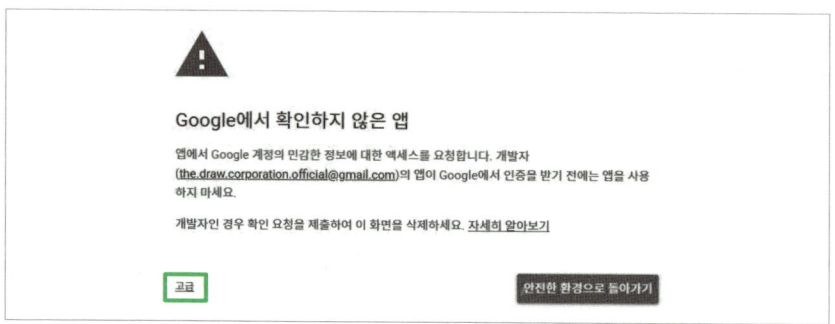

그림 6-52 make.com - Gmail 연결 설정하기 > 구글 보안 설정 확인

04 'integromat.com'으로 이동(안전하지 않음)을 누릅니다.

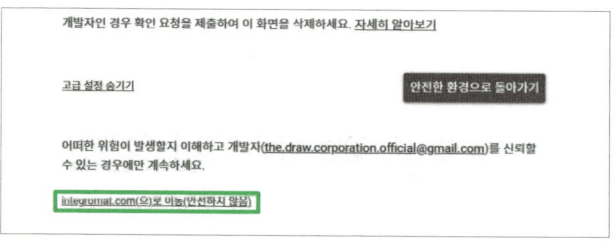

그림 6-53 구글 보안 설정 > '안전하지 않음' 클릭

05 **[계속]**을 누릅니다. 그리고 액세스를 요청하는 창에서 '**Gmail에서 모든 이메일 확인, 작성, 전송, 영구 삭제, 자세히 알아보기**' 옆의 체크를 클릭합니다.

그림 6-54 지메일 접근 권한 부여하기

06 [계속]을 눌러주면, 지메일과 make.com의 연결이 완료됩니다. 지메일 모듈의 나머지 옵션은 아래와 같이 설정해주세요.

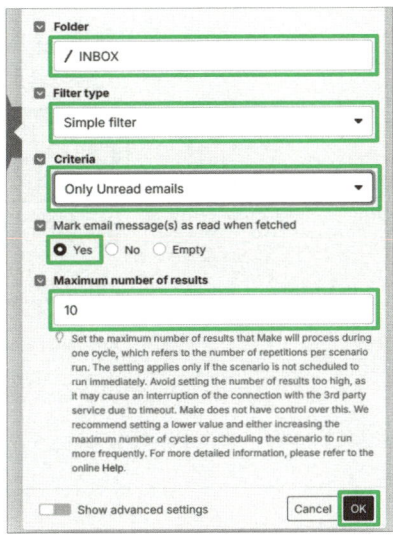

그림 6-55 Gmail 모듈 옵션 설정 창

- Folder: INBOX(받은 메일함)
- Filter type: Simple filter
- Criteria: Only Unread emails
- Mark email messages as read when fetched: Yes
- Maximum number of results: 10

이렇게 설정하면, 받은 메일함에 있는 '안 읽은' 메일을 최대 10개까지 가져오며, 가져온 메일은 '읽음'으로 표시하게 됩니다.

07 설정을 완료했다면 [OK]를 눌러 적용합니다.

문의 메일을 받아오는 모듈이 완성되었습니다. 이어서 AI로 답변 초안을 만들어주는 모듈을 붙여보겠습니다.

01 모듈 오른쪽의 [+]를 누른 후, **OpenAI 〉 Message an Assistant**를 클릭합니다.

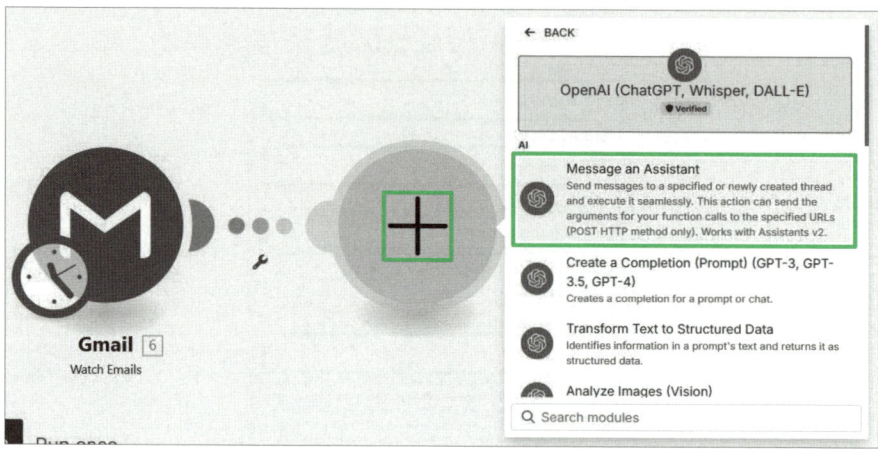

그림 6-56 OpenAI - message an Assistant 추가하기

02 옵션을 아래와 같이 설정해주세요.

그림 6-57 OpenAI - message an 어시스턴트 옵션 설정 창

- **Assistant**: Email Respond GPT(앞서 만들었던 어시스턴트를 선택합니다.)
- **Role**: User
- **Message**: `1. Text content`(그림처럼 팝업 창에서 선택합니다.)

03 설정을 마친 뒤 [OK]를 누릅니다.

지메일의 받은 메일함에서 메일을 받아온 후, 답신 메일의 초안을 작성하는 흐름까지 완성되었습니다. 실제로 AI가 메일을 잘 써주는지 확인해보기 위해 메일을 한 번 보겠습니다.

01 메일함으로 이동한 뒤, 간단한 문의 메일을 작성하고 자신에게 보냅니다.

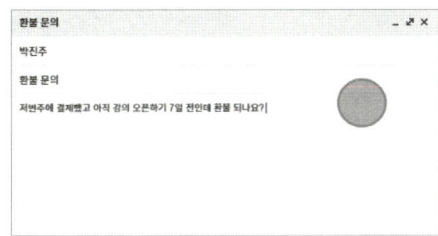

그림 6-58 문의 메일 작성하기

02 make.com 시나리오로 돌아온 뒤, 하단의 [Run once]를 눌러줍니다.

그림 6-59 [Run once] 클릭하기

03 잠시 기다린 뒤, OpenAI 모듈 오른쪽 위에 생긴 흰색 풍선을 눌러봅니다.

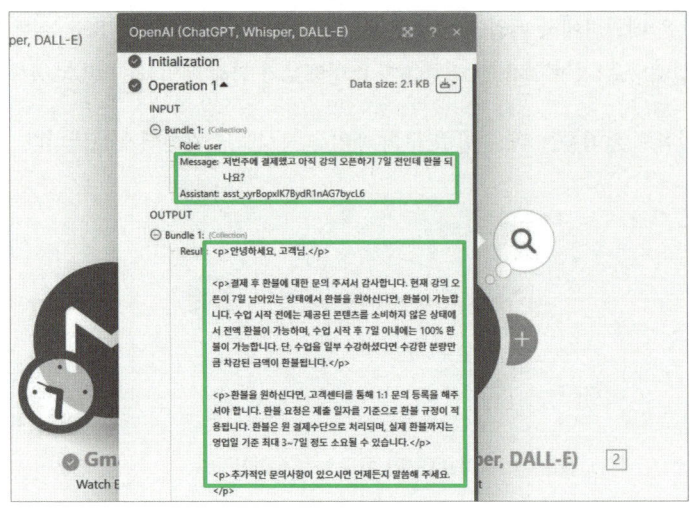

그림 6-60 실행 결과 확인

Input의 Bundle 1 > Message를 보니 문의 메일 내용이 제대로 들어왔고, OUTPUT의 Bundle 1 > Result를 보니, 답변 메일 내용이 잘 작성된 것을 확인할 수 있습니다.

다음은 답변 정제 단계입니다. 챗GPT의 답변 내용에는 가끔【Source+】와 같은 식으로 출처가 붙어서 나오는 경우가 있습니다. 이 부분이 고객에게 보내지면 안 되므로 이 부분을 없애주는 Replace 모듈을 만들어 주겠습니다.

01 OpenAI 모듈 옆에 [+]를 눌러, **Text Parser > Replace**를 클릭해 추가합니다.

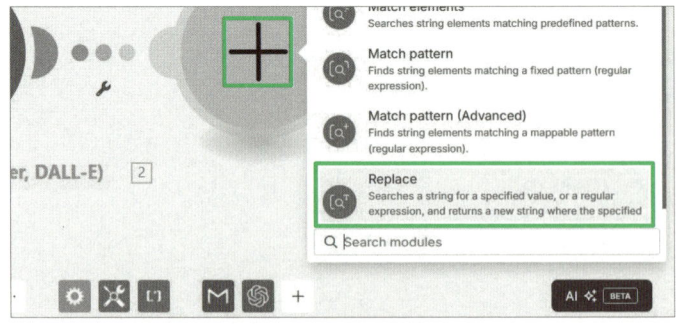

그림 6-61 Text parser > replace 모듈 추가

02 다음과 같이 옵션 값을 설정해주세요.

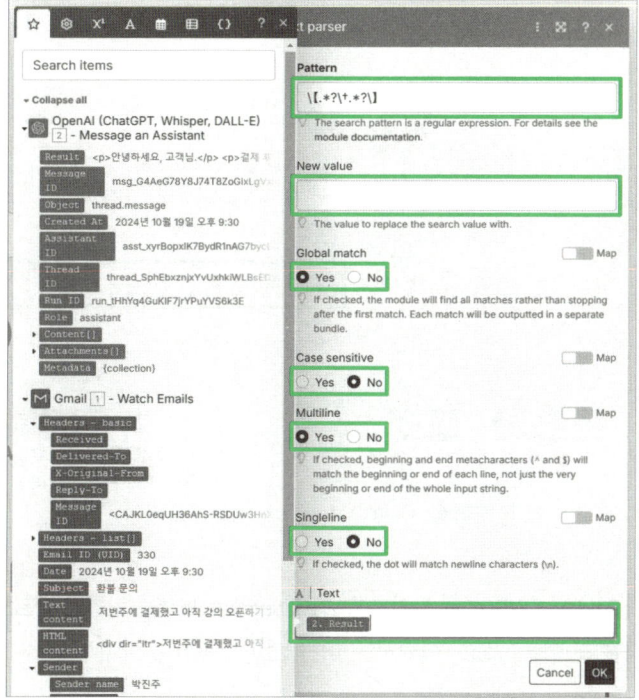

그림 6-62 Text parser 〉 replace 모듈 설정 값

- pattern: \[.*?\†.*?\]
- New Value: (빈 칸으로 두지 말고 스페이스 바를 한 칸 띄워 공백을 입력해주세요.)
- Global match: Yes(Yes로 설정하면, 문서의 처음부터 끝까지 패턴과 일치하는 모든 부분을 모두 교체합니다.)
- Case Sensitive: No(No로 설정하면, 대소문자 구분을 적용하지 않습니다.)
- Multiline: yes(AI가 쓴 초안이 여러 줄로 된 문서이기 때문에 Yes를 선택합니다.)
- Singleline: No
- Text: 2. Result (팝업 창에서 Message an 어시스턴트 모듈의 Result를 선택합니다.)

위와 같이 옵션 값을 설정해주면 문서 안에 있는【Source+】와 같은 값들을 모두 공백으로 대체하게 됩니다.

03 설정을 마쳤으면 [OK]를 눌러 적용합니다.

04 AI가 회신 메일을 다 써 준 문의 메일은, 다른 메일함으로 옮겨두는 게 구분하기에 좋습니다. 이를 위해 **Text parser** 모듈 옆에 **[+]**를 누른 뒤 **Gmail 〉 Move an Email** 모듈을 눌러줍니다.

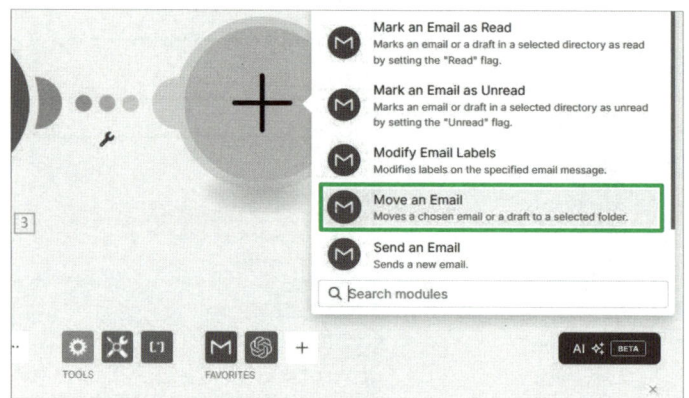

그림 6-63 Gmail 〉 move an email 모듈 추가

05 첫 번째 **Folder**는 **INBOX**로 설정하고, **Destination folder**는 처리가 완료된 메일을 보관할 폴더를 선택해주세요. 여기서는 미리 '초안작성된 문의'라는 폴더를 만들어 두어, 그 폴더로 **Destination** 폴더를 설정해주었습니다.

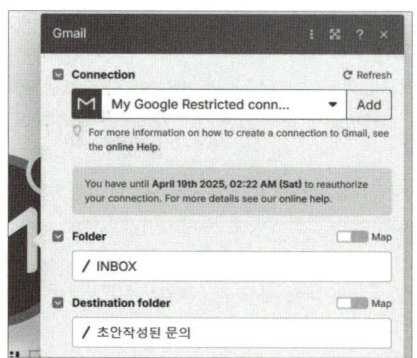

그림 6-64 메일의 이동 전 폴더, 이동 후 폴더 설정하기

06 Email ID (UID)는 팝업 창에서 'Email ID (UID)'를 클릭해 입력해줍니다. 값 설정이 완료 되었으면 [OK]를 눌러 적용해주세요.

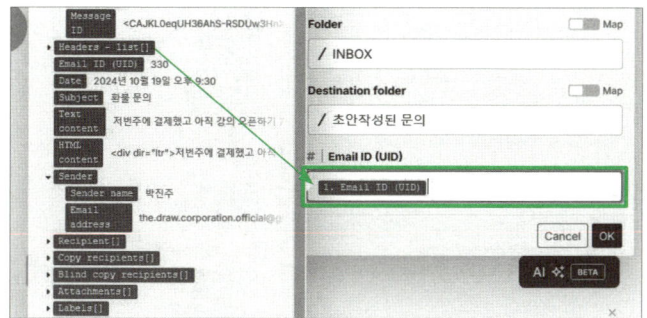

그림 6-65 이동할 메일 선택하기

이제 작성된 메일을 보내주는 모듈을 추가해주면 끝입니다. 바로 보내길 원할 경우에는 다음 모듈로 Gmail 〉 Send an Email 모듈을 선택하면 되고, 한번 더 검토하기 위해 초안으로 생성 해두길 원한다면 Gmail 〉 Create a Draft 모듈을 선택해주면 됩니다. 여기서는 Create a Draft 모듈로 진행하겠습니다.

01 [+]를 누른 뒤 Gmail 〉 Create a Draft 모듈을 추가합니다.

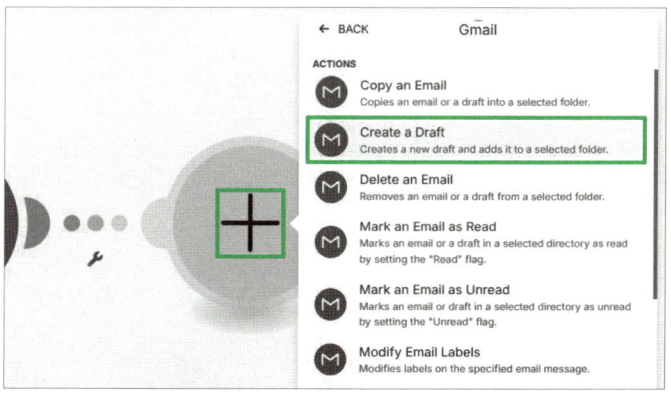

그림 6-66 Gmail 〉 Create a draft 모듈 선택

02 다음과 같이 옵션 값을 설정해주세요.

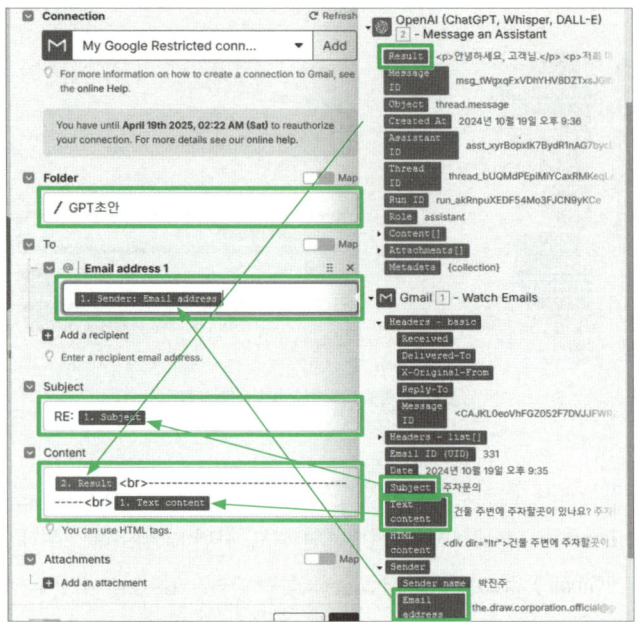

그림 6-67 Gmail 〉 create a draft 모듈 옵션 설정 창

- **Folder**: 답변 초안을 저장할 폴더 선택(여기서는 'GPT초안'이라는 폴더를 미리 만들어 두었습니다.)
- **Email address**: `1. Sender:Email address` (팝업 창에서 Gmail-watch emails 모듈의 Sender 〉 Email address를 선택합니다.)
- **Subject**: RE: `1. Subject` (팝업 창에서 Gmail-watch emails 모듈의 1. Subject을 선택합니다.)
- **Content**: `2. Subject` 〈br〉-----------------------------------〈br〉 `1. Text Content`
  (OpenAI 모듈의 Result를 선택한 후 〈br〉-----------------〈br〉을 삽입한 후 Gmail-watch emails 모듈의 `1. Text Content` 를 선택합니다.)

03 설정을 완료한 후 [OK]를 눌러주세요.

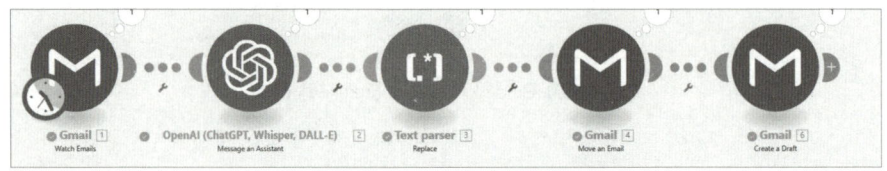

그림 6-68 완성된 메일 자동답변 시나리오

시나리오 구성이 완료되었습니다. 실제로 잘 작동하는지 확인해보겠습니다.

01 앞서와 같이 메일함으로 돌아가서 테스트용 문의 메일을 작성한 다음 자신의 지메일로 보냅니다.

그림 6-69 문의 메일 작성하기

02 make.com 시나리오로 돌아와 [Run once]를 눌러 테스트합니다.

03 실행이 완료될 때까지 기다린 후 마지막 모듈 오른쪽 위에 생긴 흰색 풍선을 눌러봅니다. 질문에 대해 제대로 대답해주는 것을 확인할 수 있습니다.

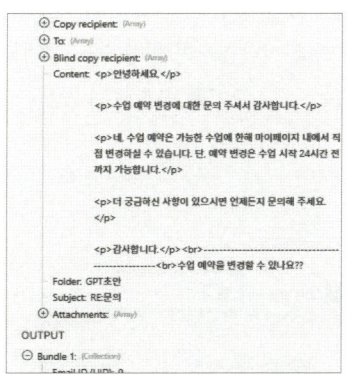

그림 6-70 시나리오 실행 결과

04 이제 지메일로 이동해서 메일함에도 제대로 생성된 초안이 들어갔는지 확인하겠습니다.

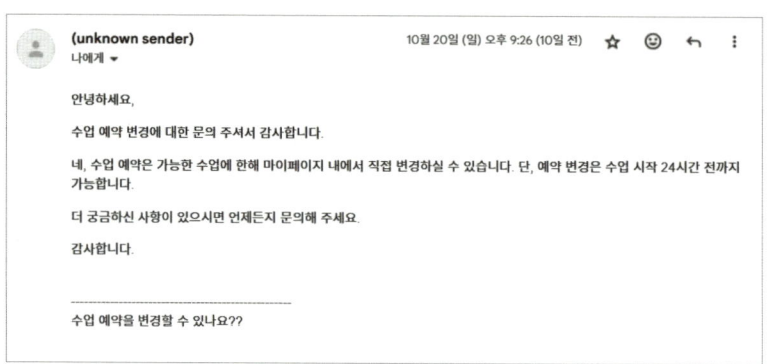

그림 6-71 메일함에 생성된 답변 메일

05 지정된 폴더로 들어가니, 초안이 제대로 저장되어 있는 것을 확인할 수 있습니다.

메일 자동 답변 시스템이 완성되었습니다. 하단에 있는 디스크 모양의 **[save]** 아이콘을 눌러 시나리오를 저장해주세요. 그리고 시나리오가 자동으로 실행되도록 하기 위해, 시나리오 하단의 **scheduling**을 켠 뒤, 원하는 실행 주기를 설정해주세요.

그림 6-72 자동 실행 간격 설정하기

예를 들어, 'Every 15 minutes'로 설정하면, 15분마다 새로 들어온 이메일을 확인해 AI 자동 답변이 생성됩니다.

> **팁**
>
> **즉시 발송 설정하기**
> - 마지막 모듈을 'Create a Draft' 대신 'Send an email'로 변경하면 답변 메일을 바로 발송할 수 있습니다.
> - 문서를 기반으로 답변하기 때문에 일반 챗GPT 채팅에 비해서는 정확도가 매우 높습니다. 그렇지만 LLM 특성상 부정확한 답변이 생성될 수도 있습니다. 오류 발생 가능성을 감안하여, 비교적 평이한 답변부터 자동화를 적용하기 바랍니다. 그리고 자동 발송 전환 전에는 반드시 충분한 테스트를 거쳐 답변의 정확도를 검증해주세요.
>
> **답변 품질 높이기**
> - **프롬프트 최적화**: 오픈AI 플레이그라운드에서 'Email Respond GPT'의 시스템 프롬프트를 회사의 톤앤매너와 필수 응대 정책을 반영하여 조정해보세요. 조금 더 회사의 지침과 잘 맞는 답변이 생성될 것입니다.
> - **FAQ 데이터 보강**: 어시스턴트가 참고할 FAQ 문서를 충실하게 제공할수록 답변의 정확도가 향상됩니다. 다양한 Q&A 예시와 상황이 담긴 FAQ 문서를 추가해보세요.
>
> **카카오톡/문자 메시지 연동하기**
> - make.com과 연동 가능한 'SOLAPI' 앱 모듈을 사용하면 답변을 카카오톡 알림톡으로 발송할 수 있습니다. 문자 메시지나 친구톡도 지원되어 다양한 채널로 확장이 가능하니, 활용해보세요(단, 사용을 위해서는 SOLAPI 서비스 회원 가입이 필요합니다).

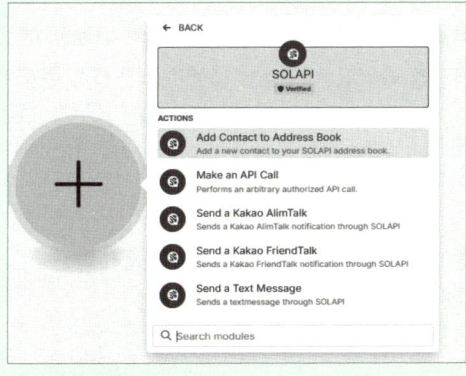

그림 6-73 카카오톡 알림이 가능한 SOLAPI 모듈

이렇게 FAQ 기반으로 고객 문의에 자동 답변하는 시스템을 만들어 봤습니다. 제대로 적용한다면, 반복적인 고객 응대 시간을 크게 줄일 수 있는 것은 물론, 24시간 즉각적인 응답이 가능해져 고객 대기 시간이 줄어들 수 있을 것입니다. FAQ 기반의 답변으로 일관된 품질의 응대도 가능하므로 고객 서비스의 전반적인 품질도 향상될 수 있을 거고요.

이와 똑같은 방식을 인스타그램 댓글 관리에도 적용할 수 있습니다. 고객들이 인스타그램에 댓글을 달 때마다 적절한 답글을 자동으로 달아주는 거죠. 답글 알림이 고객들에게 뜰 테니, 우리 브랜드 계정에 고객들이 더 자주 방문하게 될 것이고, 빠른 응대로 고객 만족도도 높일 수 있겠죠?

다음 절에서는 고객이 우리 인스타그램 계정에 댓글을 달면 3분 이내에 자동으로 맞춤형 답글을 해주는 '인스타그램 자동 댓글 시스템' 구축 방법을 알아보겠습니다.

6.3 인스타그램 댓글 자동으로 답변하기

인스타그램과 릴스를 통한 고객 소통이 브랜드 홍보의 중요 요소로 자리잡은 지금, SNS 댓글은 단순한 반응을 넘어 중요한 소통 창구가 되었습니다. 댓글이 활발한 게시물은 알고리즘 노출도 증가하고 고객과의 유대감도 높아지죠. 하지만 수많은 댓글에 일일이 맞춤형 답변을 달기란 쉽지 않습니다.

다행히 make.com과 오픈AI 어시스턴트를 활용하면 이 고민을 해결할 수 있습니다. 고객 댓글이 올라오면 즉시 적절한 답변을 자동으로 해주는 시스템을 만들 수 있죠.

이 절에서는 온라인 쇼핑몰 인스타그램 계정을 예시로, 다음 두 단계에 걸쳐 자동 답변 시스템을 만들어보겠습니다.

1. 맞춤형 응답이 가능한 인스타그램 댓글 답변 봇 만들기
2. make.com으로 인스타그램 자동 답글 시스템 만들기

STEP 1. 인스타그램 댓글 답변 봇 만들기

먼저, 오픈AI의 어시스턴트 기능을 활용해 인스타그램 댓글에 답글을 작성해주는 챗봇을 만들어보겠습니다.

01 https://platform.openai.com/playground/으로 이동해주세요.

02 왼쪽 메뉴 중 [Assistants]를 눌러주세요.

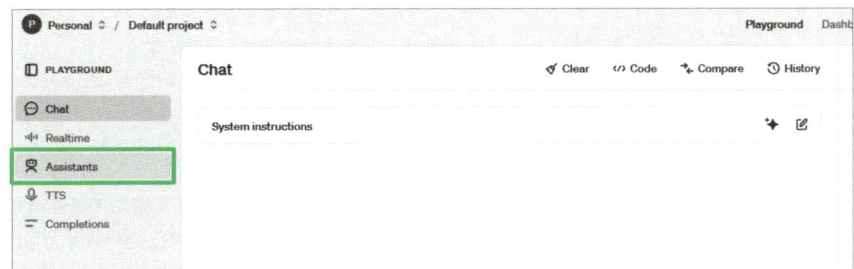

그림 6-74 Playground – Assistants 메뉴

03 [Email Respond GPT]를 클릭한 다음 [+ Create assistant]를 누릅니다.

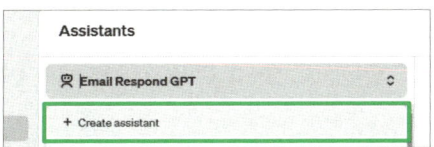

그림 6-75 Playground – 어시스턴트 만들기

04 새 어시스턴트의 'Name'에 어시스턴트 이름을 지어줍니다. 'Insta Reply GPT'라고 짓겠습니다.

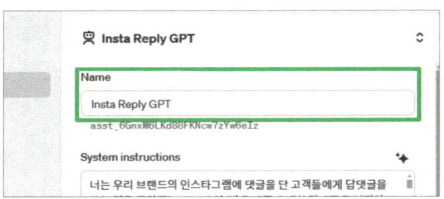

그림 6-76 어시스턴트 이름 설정하기

05 'System Instruction'에 아래와 같이 적어줍니다.[3]

프롬프트:
너는 우리 브랜드의 인스타그램에 댓글을 단 고객들에게 답글을 쓰는 것을 도와주는 AI 조수야. 받은 댓글에 대한 답글을 써줘야해. 다음 단계를 따라 수행할거야.

1. 고객이 작성한 댓글을 주의깊게 읽도록 해.
2. 그런 다음, 아래 #분류 기준에 따라 1, 2, 3중 하나로 분류해줘.
3-1. 1번일 경우, #감사 예시에 따라 감사 댓글을 적어줘.
3-2. 2번일 경우, 댓글에 답변하는 데 도움이 되도록 관련된 정보가 담긴 자료를 첨부했으니, 답변을 작성하기 전에 자료를 모두 읽어본 다음 자료를 검색해서 답글을 적어줘. 답글은 명료하며, 예의바르지만 친근한 문어체로 고객에게 도움이 되는 짧은 답변이어야 해. 단, 자료에 고객의 문의 댓글에 충분히 답변할 수 있는 정보가 없는 경우에는 "안녕하세요. 고객님. 확인 후 답변드리겠습니다"라고 대답하고, 자료에서 제공하지 않는 정보를 지어내거나 확답하지 마.
4. 3번일 경우, "3"이라고만 출력해.

#분류 기준
1번: 제품/서비스에 대한 긍정 반응
(ex- 유용해요, 감사합니다, 잘쓰고 있어요, 이 제품 너무 좋아요!, @누구야 우리 이거 보러 같이가자 ㅋㅋ)
2번: 문의
(ex- 언제 배송되나요? 이 제품 사이즈가 어떻게 되나요? 언제 입고되나요? 등)
3번: 기타(그외 모든 것)

#감사 예시
##예시 1
댓글: 이번 리뉴얼 너무 좋아요!!
답댓글: 고객님 , 감사합니다! 더 좋은 제품으로 보답하겠습니다.

##예시 2
댓글: 팝업 스토어 너무 기대된다~ 친구랑 같이 갈거에요!
답댓글: 고객님, 관심 감사합니다! 팝업 스토어에서 봬요!

##예시 3
댓글: @누구야 우리 이거 보러 같이가자 ㅋㅋ
답댓글: ^^

---

[3] 프롬프트 전문은 '노션 자료집 6.3'에서도 확인할 수 있습니다.

> **팁**
> 위 프롬프트는 기본적인 예시만 포함했으나, 더 다양한 긍정 반응 사례와 그에 맞는 응대 예시를 파일로 추가하면 더욱 정교한 답변이 가능합니다

06 'Model'을 원하는 모델로 선택해주세요. 여기서는 '**gpt-4o-mini**'를 선택하겠습니다.

그림 6-77 어시스턴트 - 모델 설정하기

07 'File Search' 옵션을 켜 줍니다. 어시스턴트가 업로드한 파일 기반으로 답변할 수 있도록 해주는 옵션입니다.

그림 6-78 어시스턴트 - File search 옵션 켜기

'**Temperature**'는 높은 값일수록, 랜덤한 답변이 출력되며, 낮은 값일수록 일관된 답변이 출력됩니다. 고객 문의 답변은 창의적인 답변보단, 일관된 답변이 필요하므로 0.2 정도로 설정해주겠습니다.

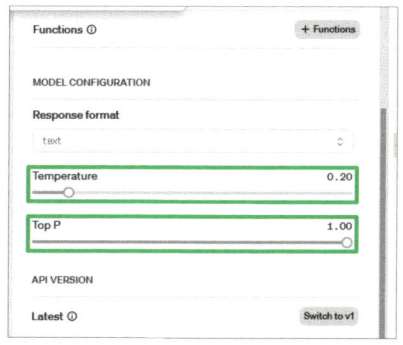

그림 6-79 어시스턴트 - Temperature 조절하기

08 'Top p'는 선택 확률 값이 높은 토큰을 순서대로 나열한 후 설정한 누적 확률 값에 포함되지 않는 토큰을 제거할 때 사용하는 기준 값으로, 특별한 경우가 아니라면 기본 설정 값인 '1'로 그대로 두면 됩니다.

이제 이 챗봇에게 학습시킬 쇼핑 가이드 문서를 올려주겠습니다.

01 맨 위의 [DashBoard]를 누른 뒤, 왼쪽의 [storage] 메뉴를 클릭합니다.

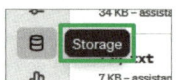

그림 6-80 Dashboard 〉 storage 메뉴

02 상단 탭에 [Vector stores]를 클릭합니다. 파일이나 텍스트를 챗GPT가 이해할 수 있는 형태로 저장하는 공간입니다.

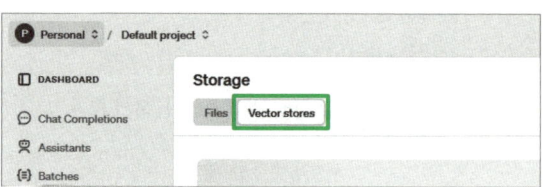

그림 6-81 Storage 〉 Vector stores 탭 선택하기

- 오른쪽 위의 [+ create] 버튼을 눌러 새로운 Vector stores를 생성합니다.
- Vector store 이름을 'shop_info'로 변경하고 체크를 눌러 저장합니다.
- [+ add files]를 눌러, 학습시키고자 하는 문서(shop_info.txt)[4]를 업로드해줍니다.

03 그러면 다음과 같이 Vector store에 쇼핑 가이드 파일이 업로드됩니다.

---

4 노션 자료집 '6.3 인스타그램 댓글 자동 답변하기 〉 Shop_info.txt'에서 다운로드할 수 있습니다.

그림 6-82 쇼핑 가이드 파일이 업로드된 'shop_info' Vector store

04 다음으로 Vector store의 ID를 클릭해서 복사합니다.

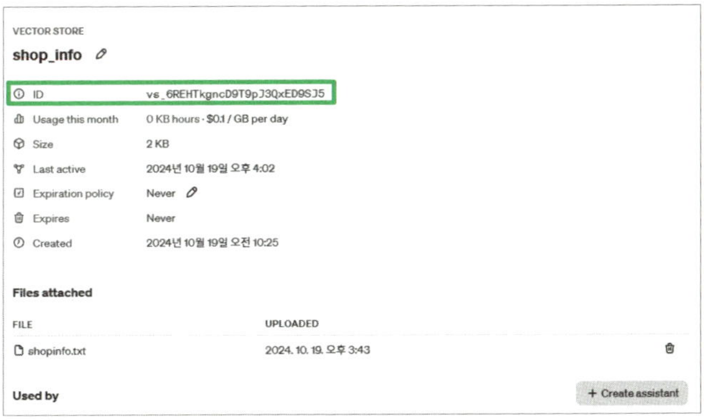

그림 6-83 'shop_info' vector store ID 복사하기

6장 고객관리 자동화로 고객 만족도 300% 높이기 **275**

05 다시 [Assistents] 메뉴로 돌아와 앞서 만들어 둔 'Insta Reply GPT'를 엽니다.

그림 6-84 Insta Reply GPT 설정 창

06 'File search' 옆의 [+ Files]를 클릭합니다.

그림 6-85 File search 〉 Files 클릭하기

07 왼쪽 하단의 [Select vector store]를 누릅니다.

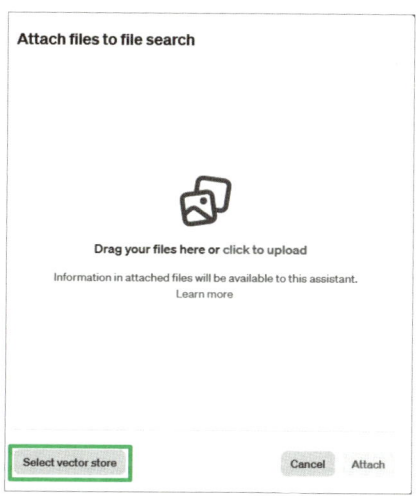

그림 6-86 Select vector store 클릭하기

08 앞서 복사한 vector store id를 붙여넣은 뒤, **[Select]**를 누릅니다.

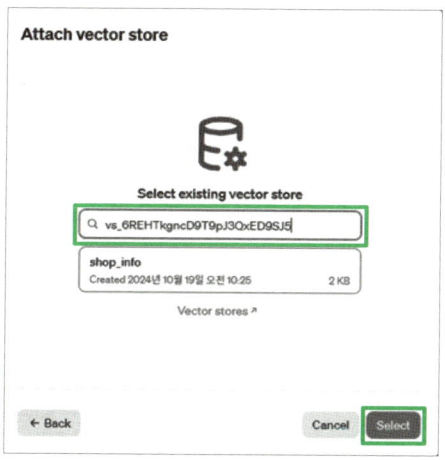

그림 6-87 vector store id 입력 > Select 클릭하기

09 shop_info 문서가 아래와 같이 추가되었는지 확인해주세요.

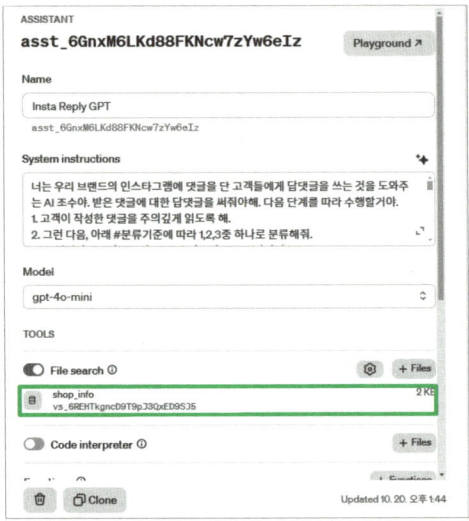

그림 6-88 vector store가 추가된 Insta Reply GPT

인스타그램 댓글 답변 봇이 완성되었습니다. 긍정 댓글에는 호응하는 반응을, 문의 댓글에는 shop_info 문서를 참조하여 답변을 하도록 설정되어 있습니다. 이제 댓글 답변봇이 실제로 잘 작동하는지 확인하겠습니다.

01 [Playground] > [Assistants] 메뉴로 들어간 후 [Insta Reply GPT]를 선택합니다.

02 채팅 창에 아래와 같이 문의 댓글을 입력합니다.

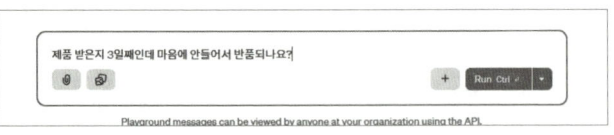

그림 6-89 Insta Reply GPT에게 문의하기

03 shop_info 문서 내용에 따라 아래와 같이 제대로 대답하는지 확인합니다.

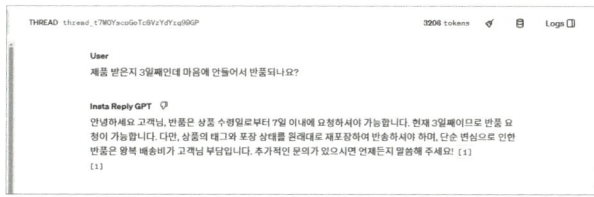

그림 6-90 Insta Reply GPT의 답변

04 이번에는 칭찬 댓글을 남겨봅니다.

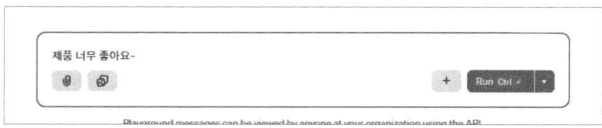

그림 6-91 Insta Reply GPT에게 칭찬 댓글 남기기

05 아래와 같이 제대로 호응하는지 확인합니다.

그림 6-92 Insta Reply GPT의 호응

06 마지막으로 칭찬도, 문의도 아닌 댓글을 남겨봅니다.

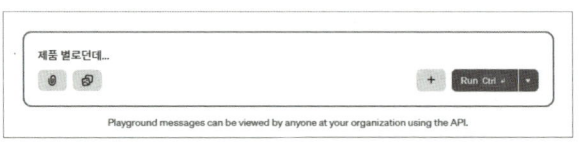

그림 6-93 Insta Reply GPT에게 기타 댓글 남기기

07 System Instructions에 지정해둔 대로 숫자 3을 출력합니다.

그림 6-94 Insta Reply GPT의 답변

칭찬이나 문의가 아닌 댓글은 AI가 바로 답변하기 어려울 수 있어 '3'이라는 값을 반환하도록 설계했습니다. '3'으로 분류된 댓글은 나중에 담당자가 직접 검토할 수 있도록 구글 시트에 저장할 예정입니다.

이로써 24시간 자동으로 인스타그램 댓글에 응답하는 디지털 상담원이 완성되었습니다. 이제 이 디지털 상담원이 실제로 댓글을 받아보고 답글을 달 수 있도록 전화기, 통신망 등이 잘 갖춰진 콜센터를 구축해주는 작업이 필요합니다. 다음 단계에서는 make.com을 활용해 이 콜센터를 구축해보겠습니다.

STEP 2. make.com으로 인스타그램 자동 답글 시스템 만들기

AI 상담원이 실제로 메일 응답을 처리하도록 하려면 어떤 과정이 필요할까요? 실제 상담원이 문의를 처리하는 과정을 생각해보면 다음과 같은 단계가 필요한 것을 알 수 있습니다.

1. 새로운 인스타그램 댓글 감지하기
2. 댓글 내용 수집하기
3. AI가 답글 초안 작성하기
4. 답글 내용 정제하기
5. 답글 작성 및 데이터 저장하기
6. AI 답변이 어려운 경우, 댓글 내용에 저장하기(담당자 검토용)

이런 작업 흐름을 make.com에서 자동화된 시나리오로 표현하면 아래와 같습니다.

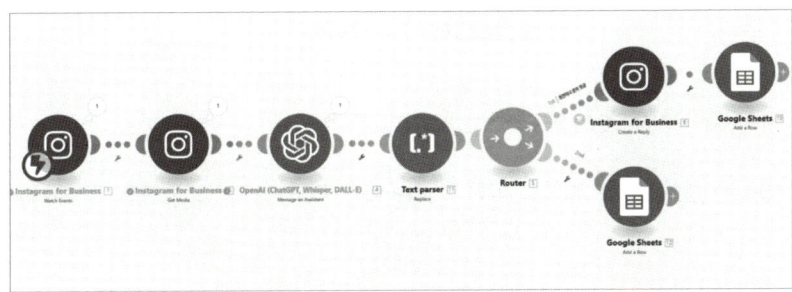

그림 6-95 인스타그램 자동 답글 시스템 시나리오

이제 이 시나리오를 단계별로 하나씩 만들어보겠습니다.

01 make.com에 접속해서 로그인합니다.

02 오른쪽 상단의 [Create a new scenario]를 누릅니다.

03 [+] 원 > Instagram for Business > watch events를 순서대로 클릭합니다.

04 [Create a webhook]을 누릅니다.

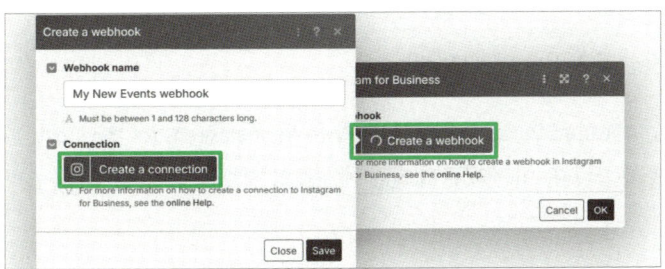

그림 6-96 Instagram for Business > Watch Event > Create a webhook 클릭하기

05 [Create a connection]을 누릅니다.

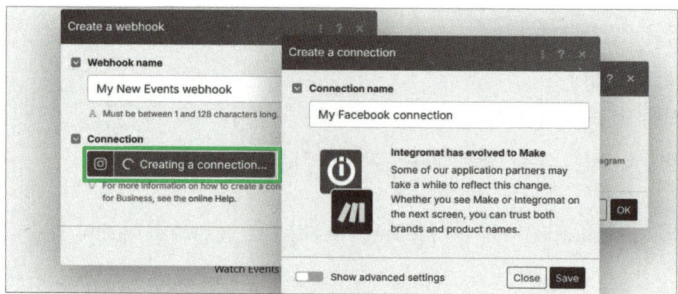

그림 6-97 계정 연동하기

06 팝업 창이 뜨면 [계속]을 눌러 연결을 완료합니다.

07 연결을 원하는 페이지를 선택하고 [Event]는 'Comments'로 선택한 뒤 [Save]를 누릅니다.

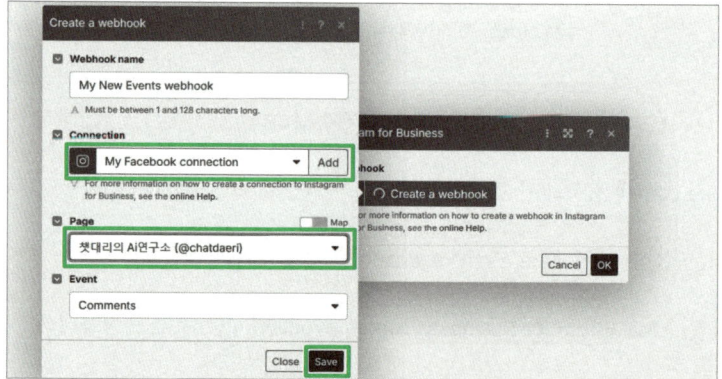

그림 6-98 연결 페이지 선택하기

08 [OK]를 눌러 설정을 완료합니다.

09 Watch events 모듈 오른쪽의 [+]를 누른 뒤, Instagram for Business 〉 Get Media 모듈을 추가합니다. 이는 댓글이 달린 게시물의 정보를 불러오는 모듈입니다.

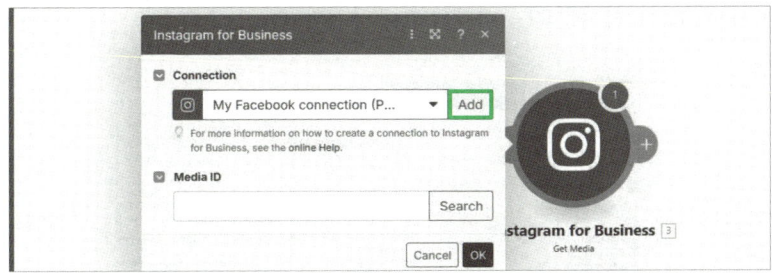

그림 6-99 Instagram for Business > Get Media 모듈 추가

10 Media ID 란에 팝업 창의 **Media > ID 값**을 클릭해 삽입합니다.

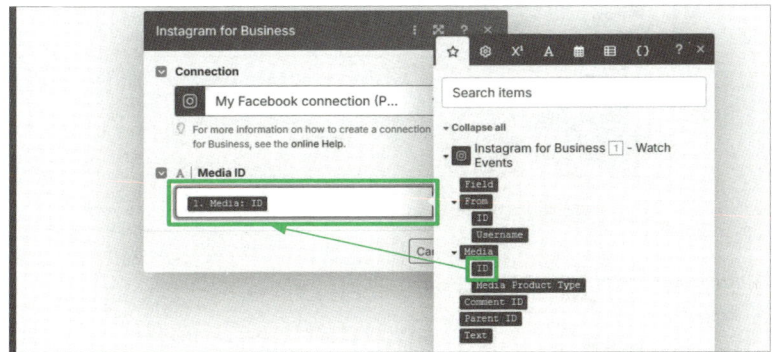

그림 6-100 Instagram for Business > Get Media 모듈 설정 값

11 [OK]를 눌러 적용합니다.

12 **Get media** 모듈 오른쪽의 [+]를 누릅니다. **OpenAI > Message an Assistants**를 차례로 클릭해 OpenAI 모듈을 추가합니다.

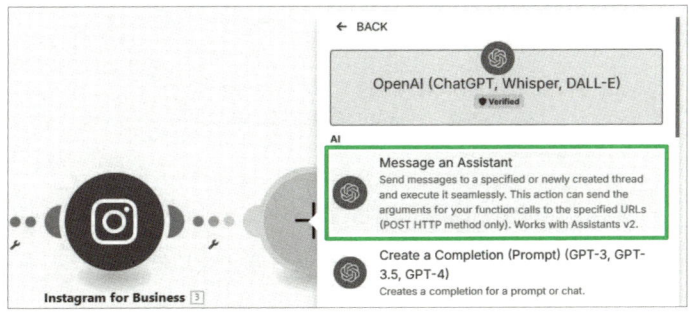

그림 6-101 OpenAI > Message an Assitants 모듈 추가하기

6장 고객관리 자동화로 고객 만족도 300% 높이기 **283**

13 OpenAI 모듈의 옵션 값을 아래와 같이 설정합니다.

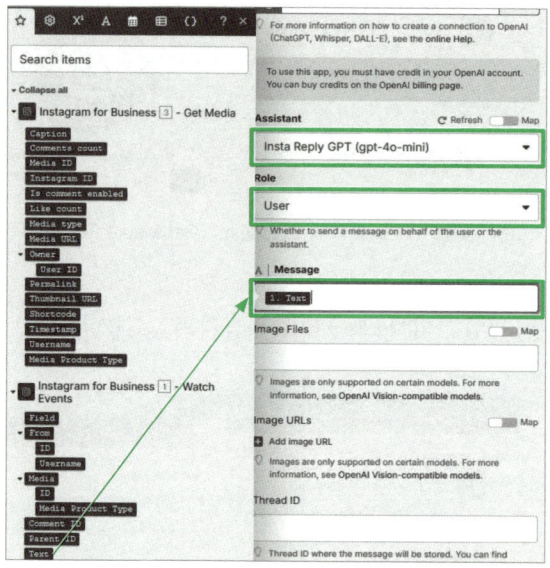

그림 6-102 Message an Assistant 모듈 옵션 값

- **Assistant:** Insta Reply GPT(gpt-4o-mini)
- **Role:** User
- **Message:** 1. Text

14 [OK]를 누릅니다.

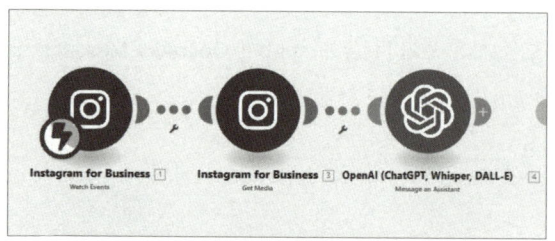

그림 6-103 OpenAI 모듈까지 추가된 시나리오

인스타그램에서 새로 달린 댓글 정보를 받아오고, AI가 답글 초안을 작성하는 흐름까지 완성되었습니다. 현재까지 만든 흐름이 제대로 작동하는지 확인해보겠습니다.

01 **make.com** 시나리오 하단의 [**Run once**]를 누릅니다(경고창이 뜰 경우 [Wait for new data]를 눌러주세요).

02 make.com과 연결한 인스타그램 계정으로 로그인해 게시물에 문의 댓글을 달아봅니다.

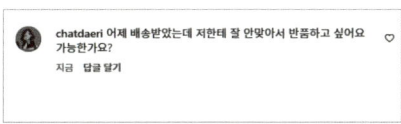

그림 6-104 인스타 계정에 문의 댓글 달기

03 조금 기다리면 시나리오가 실행되면서 모듈 위에 흰색 풍선이 뜹니다.

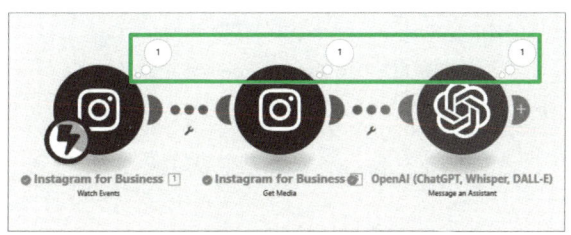

그림 6-105 실행된 시나리오

04 마지막 OpenAI 모듈 위의 흰색 풍선을 눌러봅니다.

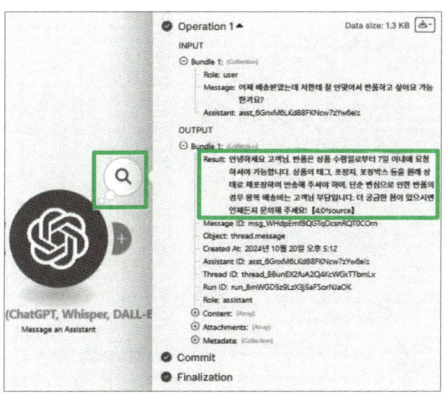

그림 6-106 시나리오 실행 결과

OUTPUT > Bundle 1의 Result를 보니 문의에 대한 답글이 잘 생성되었습니다. 다만, 맨 끝에 【4:0†source】 표시가 함께 표시되었네요. Text Parser 모듈로 이 출처 표시를 지워보겠습니다.

05 OpenAI 모듈 오른쪽에 [+]를 클릭한 후 Text Parser > Replace를 순서대로 클릭합니다.

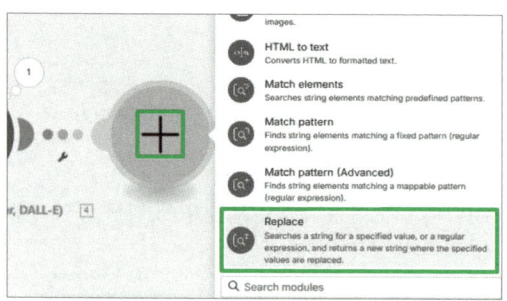

그림 6-107 Text Parser – replace 모듈 추가

06 아래와 같이 Text Parser 모듈 옵션 값을 설정합니다.

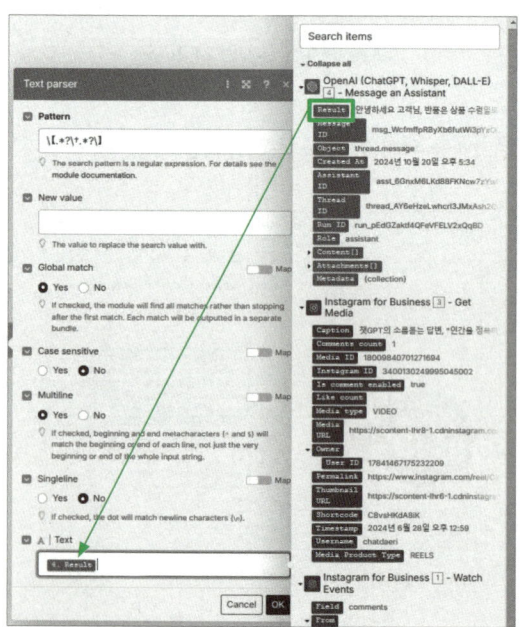

그림 6-108 Text Parser > replace 모듈 옵션 값 설정

- Pattern: \[.*?\|†.*?\]
- New Value: (빈 칸으로 넣어 두지말고 스페이스 바를 한 칸 띄워 공백을 입력해주세요.)
- Global match: Yes(Yes로 설정하면, 문서의 처음부터 끝까지 패턴과 일치하는 모든 부분을 다 교체합니다.)
- Case Sensitive: No(No로 설정하면, 대소문자 구분을 적용하지 않습니다.)
- Multiline: yes(AI가 쓴 초안이 여러 줄로 된 문서이기 때문에 Yes를 선택해줍니다.)
- Singleline: No
- Text: `4.Result` (팝업 창에서 OpenAI의 Result를 선택합니다.)

위와 같이 옵션 값을 설정해주면 문서 안에 있는【Source+】와 같은 값들이 모두 공백으로 대체됩니다.

07 [OK]를 눌러 저장합니다.

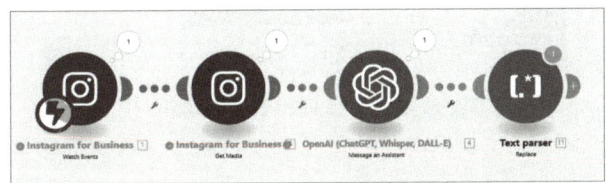

그림 6-109 Text Parser > replace 모듈까지 추가된 시나리오

답글 정제까지 완료되었으니 실제 댓글을 달아줄 차례입니다. 자동 댓글을 달 수 있는 경우와 없는 경우를 나눠주기 위해 두 가지 경우로 경로를 나눠주는 **Router** 모듈을 추가하겠습니다.

01 **Text Parser** 오른쪽에 [+]를 클릭, **Flow Control > Router**를 눌러 **Router** 모듈을 추가합니다.

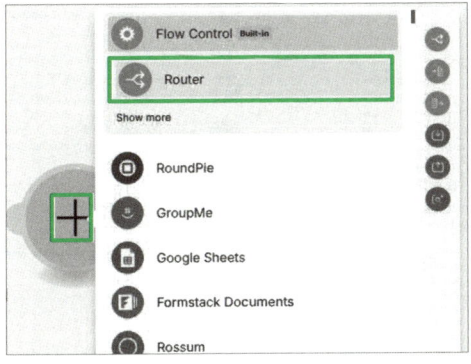

그림 6-110 Router 모듈 추가하기

02 **Router** 모듈로 인해 작업 흐름이 두 갈래로 갈라집니다. 첫 번째 선 위에서 마우스 오른쪽 클릭한 후 **[Set up filter]**를 누릅니다.

03 아래와 같이 옵션 값을 설정합니다.

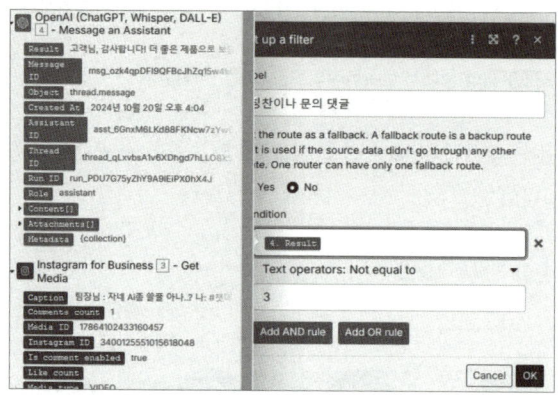

그림 6-111 Set up Filter 옵션 값 설정하기

- Label: 칭찬이나 문의 댓글
- Condition: `4. Result` (팝업 창의 OpenAI 모듈을 클릭합니다.)
- Text operators: Not equal to: 3

① 설정을 마친 후 [OK]를 누릅니다. AI가 답글을 달 수 있는 경우만 이 다음 모듈이 실행됩니다.
② 해당 선과 연결된 [+] 원을 누른 후 Instagram for Business 〉 Create a Reply를 순서대로 선택합니다.

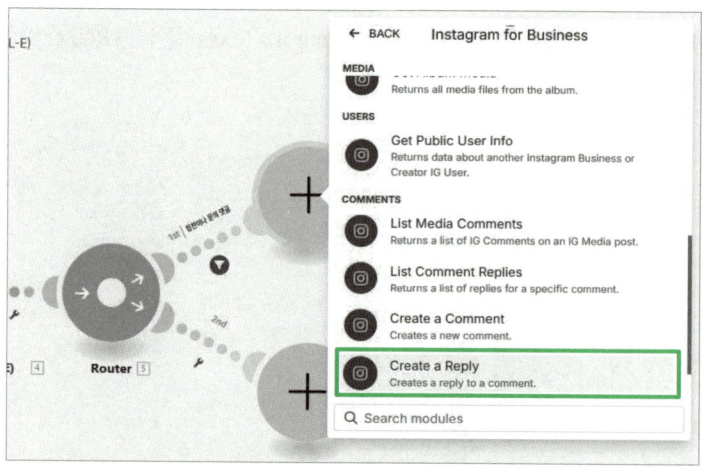

그림 6-112 Create a Reply 모듈 추가하기

04 Comment ID에 Watch Events 모듈의 'Comment ID'를 선택해 입력합니다.

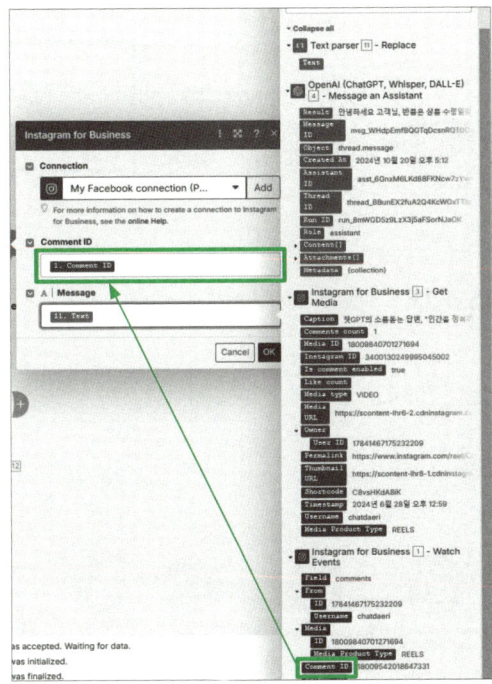

그림 6-113 Create a reply 〉 Commend ID 옵션 값 설정하기

05 Message에는 Text Parser 모듈의 Text를 클릭해 입력합니다.

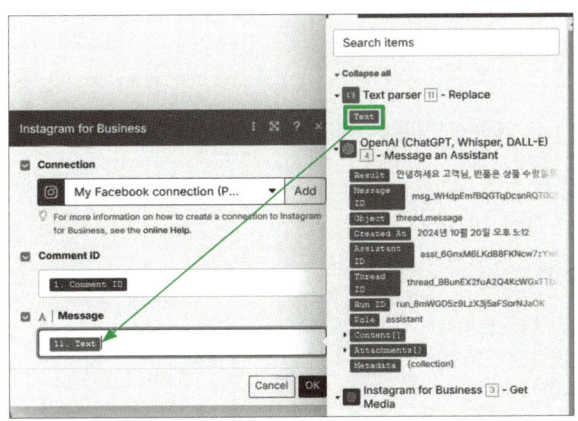

그림 6-114 Create a reply 〉 Message 옵션 값 설정하기

6장 고객관리 자동화로 고객 만족도 300% 높이기 **289**

06 [OK]를 눌러 저장합니다.

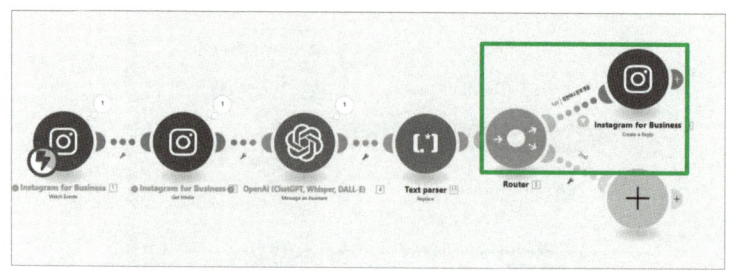

그림 6-115 Create a reply 모듈까지 추가된 시나리오 경로

칭찬이나 문의 댓글이 달리면, 바로 답글이 달리는 시나리오까지 완성되었습니다.

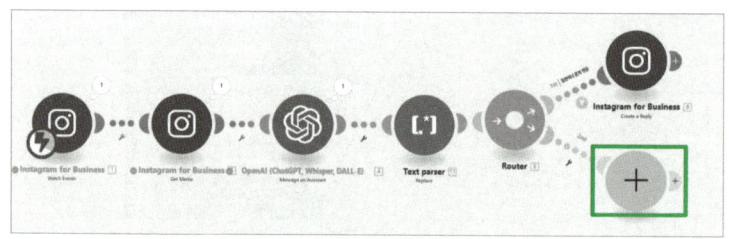

그림 6-116 칭찬이나 문의가 아닌 댓글의 경우 실행될 시나리오 경로

Router의 두 번째 흐름을 통해, 칭찬이나 문의 댓글이 아닌 댓글(즉, AI가 바로 답하지 못하는 댓글)이 달릴 경우에는 사람이 나중에 확인할 수 있게 구글 시트에 정리해두는 흐름까지 만들어보겠습니다.

01 https://docs.google.com/spreadsheets/로 이동합니다(로그인해주세요).

02 **빈 스프레드시트**를 눌러 새 스프레드시트를 만듭니다.

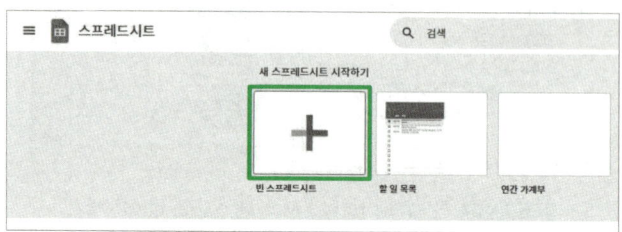

그림 6-117 새 스프레드시트 만들기

03 다음과 같이 헤더와 스프레트시트 이름을 작성해줍니다.

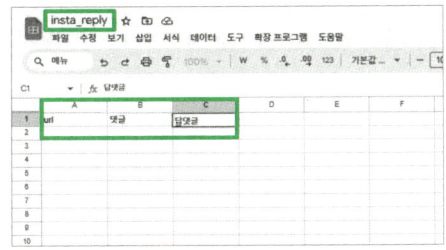

그림 6-118 스프레트시트 설정하기

- **스프레드시트 이름**: insta_reply
- **A열 헤더**: url
- **B열 헤더**: 댓글
- **C열 헤더**: 답댓글

04 설정을 완료한 후 make 시나리오로 다시 돌아와 Router의 두 번째 선과 연결된 [+] 원에 **Google Sheets 〉 Add a Row** 모듈을 추가합니다.

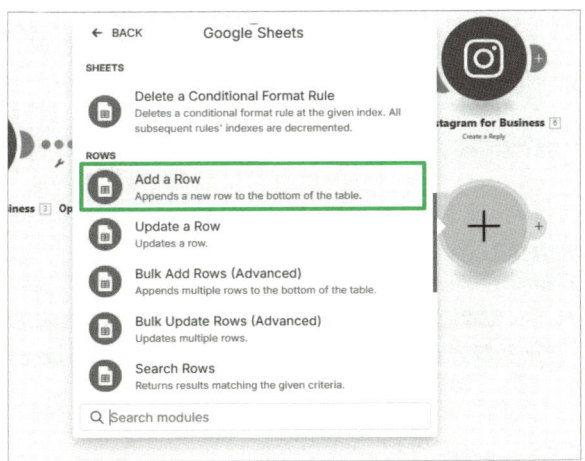

그림 6-119 Google Sheets 〉 Add a Row 모듈 추가하기

05 추가된 Add a Row의 옵션 값을 아래와 같이 설정합니다.

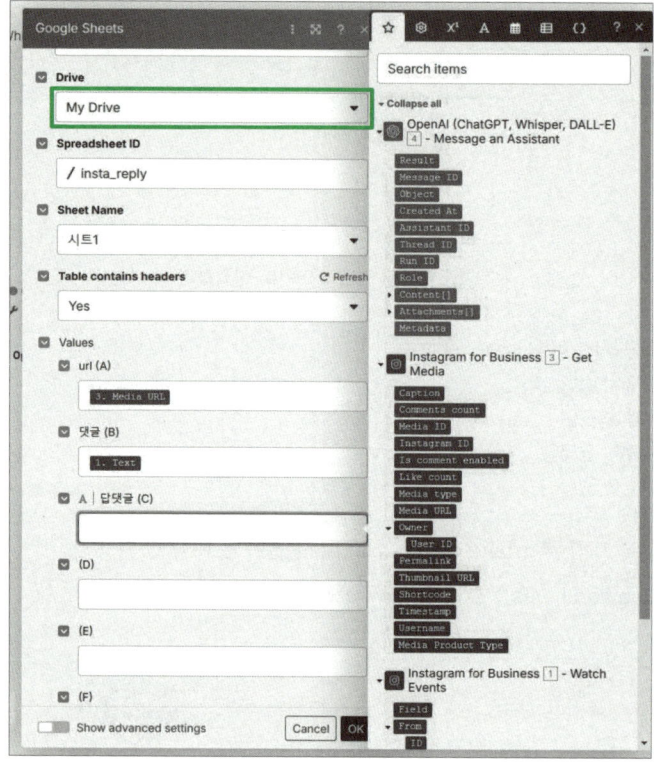

그림 6-120 Google Sheets > Add a Row 모듈 옵션 설정 창

- Drive: My drive.
- Spreadsheet ID: / insta_reply
- Table contains headers: Yes
- Values – url(A): 3. Media URL (팝업 창의 get media 모듈 값에서 Media URL을 선택합니다.)
- Values – 댓글(B): 1. Text (팝업 창의 watch events 모듈 값에서 Text를 선택합니다.)

06 설정을 완료한 후 [OK]를 눌러 저장합니다.

AI가 답변하지 못하는 댓글을 담당자가 나중에 검토할 수 있도록 구글 시트에 저장하는 필터를 추가하겠습니다. 라우터와 구글 시트 사이의 연결 선에 마우스를 올리고 **오른쪽 클릭 > Set up a filter**를 클릭합니다.

01 필터 값을 아래와 같이 설정하고 저장합니다.

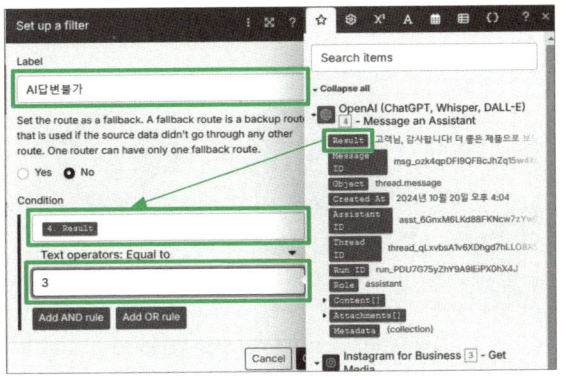

그림 6-121 Set up a filter 설정 창

- Label: AI 답변 불가
- Condition: 4.Result (팝업 창의 OpenAI 모듈 값에서 Result를 선택합니다.)
- Text operators: Equal to: 3

02 [OK]를 누르고 저장합니다.

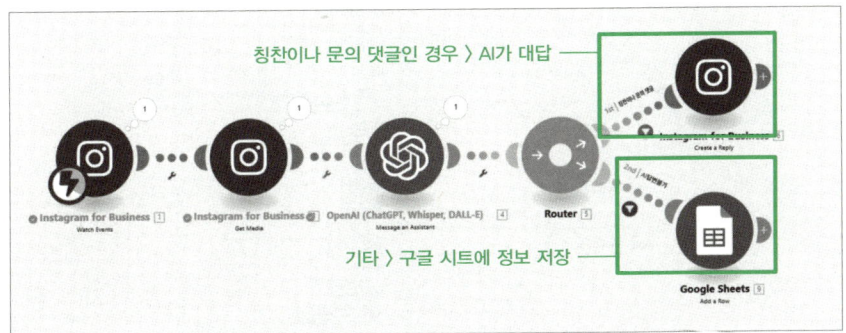

그림 6-122 댓글 종류에 따라 두 갈래로 나뉘는 시나리오

기본 시나리오가 완성되었네요. 칭찬이나 문의 댓글에는 AI가 자동으로 답글을 달고, AI가 처리하기 어려운 댓글('3'으로 분류된 경우)은 구글 시트에 저장되어 담당자가 확인할 수 있습니다.

추가로, AI가 작성한 답글도 모니터링이 필요할 수 있으니 구글 시트에 기록해 두겠습니다.

01 Create a Reply 모듈 뒤에 +를 눌러 Google Sheets 〉 Add a Row 모듈을 추가합니다.

그림 6-123 Add a Row 모듈 추가하기

02 Add a Row 모듈의 설정 값을 아래와 같이 설정합니다.

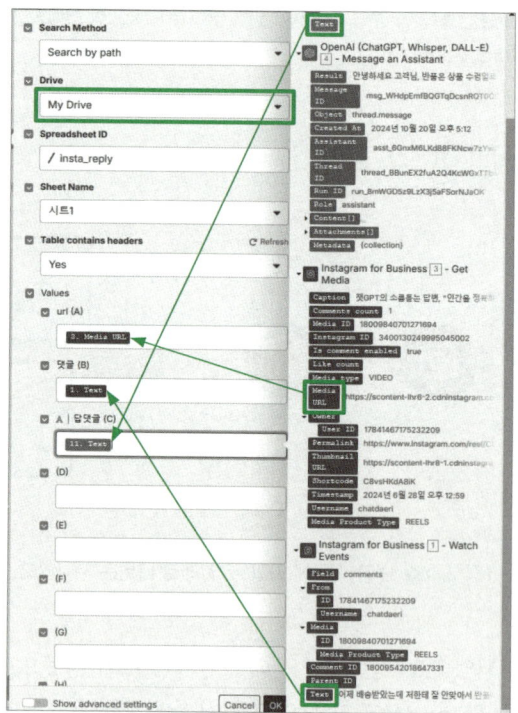

그림 6-124 Add a row 모듈 값 설정하기

- **Drive**: My drive.
- **Spreadsheet ID**: / insta_reply
- **Table contains headers**: Yes
- **Values – url(A)**: `3. Media URL` (팝업 창의 get media 모듈 값에서 Media URL을 선택합니다.)
- **Values – 댓글(B)**: `1. Text` (팝업 창의 watch events 모듈 값에서 Text를 선택합니다.)
- **Values – A | 답댓글(C)**: `11. Text` (팝업 창의 Text parser 모듈 값에서 Text를 선택합니다.)

03 [OK]를 눌러 저장합니다.

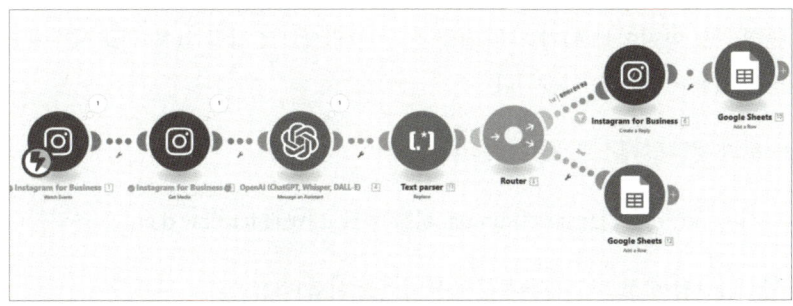

그림 6-125 최종 완성된 시나리오

전체 시나리오가 완성되었습니다.

01 전체 시나리오가 제대로 실행되는지 확인해보겠습니다. 시나리오 하단의 [Run once]를 눌러줍니다(경고 창이 뜨면, [Wait for new data]를 클릭합니다).

02 인스타그램 계정으로 접속해, 문의도 칭찬도 아닌 댓글을 달아봅니다.

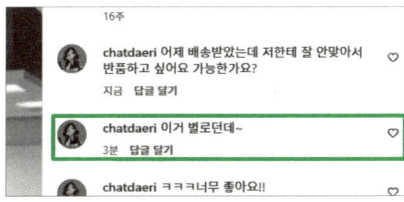

그림 6-126 칭찬도 문의도 아닌 댓글 남기기

03 Insta_reply 구글 시트로 이동합니다.

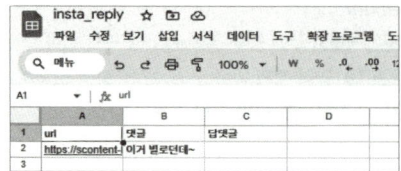

그림 6-127 구글 시트에 저장된 댓글

칭찬도 문의 글도 아니어서 AI가 자동 답글을 달 수 없으므로 답글 없이 구글 시트에 댓글 내용이 저장된 것을 확인할 수 있습니다.

이번에는 문의 댓글을 테스트해보겠습니다.

01 다시 make 시나리오에서 [Run once]를 누르고 [Wait for new data]를 클릭합니다.

02 인스타그램 계정으로 이동해 문의 댓글을 달아봅니다.

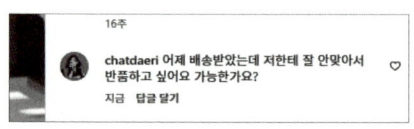

그림 6-128 문의 댓글 달기

03 2~3분 뒤 인스타그램 게시물로 들어가 새로고침해봅니다.

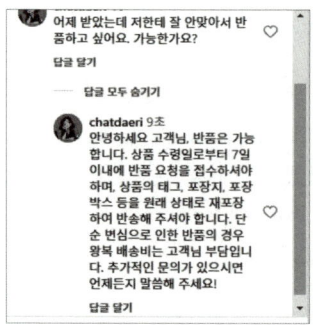

그림 6-129 문의 댓글에 달린 AI 답글

제대로 답변이 달린 것을 확인할 수 있습니다.

다음으로 Insta_reply 구글 시트로 들어가 AI 답변 결과가 잘 저장되었는지 확인해보겠습니다.

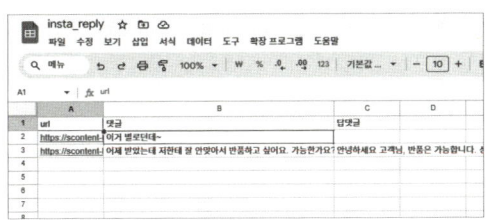

그림 6-130 구글 시트에 저장된 문의 댓글과 AI 답글

댓글이 달린 게시물 URL, 고객 댓글, AI의 답글까지 정상적으로 기록되었네요. 이로써 인스타그램 자동 답글 시스템이 완성되었습니다. 시나리오 하단의 디스크 모양 **[save]** 아이콘을 누르면, 현재까지의 시나리오가 저장됩니다. 앞으로 인스타그램 댓글이 달릴때마다 AI 답글 시스템이 자동으로 실행되도록 하고 싶다면, 시나리오 하단의 **scheduling**을 켜주면 됩니다.

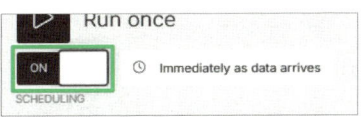

그림 6-131 scheduling 옵션

> **참고**
> Scheduling을 켤 때 경고 창이 뜨면 'delete old data'를 선택해 새로운 댓글부터 처리하도록 설정하세요.

이렇게 인스타그램 댓글 유형에 따라 고객 댓글에 자동으로 답하는 인스타그램 자동 답변 시스템을 만들어보았습니다. 더 이상 계정을 일일이 확인하지 않아도 2~3분 안에 자동으로 고객 댓글에 답글이 달리니, 빠른 피드백으로 계정의 참여율도 자연스럽게 높아지겠죠?

이와 동일한 방식으로 페이스북이나 디스코드와 같은 다른 SNS 채널에도 적용할 수 있습니다. 예를 들어, 페이스북 페이지에 댓글이 달릴 때마다 자동으로 응답하거나, 디스코드 채널에 새 메시지가 올라오면 즉시 반응하도록 설정할 수 있죠.

AI를 활용한 자동화 시스템의 가능성은 무궁무진합니다. 여러분도 이 책에서 소개된 AI 작업 시나리오를 기반으로 자신만의 자동화 시스템을 만들어 보기 바랍니다!

부록

마케팅 자동화를 위한 AI 도구 목록

난이도 조절을 위해 본문에서 미처 소개하지 못했으나 더 고도화된 마케팅 자동화를 적용해보고 싶은 분들에게 도움이 될 AI 도구를 소개합니다.

n8n

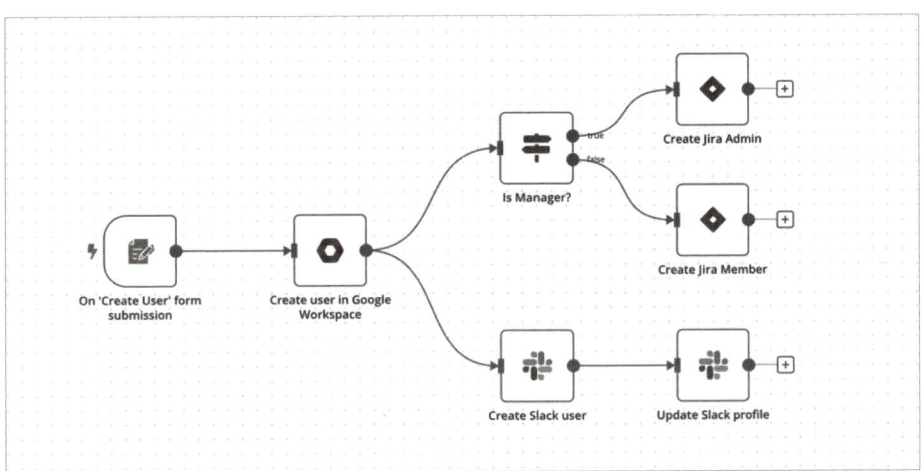

그림 A-1 n8n 워크플로우 예시(출처: n8n)

- 무료/유료 클라우드 플랜 20달러
- 공식 사이트(유료 버전): https://n8n.io/
- 무료 다운 링크(깃허브): https://github.com/n8n-io/n8n

make.com과 유사한 자동화 도구입니다. 오픈소스로 제공되어 무료로 사용할 수 있으며, 자체 서버에 설치하여 사용할 경우, 작업(operations) 실행 횟수에 제한이 없습니다. make.com 대비 비용 효율성이 뛰어나며, 높은 수준의 커스터마이징이 가능하다는 것이 특히 장점입니다. 반면에 학습 곡선이 가파르고 통합 가능한 앱의 수가 200개 정도로 상대적으로 적으며, 사용을 하려면 기술적인 지식이 필요하다는 단점이 있습니다.

이런 이유로, 자동화 실행 횟수 자체가 많고 고급 자동화가 필요한 경우에 사용하는 것을 추천합니다.

Zapier

그림 A-2 Zapier 메인 화면

- 무료/유료 프로 플랜 29.99달러
- 공식 사이트: https://zapier.com/

역시 make.com과 유사한 자동화 도구로, make.com이 1,000개 전후의 앱 통합을 지원하는 데 반해 Zapier는 무려 7,000개 이상의 앱 통합을 지원한다는 것이 큰 장점입니다. 하지만 복잡한 워크플로우 구현에는 제한이 있고, 무료 플랜을 이용할 경우, 2단계 이상의 자동화 프로세스를 만들지 못하는 등 여러 제약이 많아 이 책에서는 다루지 않았습니다. 하지만 2단계 내로 이루어지는 간단한 자동화의 경우 make.com보다 Zapier가 더 편리한 경우가 많으니, 간단한 자동화가 필요한 업무가 있다면 활용해보기 바랍니다.

Manychat

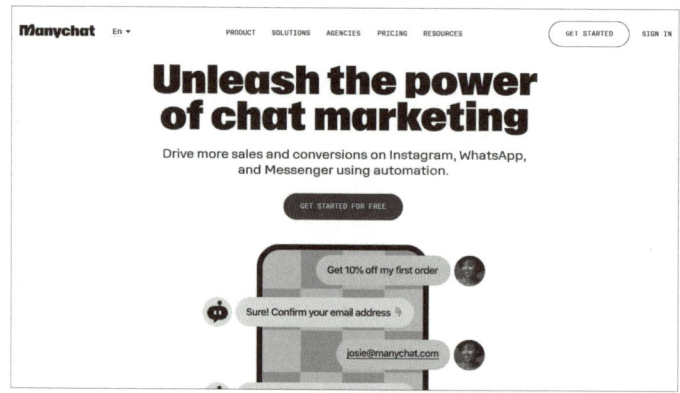

그림 A-3 Manychat 메인 화면

- 무료/유료 플랜 15달러
- 공식 사이트: https://manychat.com/

소셜 미디어와 문자 메시지를 통해 채팅 마케팅 캠페인을 실행할 수 있도록 설계된 AI 기반 챗봇 플랫폼입니다. 특히 인스타그램 DM 자동화 등에 손쉽게 활용할 수 있는 다양한 기능을 제공합니다. 무료 요금제를 제공하지만, 최대 1,000명의 연락처로 제한되며 연락처 수가 많아지면 가격이 상승합니다. 인스타그램, 페이스북 메신저 등을 통한 고객 응대가 잦다면 사용을 고려해볼 수 있는 플랫폼입니다.

솔라피

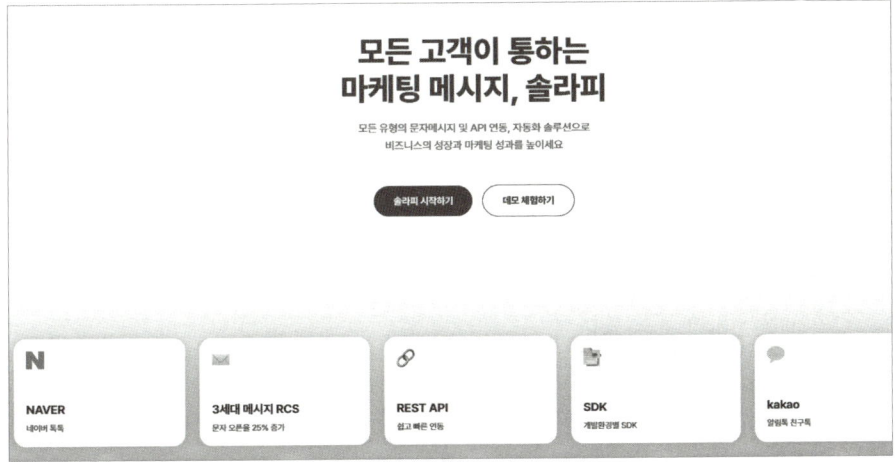

그림 A-4 솔라피 메인 화면

- 기본 사용량 무료/메시지 타입별 표준 단가 적용
- 공식 사이트: https://solapi.com/

카카오 알림톡, 친구톡, SMS 등 국내 서비스와 연동이 가능한 문자 메시지 API 서비스입니다. make.com과도 연동하여 사용할 수 있습니다. 카카오톡 채널을 자주 사용하는 사업자라면 사용해 볼 만하겠죠? 솔라피 블로그(https://solapi.com/blog/)에 make와 연동을 통한 자동화 사례가 소개되어 있으니 참고해보세요.

판다 AI

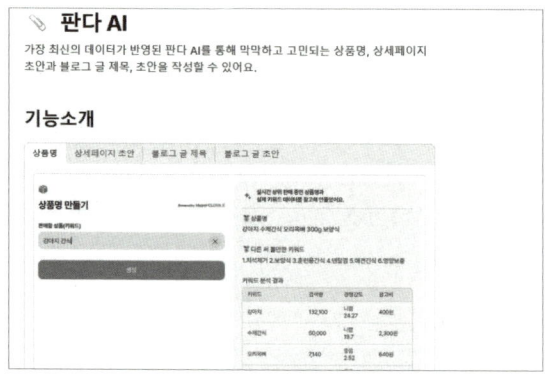

그림 A-5 판다 AI 기능 소개 화면

- 무료(일 사용 횟수 제한 있음) / 유료 플랜 19,800원
- 공식 사이트: https://pandarank.net/chat/tool/seller/product-name

블로거와 인플루언서를 위한 종합적인 데이터 분석 및 마케팅 플랫폼 '판다랭크'에서 제공하는 내부 AI 기능으로 상품 이름 만들기, 상세 페이지 초안 제작 등의 서비스를 제공합니다. 실제 키워드 검색량, 상위 판매 제품 특징 등 데이터를 기반으로 생성해주기 때문에 상품의 초안을 잡을 때 참고하기 좋습니다.

타입캐스트

그림 A-6 타입캐스트 메인 화면

- 무료(개인 사용자에 한해 하루 5분 제공) / 유료 플랜 9,900원
- 공식 사이트: https://typecast.ai/kr

타입캐스트Typecast는 AI 기반의 음성 합성 및 더빙 플랫폼으로, 사용자가 쉽고 빠르게 고품질의 AI 보이스오버를 제작할 수 있게 해주는 서비스입니다. 국내 기반 서비스로 자연스러운 한국어 TTS를 제공하기 때문에 광고 영상에 사용할 음성 TTS가 필요할 때 활용하기 좋습니다.

Notebook LM

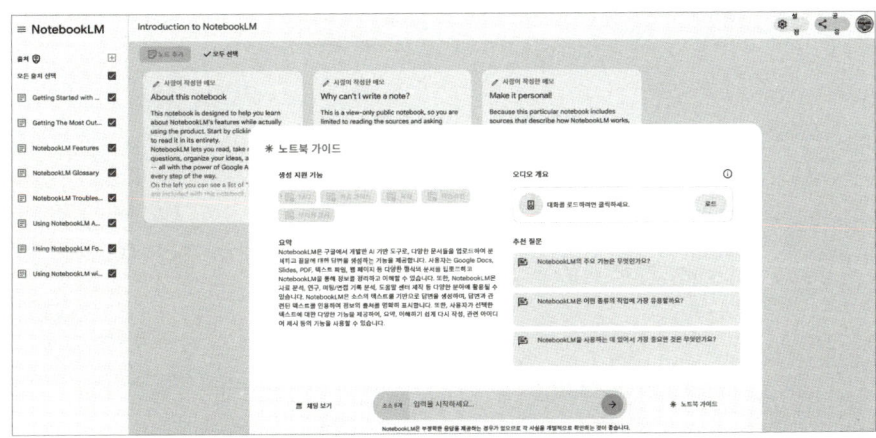

그림 A-7 Notebook LM 메인 대시보드 구성

- 무료
- 공식 사이트: https://notebooklm.google.com/

Notebook LM은 구글이 개발한 AI 기반의 연구 및 글쓰기 지원 도구로, 일반적인 AI 챗봇과 달리 사용자가 제공한 자료를 기반으로 집중하여 분석하고 답변해줍니다. 예를 들어 내 구글 드라이브 내의 문서, 웹사이트 링크, PDF를 첨부한 문서를 기반으로 답변을 받을 수 있으며, 텍스트 외에도 오디오나 유튜브 링크를 첨부해 답변 받는 것도 가능합니다.

특히 경쟁사 조사나 시장 분석 등 다양한 자료를 다뤄야 하는 마케터들에게 추천하는 도구로, 여러 문서의 핵심 내용을 한 눈에 파악하고 인사이트를 얻는 데 큰 도움이 됩니다.

찾아보기

A
API 59
API 키 발급하기 57

B
Blueprint 142

C
ChatGPT 21
chat-gpt-table-cleaner 69
Claude 39
Claude for Sheets 60
Code interpreter 238

D
Dall.E 90

E
error handler 156

F
Figma 40
File search 242
File Search 238, 273

G
Global match 225

H
Hallucination 26
HTTP 메서드 146

I
Ideogram 91
Imagen 3 92

J
Json 127

L
large language model 30
LLM 30

M
Mailchimp 186
MAKE에 인스타그램과 트위터 모듈 연결하기 229
make.com 141
make.com 요금정책 143
Manychat 302
Midjourney 89

N

n8n 301

Notebook LM 305

O

OpenAI API 비용 161

Open AI-make 연결하기 159

R

Replace 모듈 225

Router 모듈 208

RSS 146

S

Sleep 모듈 189

T

Temperature 165, 181, 238

Text Aggregator 178

Top p 181, 239, 274

V

Vector stores 239, 274

W

webhook 203

Z

Zapier 302

ㄱ

경쟁사 성공전략 분석하기 51

구글 알리미 149

ㄷ

달리 90

대규모 언어 모델 30

ㅁ

메일침프 186

메타 광고 라이브러리 43

미드저니 89

ㅂ

브랜드별 USP 분석하기 50

브이캣.AI 42

블루프린트 142

블루프린트 시나리오 234

빙 이미지 크리에이터 90

ㅅ

솔라피 303
시나리오 285
시장 트렌드 분석하기 49

ㅇ

오픈AI 어시스턴트 233
웹훅 203
이데오그램 91
이마젠 3 92
이미지 아이디어 발상용 프롬프트 템플릿 96

ㅈ

정규식 154

ㅊ

챗GPT 21

ㅋ

클로드 39
클로드 2.1 65
클로드 3.5 65

ㅌ

타입캐스트 304

ㅍ

판다 AI 304
프롬프트 엔지니어링 29
피그마 40

ㅎ

할루시네이션 26
확장 프로그램 설치 57